W0317152

LA VIE ÉTERNELLE

Du même auteur

Éthique à l'usage de mon fils
Seuil, 1994
« Points Essais », n° 570, 2007

Politique à l'usage de mon fils
Seuil, 1995

Pour l'éducation
Payot, 1998
« Rivages Poches », n° 314, 2000

Dictionnaire philosophique personnel
Grasset, 1999

Penser sa vie
Seuil, 2000
« Points Essais », n° 614, 2009

Choisir, la liberté
Calmann-Lévy, 2005
Hachette Littératures, 2007

Sur l'art de vivre
Calmann-Lévy, 2005
Hachette Littératures, 2007

Les Dix Commandements au XXIe siècle
L'héritage de Moïse : tradition et actualité
Grasset, 2006
Hachette Littératures, 2008

FERNANDO SAVATER

LA VIE ÉTERNELLE

Éloge des incrédules

Traduit de l'espagnol
par Philippe Bataillon

ÉDITIONS DU SEUIL
*27, rue Jacob, Paris VIe*

L'éditeur remercie Annie Morvan
d'avoir rendu possible la publication de ce volume.

Titre original : *La vida eterna*

ISBN original : 978-84-344-5309-8

ISBN 978-2-02-096757-0

www.editionsduseuil.fr

Ces réflexions perplexes à propos
de la vie éternelle sont fraternellement
dédiées à tous ceux qui n'y croient pas.

En souvenir d'Antonia Marrero,
bonne petite fée à qui je dois
le plus doux des présents.

Et aussi d'Inés, qui s'en est allée
comme une dame.

Quelle idée ai-je des choses ?
Quelle est mon opinion sur les causes et les effets ?
Qu'ai-je médité à propos de Dieu et de l'âme
et à propos de la création du monde ?
Je ne sais pas. Pour moi, penser à cela
c'est fermer les yeux et ne pas penser.
C'est tirer les rideaux de ma fenêtre
(qui n'a pas de rideaux).

Alberto Caeiro (Fernando Pessoa), *Métaphysique*

Introduction

> Ce ne sont pas les arguments rationnels
> mais les émotions qui font croire
> en la vie future.
>
> Bertrand Russell,
> *Pourquoi je ne suis pas chrétien*

Pour réfléchir au plan de ce livre – dont je ne détenais rien d'autre que le titre et quelque chose comme l'ombre d'un argument, une forme vague et mouvante platoniquement projetée sur le fond sombre de ma caverne intérieure –, je suis allé par cette chaude matinée d'octobre dans mon coin préféré de Londres, le petit jardin de Red Lyon Square, et je me suis assis sur le banc le plus éloigné de l'entrée, à côté de la silhouette tutélaire du buste de Bertrand Russell. À ma droite j'entrevoyais le bâtiment où a son docte siège la South Place Ethical Society, un club de discussions sceptique et rationaliste. Immédiatement affluèrent des douzaines de pigeons, convaincus qu'à cette heure et en un tel lieu un aimable petit vieux ne pouvait avoir d'autre but que de leur lancer des miettes de pain. Telle est la force de l'illusion, l'injonction de la croyance ! Mais dans ce cas l'illusion était sans avenir et bientôt ils s'en furent, bruyants et grégaires, vers une dame bien plus prometteuse qui venait de s'asseoir sur un autre banc. Apparut aussi un écureuil, mais qui n'attendait rien de moi : affairé, sûr de lui, il s'occupait de ses minuscules affaires au pied du socle paisible du philosophe. J'aime beaucoup cette effigie de Russell, qui le représente avec un air juvénile et une grimace de gnome espiègle. Ce fut précisément un de ses livres, *Science et religion*, qui le premier articula théoriquement les bases sceptiques de ma précoce incrédulité juvénile. Je le conserve parmi les incunables les plus manipulés de ma bibliothèque, à côté de *Pourquoi je ne suis pas chrétien*, du même auteur... Je suppose que même sans ses arguments la foi religieuse m'aurait été tout aussi impossible. Question de caractère, peut-être.

Et c'est ainsi que j'arrive à la question liminaire qui a orienté – de façon plus ou moins appropriée – le vagabondage des pages qui vont suivre. Je me la suis posée pour la première fois il y a plus de quarante ans, quand j'en avais à peu près quatorze. Je l'ai reformulée vers les seize ou dix-sept ans, encouragé par la lecture des livres de Bertrand Russell[1]. Je me la répète aujourd'hui, en remontant le cours du temps en cet insolite petit matin printanier de l'automne londonien, tandis que ma voisine de banc alimente avec professionnalisme les insatiables pigeons. Comment se peut-il que quelqu'un croie véritablement en Dieu, en l'au-delà, en tout le cirque du surnaturel ? Naturellement je me réfère à des personnes intelligentes, sincères, de la capacité et du courage intellectuels desquelles je n'ai aucunement le droit de douter. Je parle surtout de contemporains, de ceux qui partagent avec moi la réalité technologique et virtuelle du vingt et unième siècle. Il y a eu d'autres hommes croyants, mais c'était

1. Comme sans doute nous partageons nos lectures favorites, peu de temps après que j'avais commencé ce livre, José Antonio Marina en publiait un autre intitulé *Pourquoi je suis chrétien*, faisant allusion à l'essai de Russell. J'aurai l'occasion de m'y référer plus loin. On trouve aussi une paraphrase du titre de Russell dans des œuvres qui traitent d'autres religions, comme l'intéressant *Pourquoi je ne suis pas musulman* de Ibn Warraq, trad. de l'anglais par Nicole Bary, Lausanne, L'Âge d'homme, 1999 [New York, Prometheus, 1955].

dans le passé (saison propice à la foi, si je peux me permettre de paraphraser Borges) : Augustin d'Hippone, Thomas d'Aquin, Descartes, Isaac Newton, Kant… sont des penseurs d'un talent que je ne rêve même pas d'égaler et qui ont cru aux choses les plus merveilleusement invérifiables. Peut-être étaient-ils néanmoins conditionnés par le climat culturel, religieux jusqu'à l'accablement, dans lequel ils ont vécu (ou peut-être ne l'était-il déjà plus tellement, pour les derniers ?). Peut-être ont-ils subordonné leur expression intellectuelle au langage de l'époque étant donné que personne, ni alors ni aujourd'hui, n'est totalement capable de la dépasser pour sauter dans l'inconnu… Mais maintenant, au vingtième siècle ou à l'aube du vingt et unième, après Darwin, Nietzsche et Freud, après le spectaculaire développement scientifique et technique des cent cinquante dernières années, maintenant, aujourd'hui… Y a-t-il encore des gens qui croient au Super Père justicier et infini, à la résurrection des morts, à la vie éternelle, *amen* ? C'est ce qu'ils nous disent, apparemment. En 1916, au début du siècle le plus prodigue en découvertes qu'a connu l'humanité, on fit une enquête parmi les scientifiques les plus réputés du monde, centrée sur la question : « Croyez-vous en Dieu ? » Approximativement 40 % répondirent par l'affirmative. En 1996, deux professeurs américains – l'historien Edward Larson, de l'université de Géorgie, et Larry Williams, de l'université du Maryland – refirent le sondage, prolongeant leur enquête pendant une année. Le résultat fut le même : 40 % de croyants, 45 % d'athées et 15 % sans opinion, l'équivalent du « ne sait pas, ne se prononce pas » d'autres enquêtes[1]. De sorte qu'à la fin du grand siècle de la science contemporaine les scientifiques eux-mêmes continuaient d'être à peu près aussi « religieux » que quatre-vingts ans et des milliers de découvertes capitales plus tôt.

1. J'emprunte ces données à Humberto Veronesi, dans sa contribution intitulée « Scienza e laicismo », *Le ragioni dei laici*, Rome, Laterza, 2005.

Et pas seulement les scientifiques, bien entendu. Sur le terrain de l'agitation politique, la situation est beaucoup plus alarmante. Il y a quinze ans, Gilles Kepel publiait *La Revanche de Dieu*[1], un livre polémique à l'époque et considéré comme presque provoquant, qui alertait sur le retour des radicalismes religieux dans la lice des transformations politiques et sociales à travers le monde entier. Aujourd'hui, après les appels au *djihad* de certains leaders musulmans, la poussée des *théocons* dans l'administration américaine, le terrorisme d'Al-Qaida, la guerre en Afghanistan, l'invasion de l'Irak, l'aggravation de l'affrontement entre les monothéismes au Moyen-Orient, le *revival* de l'orthodoxie catholique grâce à l'influence médiatique de Jean-Paul II, les manifestations dogmatiques en Espagne contre la loi sur le mariage des homosexuels et l'école laïque, la crise internationale provoquée par les caricatures de Mahomet parues dans un journal danois, etc., nous pouvons affirmer que les pronostics de Kepel se sont réalisés sur toute la ligne et qu'ils ont même été dépassés dans bien des cas. Pour le confirmer, il suffit de jeter un coup d'œil au numéro 16 de l'édition espagnole de la revue *Foreign Policy* (août-septembre 2006) qui publie en couverture le titre « Dieu revient à la politique », et dans ses pages intérieures un reportage intitulé de façon significative : « Pourquoi Dieu est en train de gagner ». Il est sans doute exagéré de prédire une telle victoire, mais bien entendu Dieu – c'est-à-dire les dieux, et surtout les croyants – continue (ou continuent) d'occuper l'échiquier face à la connaissance rationaliste sous toutes ses formes et sur tous les terrains. La religion est toujours présente, et parfois de façon agressive, peut-être pas plus qu'autrefois mais pas moins à coup sûr que la plupart du temps. La question est : pourquoi ?

1. Gilles Kepel, *La Revanche de Dieu. Chrétiens, juifs et musulmans à la reconquête du monde*, Paris, Seuil, 1991.

Peut-être cette question que je me pose correspond-elle à une inquiétude naïve, adolescente. Apparemment, c'est la première qui assaille celui qui a l'habitude d'approcher des croyances religieuses disons « de l'extérieur ». Pourquoi tant de personnes croient-elles si vigoureusement à l'invisible et à l'improbable ? Une première tentative de réponse, peu convaincante à mon sens, est celle que donnent certains penseurs que l'on appelle « postmodernes ». Ce qui a changé de manière décisive selon eux est la qualité même de la foi. La notion de « vérité » est devenue relative, a perdu sa force impérative et absolue : actuellement la vérité dépend de l'interprétation ou de la tradition culturelle d'après laquelle on évalue les événements de ce que l'on appelait auparavant avec une emphase excessive la « réalité ». Nous savons bien qu'aujourd'hui, la chose est remarquable, chacun « croit ce en quoi il croit » (comme l'a noté Miguel de Unamuno, en son temps bien entendu et d'un point de vue différent). De sorte qu'il est tout autant dépassé de tenter de vérifier les contenus de la croyance que de prétendre les réfuter avec intransigeance... Une chose est de « croire » en l'électricité ou en l'énergie nucléaire, et une autre bien différente est de « croire » en la Vierge Marie. Elles appartiennent à des registres distincts dans le domaine de la foi et nécessitent des bases différentes pour s'alimenter, les unes prises dans le champ de l'expérience et de l'analyse rationnelle, les autres dans celui des émotions ou des attachements sentimentaux. L'explication ne me satisfait pas. Je suis bien entendu convaincu qu'il existe des champs sémantiques distincts et même distants dans l'application du terme « vérité » (je me suis occupé de ce problème dans le chapitre « Choisir la vérité » de mon livre *Le Courage de choisir*[1]), mais je ne crois pas que nous trouverons dans cette direction la réponse à la perplexité qui nous occupe ici. Pour commencer, j'écarte l'idée

1. *El valor de elegir*, Barcelone, Ariel, 2003.

que la notion de « vérité » soit dépourvue de façon systématique d'une référence directe et stable dans la réalité : une certaine forme de vérité première en tant qu'adéquation de ce que nous percevons et concevons avec ce qui existe indépendamment de nous, est liée à la possibilité même de survie de l'espèce humaine. Nous avons développé des capacités sensorielles tout au long de l'évolution et nos sens ne servent pas à « nous inventer » culturellement des réalités alternatives, mais avant tout à capter avec la plus grande exactitude possible ce qui existe. Si je ne me trompe pas, les croyants, dans leur majorité, ne considèrent pas leur foi comme une manière poétique ou métaphorique de rendre compte de leurs émotions face au mystère de l'univers et à la vie (chose qui pourrait être acceptée par n'importe quelle personne sensible intellectuellement) mais comme des explications effectives et efficaces de ce que nous sommes et de ce que nous pouvons espérer. Quand Jean-Paul II, sur son lit de mort, a dit aux médecins qui l'entouraient : « laissez-moi aller dans la maison du Père », je veux penser qu'il ne leur demandait pas simplement de le laisser mourir en paix, mais qu'il exprimait sa croyance que – au-delà de la mort – il allait récupérer une certaine forme de conscience de lui-même, dans une dimension différente mais réelle elle aussi, et probablement plus agréable que ses douleurs d'agonisant. De la même manière, ceux qui croient en Dieu et au surnaturel défendent des visions du monde qu'ils acceptent comme vraies au sens fort du terme : ils pensent que Dieu est Quelqu'un et qu'il fait des choses, que ce dont il s'agit n'est pas seulement une façon traditionnelle et bien humaine de soupirer et de s'exclamer à propos des tribulations de ce monde.

De sorte que nous devons accepter la croyance des autres en Dieu et en l'au-delà, même si nous ne la partageons pas, et qu'il faut la prendre au sérieux non comme un résidu du passé mais comme quelque chose de stable et de fiable qui chemine depuis nos origines culturelles (quelle que soit notre culture) jusqu'à aujourd'hui même. Les raisons anthropologiques, psychologiques et même ontologiques de cette foi seront la première question autour de laquelle tournera le livre qui débute ici. Nous devrons aussi nous interroger sur la structure intellectuelle des croyances religieuses et leurs mécanismes (sociologiques, psychologiques) de fabrication. Quelles garanties de véracité offrent les religions et comment peuvent-elles se justifier ? Certains cyniques s'accorderont sur le fait que l'unique secret qui sert de socle aux croyances surnaturelles est leur utilité sociale : elles calment les colères et les inquiétudes populaires. Tout le monde le sait, Marx a dit que « la religion est l'opium du peuple », et cette expression a été très fréquemment reprise par de nombreux révolutionnaires pour manifester leur indignation ; mais il n'a pas manqué non plus de gens éclairés d'autrefois et de conservateurs d'aujourd'hui (Voltaire pourrait être l'exemple des premiers, et de nombreux *théocons* actuels celui des seconds) pour partager avec soulagement l'opinion de Marx, même s'ils ne la crient pas sur les toits en raison d'une prudente circonspection, et que sans doute ils estiment que la religion est socialement importante en sa qualité de stupéfiant irremplaçable. Sans abandonner le registre de l'utilité sociologique, des théoriciens réputés considèrent toujours les religions comme le meilleur fondement des valeurs morales (en dépit du fait que les Églises qui les organisent accordent parfois plus de poids aux questions rituelles qu'à la justice ou à la liberté), et aussi comme le meilleur « supplément d'âme » unificateur capable de rassembler les membres d'une collectivité (bien que dans les nations démocratiques et multiethniques elles opèrent parfois davantage comme catalyseurs d'affrontements et de factions). En tout cas, nous entendons aujourd'hui fréquemment préconiser avec discrétion – j'oserais presque dire *tongue in cheek* – la version modérée des croyances traditionnelles et de la piété instituées comme palliatifs de la destructuration sociale et de ce que l'on appelle « la crise des valeurs ». Je tenterai, dans les pages à venir, de dire quelque chose de ces sujets si touffus…

Mais il y a un autre aspect de l'affaire qui m'intéresse particulièrement. Certaines des questions dont se préoccupent les croyances religieuses – l'univers, le sens de la vie, la mort, la liberté, les valeurs morales, etc. – sont traditionnellement aussi les thèmes de la réflexion philosophique. Le philosophe français Luc Ferry déclare par exemple : « À la question rituelle "qu'est-ce que la philosophie ?", j'aurais donc envie de répondre très simplement : une tentative d'assumer les questions religieuses sur un mode non religieux, voire antireligieux. » Et il précise un peu plus sa position : « La philosophie s'est toujours voulue *en rupture* avec l'attitude religieuse dans sa façon d'aborder et de traiter les questions qu'elle envisage ; elle n'en conserve pas moins avec elle une *continuité* moins visible mais tout aussi cruciale, en ce sens que c'est d'elle qu'elle reçoit des interrogations qui *ne deviennent ainsi les siennes qu'après avoir été forgées dans l'espace religieux*[1]. » C'est une chose peu différente, me semble-t-il, que soutient Maximo Cacciari, lorsque dans une interview, bien qu'il reconnaisse qu'il n'est pas croyant (« Je ne crois pas en cet acte de foi qui retentit dans l'évangile, ou dans le judaïsme, ou dans l'islam… Et je ne peux croire que le Verbe se soit fait chair, que le Crucifié soit Dieu, cela je ne le crois pas »), il affirme que le personnage le plus détestable est celui de l'athée, parce qu'il vit comme s'il n'y avait pas de Dieu : « Je le déteste parce que je crois que dans cet exercice mental je ne peux pas cesser de penser à la fin dernière, à la chose dernière, à ce que le croyant et notre tradition métaphysique, philosophique, théologique, ont appelé Dieu. C'est ce que disait Heidegger : "L'athée est celui qui ne pense pas." Celui qui fait quelque chose, un point c'est tout, termine sa tâche sans s'interroger sur la finalité de

1. Luc Ferry, *Qu'est-ce qu'une vie réussie ?*, Paris, Grasset, 2002.

celle-ci. Il peut être très intelligent, mais penser c'est en fin de compte penser à la fin dernière[1]. » La sainte colère de Cacciari contre les athées ne me semble pas vraiment justifiée, parce que certains d'entre eux du moins s'attachent à penser à la fin dernière, même s'ils ne lui donnent pas le nom de Dieu mais quelque autre nom qui ne fait pas moins partie de notre tradition philosophique, comme c'est le cas pour la « Nature » par exemple. Je me réfère notamment à des philosophes comme Marcel Conche (et Heidegger, puisque nous y sommes, ne parle pas non plus de Dieu comme de la fin dernière, mais de l'Être). L'opinion passionnée de Cacciari revendiquant une réflexion sur la fin dernière concerne néanmoins le thème de ce livre en ce qu'il souligne le lien entre le champ spéculatif de la philosophie et celui auquel se réfèrent les doctrines religieuses. Et, bien entendu, le modeste athée qui signe ces pages ne pourrait manquer, d'une certaine manière, et surtout *a priori*, de réfléchir à la « fin dernière », même s'il pense que tenter de délimiter intellectuellement ce qu'est la fin dernière et pourquoi nous la qualifions ainsi représente un effort énorme qui gagne à se libérer des prothèses théologiques. Tel sera – avec l'aide de Dieu – l'un des objectifs principaux de ce livre.

Il est indiscutable que les philosophes, dans le meilleur des cas, tentent de s'occuper de manière laïque des choses qui préoccupent prêtres et théologiens. Les uns et les autres se posent des questions non instrumentaires ne pouvant être tranchées par aucune réponse qui nous permettrait de nous en désintéresser et de passer à autre chose (comme cela arrive dans le cas de la science) et ne se rapportant pas à la manière dont nous pouvons « nous arranger » avec les choses du monde mais à ce que nous sommes, et à ce que signifie être comme nous sommes. Les réponses de la science effacent la question à laquelle elles

1. Interview publiée dans *El País*, 30 octobre 2005.

répondent et nous permettent de nous poser de nouvelles questions ; les réponses de la philosophie et de la théologie élargissent et approfondissent encore la question à laquelle elles se rapportent, nous autorisent à l'envisager sous une forme nouvelle ou plus complexe, mais ne l'effacent jamais totalement : elles nous aident seulement à cohabiter avec la question, à calmer en partie notre impatience ou notre angoisse face à elle. C'est du moins ainsi que cela se passe quand philosophie et théologie échappent à la tentation *dogmatique* (le propre des Églises et des académiciens présomptueux), qui consiste à offrir des réponses aussi définitives que celles de la science à des questions qui ne sont pas scientifiques. C'est la raison pour laquelle la science progresse, tandis que la philosophie et la théologie – dans le meilleur des cas – doivent se contenter d'*approfondir*. Mais la science et la religion se ressemblent sur un point fondamental qui les distingue en retour de la philosophie : les deux premières promettent des résultats, des outils ou des exhortations pour nous débarrasser des maux qui nous affligent (grâce au dévoilement des mystères de la nature ou grâce à la foi en Dieu) ; la philosophie quant à elle peut seulement aider à vivre avec une plus grande fermeté dans l'insuffisante compréhension de l'irrémédiable. La science et la religion *résolvent* chacune à leur manière les problèmes, quand la philosophie parvient au mieux à nous guérir du souci de résoudre à tout prix ce qui peut-être est (et ne peut cesser d'être) insoluble. Ce qui fait que Bertrand Russell lui-même a écrit quelque part que les philosophes s'installent comme ils le peuvent dans la région mentale inconfortable qui sépare le sol ferme de la science du ciel énigmatique et éthéré de la religion…

C'est de toutes ces choses qu'il faudra parler, pensé-je maintenant avec une subite paresse – à Red Lyon Square – tandis que déjà s'éloignent, avides, les pigeons retardataires (l'écureuil est toujours à son affaire, analytique et sceptique). Et aussi des thèmes adjacents qui s'entrecroiseront au passage.

Plus que pour n'importe lequel de mes livres, j'aurai besoin pour celui-là de la collaboration de lecteurs disposés à pallier par leur curiosité et leur finesse de raisonnement les déficiences de celui qui va leur exposer tous ces thèmes. Il s'agit de parier sur le doute et le tâtonnement, non sur les croyances qui dispensent de continuer à penser. Mais si, en fin de compte... ? On l'a demandé à Bertrand Russell : et si, après sa mort, il se réveillait face à la Présence définitive, absolue et résolutoire qu'il avait toujours niée ? Alors, quoi ? Russell a répondu : « Alors je dirais : Seigneur, tu ne nous as pas donné de preuves suffisantes. » Quand on a posé récemment la même question au romancier Francisco Ayala, quelques jours avant qu'il ait eu cent ans, il a répondu : « Je lui serrerais courtoisement la main, parce que je suis bien élevé, mais franchement, je serais très surpris. » Placé moi-même dans ce moment imaginaire – c'est-à-dire déjà éternel – j'aurais pour ma part peu à ajouter : profitons-en donc en revanche pour argumenter avant, autant que nous le pourrons, tant que nous en avons le temps. J'ai ajouté à ce travail, comme annexes, quelques conférences et divers articles (en général parus dans *El País*), antérieurs à la rédaction du livre mais annonçant les thèmes qui y sont traités. À l'occasion, certaines expressions et certains arguments s'y répètent, comme il est logique.

Mon éditeur et ami José Luis Castillejo commençait à trouver que le problème de Dieu manquait dans *Les Questions de la vie* : je suppose qu'il se tiendra maintenant pour raisonnablement satisfait. María Ruiz a lu plusieurs chapitres du *work in progress* afin de surveiller, et dans son cas de corriger, les traitements frivoles de questions sérieuses. Elisenda Julibert m'a ponctuellement envoyé toutes les œuvres parues dans sa maison d'édition qu'elle considérait comme intéressantes pour la rédaction de celle-ci, éditée dans une autre maison qui lui fait concurrence. Qu'elle en soit remerciée.

1

L'illusion de croire

> Le doute absolu que demande Descartes
> ne peut pas plus s'obtenir dans le cerveau
> de l'homme que le vide dans la nature, et
> l'opération spirituelle par laquelle il aurait lieu
> serait, comme l'effet de la machine pneumatique,
> une situation exceptionnelle et monstrueuse.
> En quelque matière que ce soit, on croit
> à quelque chose.
>
> Honoré de Balzac, *Une ténébreuse affaire*

L'avion d'Air France avait décollé de l'aéroport de Paris-Charles-de-Gaulle avec un grand retard et des explications peu nombreuses et confuses pour le justifier. Je me disposais à me consoler de cette contrariété habituelle avec une méthode non moins classique qui me procure d'habitude les meilleurs résultats : piquer longuement du nez, en rêvant que je suis chez moi dans mon lit et que j'y rêve que je suis en avion… Mais pas moyen. Du siège situé à ma gauche, uniquement séparé du mien par l'étroit couloir central, jaillissait un geyser éloquent et intarissable de théologie aérienne, une source de vaticinations capable d'exposer et de résoudre toutes les énigmes de notre amère condition, cours magistral sans défaillances qui survolait nos doutes et notre trivial affairement de son message transcendant, la vision du troisième œil qui jamais ne ferme l'œil, la voix de l'au-delà qui réveille les consciences ou du moins empêche de dormir tranquille… Bref, un enquiquineur en pleine action !

C'était un type de mon âge – dont je connais particulièrement bien les dangers –, et il sermonnait une femme plus jeune, moins de quarante ans, attirante selon les canons courants et semble-t-il résignée à lui prêter une certaine attention (son parachute était encore sous son siège). L'orateur connaissait tous les trucs du métier, ce qui fait que je lui ai immédiatement attribué un passé – ou un présent dissimulé – clérical : il s'éclaircissait de temps en temps la voix pour souligner quelque chose de particulièrement fort et osé, affichait un petit sourire (comme conscient de ce que ses affirmations contredisaient certaines banalités du sens commun, de la vulgarité duquel il supposait naturellement son auditrice à l'abri), et jamais il n'abandonnait sa prédilection pour les formules définitives, même si elles cohabitaient avec la plus grande des sympathies pour le mystère. Parfaite complémentarité du sans appel et de l'énigmatique. Il savait à fond ce qu'il savait, mais il savait aussi ce que personne ne sait à fond. Sacré oiseau ! La tambouille qu'il retransmettait (dès le début j'ai remarqué chez lui quelque chose d'indiscutablement *radiophonique*) était du genre éclectique, comme l'est souvent ce qu'il y a de plus banal en ces temps de syncrétisme et de culture Internet, avec un net penchant pour le versant hindouiste de la quincaillerie cosmologique. À côté de remarques sur la psychologie transcendantale (« Le cerveau enregistre tout, tout au long de la vie… et dans les derniers instants il repasse le film à l'envers ! »), il y en avait d'autres sur l'anatomie angélique (« Le corps est notre meilleur ami, mais il ne faut pas oublier qu'il n'est qu'une enveloppe. »). Ensuite, regardant l'appétissante enveloppe de sa voisine, il soupirait, séducteur : « Quel autre corps choisirons-nous après celui-ci ? » Il se permettait des batifolages hétérodoxes : « Ni les papes du passé ni le pape actuel ne connaissent l'aspect de Dieu, et néanmoins ils l'imaginent comme un vieillard à longue barbe blanche, ha ha, une espèce de grand-père. Mais il serait plus exact (?) de se l'imaginer comme un jeune homme de seize ou dix-sept ans, charmeur et espiègle. » Quel coquin, à la recherche de l'exactitude ! Ensuite il se faisait plus pédagogue, décrivait les fonctions et les degrés de la hiérarchie céleste hindoue : Mani est le Pouvoir, Parvati est l'Esprit Supérieur (lui disait toujours « zupérieur »), le corps par ici, l'esprit par là… Il conclut (uniquement parce que nous allons atterrir, non parce qu'il aurait épuisé le sujet) : « C'est que rien n'est matériel. Et l'on ne s'en rend pas compte. Rien n'est matériel. » Bang, nous touchons terre. Le pilote… zupérieur.

J'ai presque honte de ressentir autant d'animosité envers ce baratineur, ni meilleur ni pire probablement que beaucoup d'autres dans de nombreux – et divers – domaines. Mais je dois admettre que les mystifications surnaturelles me dégoûtent presque comme des offenses personnelles. Dans le cas de mon prédicateur aérien, je suis surtout révolté par l'assurance du ton employé, sans hésitations ni doutes, avec même des touches d'ironie, comme pour dire que « les autres sont misérables, ils croient savoir mais ils ne voient pas la lumière, alors que c'est si facile quand on se place du point de vue adéquat ! ». Aucun scientifique honnête ne parlerait avec une telle désinvolture autoritaire de l'invérifiable… ni même du vérifiable, s'il était authentiquement et scrupuleusement honnête ! Le grand physicien Richard Feynman nous a laissé ce qui suit : « Ce qui n'est pas entouré d'incertitude ne peut pas être une vérité. » Et les questions qui vous brûlent les lèvres à entendre ce charlatan aéronautique considérer le matériel comme négligeable et donner tout un luxe de détails sur ce qui est « autre » que matériel, quel qu'il soit, sont les suivantes : « Et vous, comment diable (ou dieux) savez-vous cela ? Qui vous l'a dit ? Quelles preuves avez-vous ? D'où sortez-vous tout ce fatras ? » Etc.

Peut-être mon indignation souterraine provient-elle de mon dégoût face au mensonge, que je ressens avec une intensité démodée. Bien sûr, je n'ignore pas que cette infirmité est endémique, et par malheur je ne suis pas à l'abri d'une rechute. « Nous autres les êtres humains, nous mentons avec autant de naturel que nous respirons. Nous mentons pour cacher notre manque d'assurance, pour mettre les autres à l'aise, pour être plus à l'aise nous-mêmes, pour être aimés des gens, pour protéger les enfants, pour nous libérer du danger, pour couvrir nos forfaits ou par pur divertissement. Le mensonge est un authentique "universel" : il se pratique avec habileté dans le monde entier[1]. » Même ainsi, non seulement le mensonge me répugne mais il m'effraie aussi : je partage l'opinion de Marlow, le personnage d'*Au cœur des ténèbres*, comme je l'ai expliqué ailleurs (voir « Chercher la vérité », dans les annexes de ce livre). Mon opposition n'est pas aussi extrême et tranchée que celle de Kant, pour qui le mensonge constitue la plus grande violence qu'un être humain – en tant qu'être moral – peut commettre contre lui-même... Oui, contre lui-même et non contre l'autre, parce que le menteur utilise

1. Michael P. Lynch, *Truth in Context*. Pour plus de documentation sur ce vaste sujet, on peut consulter *Antropología de la mentira* (Anthropologie du mensonge), de Miguel Catalán, Madrid, Taller de Mario Muchnik, 2005. Voir aussi *Breve historia de la mentira* (Brève histoire du mensonge) de Maria Bettetini, Madrid, Cátedra, 2002 ; *Elogio de la mentira* (Éloge du mensonge) de Ignacio Mendiola, Madrid, Lengua de Trapo, 2006. Bien sûr, détester le mensonge ne veut dire en aucune manière désirer *imposer* la vérité. Comme le dit bien Raoul Vaneigem, « une vérité imposée s'interdit humainement d'être vraie. Toute idée reçue pour éternelle et incorruptible exhale l'odeur fétide de Dieu et de la tyrannie ». Avec un optimisme sympathique mais discutable (acceptons le pléonasme, parce que tous les optimismes partagent les mêmes vices et les mêmes vertus), Vaneigem ne refuse même pas les bienfaits intellectuels qui pourraient provenir des pires mensonges : « Les spéculations les plus folles, les assertions les plus délirantes ensemencent à leur manière le champ des vérités futures et empêchent d'ériger en autorité absolue les vérités d'une époque. Il y a dans la fiction la plus débridée et dans le mensonge le plus éhonté une étincelle de vie qui peut ranimer tous les feux du possible. » (*Rien n'est sacré, tout peut se dire. Réflexions sur la liberté d'expression*, Paris, La Découverte, 2003, p. 34-35.)

son corps physique comme un simple instrument (une machine à parler), allant à l'encontre de sa finalité propre qui consiste par exemple à être capable de communiquer des pensées et des raisonnements. De sorte que pour Kant aucun mensonge intentionnel n'est excusable, ce qui me paraît une exagération quelque peu hystérique... même si elle lui assure dans le fond, et presque à contrecœur, ma plus profonde sympathie en tant qu'être humain. Pour ma prudente et modeste connaissance, en revanche, tout ce que l'on appelle mensonge n'est pas comparable dans les faits, loin de là. À ce que je crois, nous ne mentons vraiment – que l'on m'excuse pour l'oxymore – que lorsque nous cachons volontairement la vérité à celui qui est en droit de l'attendre de nous dans un domaine déterminé. Par exemple, je ne crois pas que le président Clinton était obligé de discuter *coram populo* de ses relations sexuelles – entre adultes consentants – devant tous les citoyens nord-américains : interrogé à leur sujet sur un mode inquisitorial, il avait parfaitement le droit de dire aux inquisiteurs et aux commères la première chose qui lui passait par la tête, c'est-à-dire d'essayer de les tromper. Ses obligations envers les électeurs le contraignaient à la sincérité pour ce qui est des affaires publiques, pas du domaine privé. Peut-être y avait-il en revanche avec Hillary une autre espèce d'accommodement... bien que cela soit une affaire qui les concerne eux, et non pas une commission du Congrès.

De tous les mensonges, ceux qui me scandalisent le plus sont ceux qui donnent une explication trompeuse des processus naturels ou des événements historiques. Peut-être est-ce à cause de ma vocation d'éducateur, mais je considère comme une véritable offense à l'esprit que de profiter du désir de savoir de quelqu'un – un des plus nobles désirs, et des plus humains – pour lui inculquer des mensonges. Sur la majorité des questions, une ignorance relative, et donc le doute, sont justifiés ; par conséquent, la tromperie ne peut provenir que de la prétention ou de la malignité. Il est probable que, dans la plupart des cas, celui qui se pavane comme un connaisseur des questions qu'il ignore ne s'adonne pas consciemment au mensonge, mais se contente de dire des sottises. Le mensonge réside dans son attitude de personne convaincue et sûre d'elle-même plus que dans les contenus concrets qu'il transmet. En un mot, il n'est pas tant un menteur qu'un baratineur. C'est sans doute à ce profil qu'appartenait mon disert compagnon du vol Air France, tout comme n'est que baratin et sornettes ce que nous entendons aussi, jour après jour, dans la bouche des politiques, des prophètes de tout acabit, des théologiens et... ah oui, bien sûr, des philosophes !

La meilleure étude actuelle sur la question, déjà devenue classique, est sans doute *On Bullshit* de Harry G. Frankfurt. Selon cet auteur, « le baratin (*bullshit*) devient inévitable chaque fois que les circonstances amènent un individu à aborder un sujet qu'il ignore[1] ». Je suppose qu'un tel comportement peut être excusable si l'on est soumis à de graves menaces ou qu'on subit la torture, mais la majorité des baratineurs que je connais le sont par vocation, par envie de se faire valoir ou par appât du gain. Il est nécessaire de bien distinguer le baratineur du menteur. Ce dernier connaît la vérité, l'apprécie, mais la cache et la défigure pour obtenir quelque espèce d'avantage : il ment en fin de compte par estime pour la vérité, qu'il considère comme une arme précieuse dont la connaissance procure le pouvoir sur ceux qu'il trompe. Il confirme cette épigramme cynique du grand Ambrose Bierce : « La vérité est quelque chose de tellement bon que le mensonge ne peut se permettre le luxe d'exister sans elle. » C'est-à-dire qu'il reconnaît l'autorité de la vérité et qu'en même temps il la méprise au profit de

1. Harry G. Frankfurt, *De l'art de dire des conneries,* trad. de l'anglais (États-Unis) par Didier Sénécal, Paris, 10/18, 2006, p. 71-72. Toutes les citations suivantes proviennent du même bref essai, p. 70-75.

ses propres desseins. Comme le dit Frankfurt : « Le baratineur, pour sa part, ignore totalement l'autorité de la vérité. Il ne la rejette pas à la façon du menteur : il ne lui accorde pas la moindre attention. C'est pourquoi le baratineur est un plus grand ennemi de la vérité que le menteur. » Le menteur connaît ou croit connaître la vérité, et à partir de cette connaissance il falsifie ce qu'il tient pour vrai. En revanche, le baratineur se désintéresse complètement de ce que pourrait être la vérité à propos du sujet dont il parle ; mieux, il profère ses sornettes en se préoccupant uniquement de l'effet qu'elles produisent sur ses auditeurs ou de l'idée que ceux-ci peuvent se faire de lui (il veut passer pour pieux, noble, sensible, initié aux mystères de l'univers... ami de la vérité !). En son for intérieur, dans le cas douteux où il serait capable de sincérité, du moins avec lui-même, il devrait admettre que la véracité lui semble inaccessible, ou sans importance ; tout au plus souscrirait-il au quatrain de Campoamor :

> Dans ce monde de traîtrise
> rien n'est vérité ni mensonge,
> tout dépend de la couleur
> du verre par lequel on regarde.

Bien entendu, même les pires baratineurs peuvent avoir des états d'âme et prétendre en outre être politiquement corrects au vu des exigences de l'époque. Comme le signale Frankfurt, le baratineur navigue les voiles gonflées par le scepticisme postmoderne régnant, qui nie la possibilité de parvenir à la connaissance d'aucune réalité objective et écarte celle de savoir comment sont authentiquement les choses. Puisqu'il n'y a pas de faits, mais des interprétations (selon l'affirmation répétée – mal interprétée de façon répétée – de Nietzsche dans *La Volonté de puissance*), il est justifié de renoncer à la prétention de parvenir à une description valable et intersubjective de la réalité. « Au lieu d'essayer de parvenir à une représentation exacte du monde, l'individu s'efforce de donner une représentation honnête de lui-même. » La véracité est morte, vive la sincérité : ou l'« authenticité », jargon heideggerien sur lequel Adorno a écrit un essai clairvoyant[1] – « authenticité » encore plus ou moins en vigueur chez pas mal d'auteurs qui ont perdu l'habitude de lui donner son nom. Le baratineur met son âme à nu, écrit dans un idiolecte sentimental et volontiers énigmatique, sans autre support objectif que la subjectivité hypertrophiée de ce qu'il présente comme sa personnalité la plus profonde, sans cesser de considérer de haut et avec mépris le discours laborieux et plat de ceux qui tâtonnent studieusement pour rendre compte de ce dont ils se rendent compte. Mais il se trouve, dit Frankfurt, que « en tant qu'êtres conscients, nous n'existons que par rapport aux autres choses et [que] nous ne pouvons nous connaître sans les connaître aussi. [...] Chacun sait que notre nature insaisissable, pour ne pas dire chimérique, est beaucoup moins stable que celle des autres choses. La sincérité, par conséquent, c'est du baratin. »

Cela dit, cette façon de poser le problème ne repose-t-elle pas sur une conception excessivement tranchée et indiscutable de la vérité ? Accepter ladite conception est considéré aujourd'hui par beaucoup (communément englobés sous la généreuse enseigne de « postmodernes ») avec une condescendance ironique aussi grande que l'indignation que suscitait aux dix-huitième et dix-neuvième siècles le fait de jeter l'interdit sur elle. Bien entendu, ceux qui méprisent ou sous-estiment sérieusement l'importance de départir le vrai du faux dans nos débats sur la nature réelle des choses (mentionnons pour être bref le nom de Richard Rorty) ne doivent pas être confondus avec les sceptiques qui doutent sérieusement que nous parvenions à avoir un jour des connaissances pertinentes indiscuta-

1. Theodor Wiesengrund Adorno, *Le Jargon de l'authenticité. De l'idéologie allemande*, trad. de l'allemand par Eliane Escoubas, Paris, Payot, 2003 [1964].

blement vraies. Les premiers n'accordent pas plus d'importance à la vérité qu'aux mythes, aux légendes, aux traditions, à ce qu'impose le pouvoir politique ou aux avantages pratiques qui accompagnent certaines opinions : dans le meilleur des cas, on appellera « vérité » ce que nous (un nombre suffisant de participants à un débat) avons finalement accepté comme point d'accord. Les seconds pensent que la vérité est quelque chose d'objectif, d'indépendant de notre plaisir, et qu'il serait bon de connaître… mais qui nous échappe et nous échappera toujours à cause de la difficulté de l'entreprise, de la limitation de nos possibilités cognitives, et des nombreuses passions qui troublent notre intellect.

Franchement, il ne paraît pas profitable sur le plan de la réflexion de perdre beaucoup de temps à défendre le concept de vérité. C'est un « universel » normatif qui existe dans toutes les langues pour la bonne raison que sans lui nous ne serions pas capables de parler et qu'il n'y aurait guère de sens à le faire. Quand nous rencontrons un interlocuteur, nous lui appliquons d'emblée et nécessairement ce que Donald Davidson a appelé « le principe de charité », c'est-à-dire que nous le considérons comme capable d'utiliser le langage de manière convenable et d'exprimer à travers lui des propositions véridiques. Et nous entendons qu'il nous juge de la même manière, cela va de soi… Même pour le tromper il nous est indispensable d'être considérés au préalable comme capables de dire la vérité, et comme étant enclins à celle-ci ! Le terme « vérité » n'est sans doute pas univoque et il fonctionne de manière analogue mais néanmoins distincte en fonction des différents types de « jeu linguistique » – pour employer la terminologie de Wittgenstein – que nous pratiquons. Il reste un élément commun : nous qui parlons partageons toujours un monde objectif, et le langage prétend toujours rendre compte de manière appropriée de ce qui arrive dans le monde que nous partageons. Mais il se trouve que la perspective appropriée à certaines occasions répond à des règles de pertinence différentes de celles d'autres circonstances. On peut à cet égard comparer les différentes modalités de la vérité à la variété de genre et d'échelle des cartes géographiques : chacune d'elles est utile en fonction de ce qu'on en attend[1].

N'importe quel plan – ou carte –, pour fonctionner comme tel, doit correspondre de manière explicite et intelligible à l'organisation de l'espace qu'il représente... même si ses détails et ses points de référence peuvent être très différents selon qu'il s'agit d'un cadastre, du GPS, du guide Michelin ou des indications que nous dessinons sur une serviette en papier pour qu'un ami trouve notre bureau dans le labyrinthe d'un bâtiment. Ce à quoi aucune carte actuelle n'aspire est sans doute ce à quoi ont prétendu ces savants d'un pays inventé par Borges, qui en élaborèrent une, identique dans tous ses détails, ses dimensions et son relief au pays qu'elle représentait, de sorte qu'elle s'y superposait exactement. Sa fidélité était telle qu'elle se révéla inutilisable et que, de ce fait, elle fut abandonnée : des années plus tard, des vagabonds habitaient ses gigantesques ruines et des bêtes féroces s'y réfugiaient... À mon sens, beaucoup des postmodernes rejetant le concept de vérité le comprennent d'une manière aussi hypernaturaliste et inutilisable que la carte inventée par les savants de Borges. Il s'agit d'un abus grotesque, d'une hyperbole au nom de laquelle ils écartent le reste des modalités pratiques et indispensables de toute cartographie véritable. Il est évident que le type d'adéquation de chaque carte à la réalité dépend des intentions concrètes de celui qui l'utilise (en cela les pragmatistes postmodernes ont raison), mais cette adéquation – ce que nous appelons « vérité » – est sans le moindre doute nécessaire pour toutes les cartes... et répond à quelque chose qui existe indépendamment des buts de celui qui l'utilise. Je conseille de

1. Voir Michael P. Lynch, *Truth in Context*, *op. cit.*

ne pas gaspiller ses forces à argumenter avec les philosophies qui nient cette évidence ou en minimisent l'importance.

Le cas de ceux qui sont sceptiques quant à nos possibilités de connaître un jour la vérité est différent. Contrairement aux précédents, qui l'écartent ou la sous-estiment, ceux-ci la valorisent de façon si exagérée qu'ils la situent hors de notre atteinte par excès de scrupules. En certaines occasions, comme le signale Bernard Williams, « le désir de véracité induit un processus critique qui fragilise l'assurance qu'il y aurait une vérité sûre ou qui se puisse affirmer sans réserve[1] ». On peut sympathiser intellectuellement avec cette honnêteté pointilleuse, mais pas quand tant de scrupule conduit à la paralysie. Peut-être serait-il impossible de dresser des cartes fiables de certains territoires particulièrement mal connus (pour continuer avec la comparaison précédente), mais il est évident que nos représentations fonctionnent suffisamment bien dans de nombreux autres cas... Nous serions tout simplement incapables de survivre dans le cas contraire ! Poussés jusqu'à leurs conséquences les plus extrêmes, le scepticisme et le relativisme culturel – selon lesquels nous ne pouvons trouver aucune vérité en dehors de la tradition qui lui donne son sens, ni bien sûr décider laquelle sera la plus « véritable » des nombreuses vérités qui s'offrent à nous – débouchent sur une position artificielle, insoutenable hors du cabinet du chercheur ou de la salle de conférences, et incompatible avec l'existence quotidienne concrète. Ángel Ganivet disait qu'il ne croirait à la sincérité d'aucun sceptique radical, c'est-à-dire disposé à ne rien tenir pour certain, avant de l'avoir vu s'asseoir sur une voie de chemin de fer et attendre là, impavide, l'arrivée d'un express qui peut-être n'arrivera pas. Et dans une œuvre récente, *River Out of Eden*, Richard Dawkins soutient que

1. Bernard Williams, *Vérité et Véracité. Essai de généalogie*, trad. de l'anglais par Jean Lelaidier, Paris, Gallimard, « NRF Essais », 2006, p. 13.

lorsqu'il vole à trente mille pieds d'altitude, tout relativiste culturel est coupable d'hypocrisie. Les avions sont en effet conçus grâce à certaines connaissances scientifiques auxquelles nous confions notre sécurité, parce que nous savons que l'appareil est capable de se déplacer en altitude vers sa destination. Chose qu'en revanche ne sont pas capables de faire les avions de pacotille fabriqués par les *cargo-cults* indigènes, ni les ailes de cire d'Icare… si respectables qu'ils soient culturellement parlant. J'ajoute que notre Don Quichotte lui non plus n'a pas véritablement volé sur « Clavileño », et ceux qui se sont moqués de lui étaient sans doute capables de faire la différence entre son céleste voyage pour rire et ce que peut faire n'importe quel oiseau. Il est plus que probable qu'il existe d'innombrables vérités qui sont hors de notre portée (sans cesser pour autant d'être des vérités), mais il est grotesque de nier que nous en connaissons beaucoup d'autres à fond. Et peut-être pas des moins importantes… en tout cas pour nous débrouiller au jour le jour.

J'en reviens à mon point de départ, au baratineur qui a gâché mon vol Paris-Madrid, et à ses sottises éhontées. J'admets que trop souvent j'ai ressenti un rejet comparable en écoutant des discours ecclésiastiques, ou simplement « religieux » au sens le plus large du terme, ce qui est probablement injuste envers la bonne foi de bien des croyants. N'importe lequel d'entre eux pourrait me dire maintenant qu'il ne nie en aucune façon la déplorable abondance de charlatans indifférents à la vérité et qu'il les rejette autant que moi. Et que lui, en tant que croyant, n'abomine pas moins le mensonge que Kant – qui lui aussi, bien entendu, était croyant –, et qu'il admet sans faire la fine bouche le caractère effectif des connaissances scientifiques et des vérités qu'elles établissent par l'expérimentation. Ce croyant, en personne éclairée, ne prétend nullement faire entrer les vérités de la foi en compétition avec celles de la science… Grâce à Dieu, ce n'est pas un partisan du « dessein intelligent » antidarwiniste, ni des autres obscurantismes si chers au président Bush ! Mais il soutient que la religion s'occupe de questions d'un ordre différent de celui de la science. C'est-à-dire que non seulement il croit que la religion se consacre à d'autres thèmes que ceux dont traite la science, mais il soutient aussi que sa vérité ne répond pas au paradigme scientifique, lequel est indiscutablement adéquat sur son propre terrain, mais maladroit ou grossier quand on l'applique à des croyances religieuses. En son temps déjà, Wittgenstein avait pris de l'avance sur la postmodernité en disant que le discours scientifique ne pouvait pas rendre compte du religieux, parce que chacun d'eux appartenait à un jeu linguistique différent. La valeur de vérité des doctrines religieuses n'est ni simplement factuelle, ni encore moins expérimentale, mais plutôt symbolique, allégorique peut-être, et toujours chargée d'implications morales. Rejeter les croyances religieuses comme « fausses » est une attitude relevant d'un positivisme dépassé, dépourvu de sensibilité herméneutique et même de goût esthétique…

Je reconnais qu'il ne m'est pas facile de comprendre cette manière de poser le problème… Et pourtant je l'ai souvent entendue ! Pour tenter de la comprendre, je reviendrai une dernière fois sur la comparaison cartographique au moyen de laquelle nous avons essayé d'illustrer plus haut les différentes sortes de vérité, sans toutefois renoncer, à aucun moment ni dans aucun des cas, à l'importance que revêt ce concept en tant que tel. Au début de mon roman favori, *L'Île au trésor* de Robert Louis Stevenson, on voit toujours le dessin simple et même un peu sommaire d'une carte : elle représente l'île vers laquelle navigue la goélette *Hispaniola*, avec ses criques, son fortin, ses grottes, ses collines… et, naturellement, l'emplacement du trésor. On suppose qu'il s'agit d'un fac-similé de celle qu'a trouvée Jim Hawkins dans le coffre du vieux pirate Billy Bones, trouvaille qui est à l'origine de la grande aventure. Et cela est certain à plus d'un titre parce que, si les biographes ne se trompent pas, c'est cette carte – dessinée par Stevenson dans le but de divertir son filleul adolescent – qui a plus tard inspiré l'auteur pour écrire le roman que nous avons tant aimé. Nous pouvons donc aussi nous demander devant cette carte personnelle – comme devant n'importe quel atlas ou guide routier – dans quel espace géographique elle peut nous orienter. La réponse est évidente : aucun. Elle est utile pour mieux comprendre le récit où elle est insérée et mieux en profiter, mais elle ne nous servira de référence dans aucun pays ni aucune île réels. Elle appartient à la délicieuse cartographie de l'imagination, non à la représentation physique de notre planète Terre. Je me demande si ceux qui nous chapitrent au sujet de la vérification des croyances religieuses au moyen des critères expérimentaux habituels du vrai et du faux veulent dire que notre attitude est aussi bornée que celle de ceux qui, déçus, protesteront quand ils ne trouveront pas sur les mers l'île qui correspond à la carte de Stevenson. Franchement, je crois que tel n'est pas le cas ; il me semble indéfendable d'affirmer que, pour les croyants, l'authenticité des contenus religieux est comparable à celle que les amateurs de littérature accordent à leurs personnages favoris. Sans doute Hamlet et Don Quichotte sont-ils « réels et véritables » en un sens, ils comptent pour nous, pour notre réflexion sur la vie et pour notre compréhension de nous-mêmes en tant qu'êtres humains. Dans cette perspective, il est probable qu'ils peuvent avoir plus d'importance pour nous que beaucoup de personnes en chair et en os que nous connaissons... Mais nous ne les confondons jamais pour autant avec ces dernières. Nous savons que la carte de *L'Île au trésor* est véritable tant que nous lisons le roman. Pour le dire avec la formulation perspicace et un peu mélancolique de Bernard Williams : « S'agissant de Sherlock Holmes, nous savons qu'il est vrai qu'il habitait Baker Street, et en disant cela nous pouvons gagner dans quelque jeu de questions, mais nous savons aussi avec exactitude que, s'agissant de Baker Street, il n'est pas vrai que Sherlock Holmes y ait habité[1]. »

Personne – aussi athée soit-il – ne nie l'importance culturelle, anthropologique et même politique des diverses doctrines religieuses. Mais cette importance provient, précisément, de ce que des milliers et des milliers de personnes adhèrent aux dogmes religieux d'une manière qui n'est pas uniquement culturelle, anthropologique ou politique. C'est là qu'est le cœur du débat. Avec ceux qui sont intéressés par la beauté et la pertinence des légendes religieuses, tout comme ils le sont par les créations de Stevenson, de Conan Doyle et de Cervantès, il n'y a bien entendu pas lieu de discuter plus avant. Pas plus qu'avec ceux qui étudient les effets sociaux des croyances religieuses qu'eux-mêmes ne partagent pas, comme cela me semble être le cas de Régis Debray. En revanche, j'ai du mal à comprendre ceux qui se disent croyants tout en affirmant l'être de manière symbolique ou allégorique. Et encore plus s'ils soutiennent que telle est la forme majoritaire de la croyance religieuse. Symboles… de quoi ? Allégories… de quoi ? Dois-je comprendre que l'on pourrait se dispenser de tels symboles et de telles allégories sans perdre davantage que l'échange poétique de métaphores ? Ce repli minimaliste n'est, pour moi, pas même fiable *a minima*. Dans son débat avec Régis Debray, recueilli dans un livre intense et passionnant, le scientifique Jean Bricmont – qui a publié avec Alan Sokal une œuvre stimulante mais controversée : *Impostures intellectuelles* – soutient que la principale argutie du discours religieux contemporain est l'idée que la religion s'occupe d'un ordre de vérités distinct de celui de la science. Et il polémique contre elle : « L'existence de Dieu, des anges, du ciel et de l'enfer, ou l'efficacité de la prière, sont des assertions de fait ; et si on les retire vraiment, c'est-à-dire si on admet qu'elles sont fausses,

1. *Ibid.*, p. 169.

alors je ne sais pas ce qui reste du discours religieux, par exemple comment créer du sens ou des valeurs qui soient différentes de celles des athées, tout en partant de la même base factuelle. [...] Supposons que l'on retire de la religion la littéralité de la Bible, l'efficacité de la prière et les autres choses où le conflit avec la science (sur le plan des faits) pourrait se produire, qu'en reste-t-il ? Soit des assertions purement métaphysiques – un Dieu complètement coupé de notre monde – qui n'intéressent presque personne, soit des assertions purement morales. Mais en quoi cette morale sera-t-elle différente d'une morale non religieuse si on abandonne toutes les assertions de fait, les punitions divines ici et dans l'au-delà, l'intérêt de Dieu pour sa créature humaine, etc.[1] ? » Bricmont simplifie-t-il abusivement le problème en raison de son point de vue scientifique ? À mon sens, il défie plutôt la complexité équivoque dans la manière de poser les problèmes, délibérément ambiguë, et où l'on déplace sans cesse le débat pour éviter la critique.

Au cours des deux cents dernières années, beaucoup de sceptiques et d'anticléricaux ont soutenu avec une ferveur polémique que les doctrines religieuses étaient de pures inventions des prêtres – *bullshit* (baratin) dans la terminologie de Frankfurt – pour mystifier les naïfs et conserver un ascendant indu sur eux. Il s'agit certainement – cette fois oui – d'une simplification trompeuse et injuste dans sa généralité, même s'il ne fait pas de doute que depuis la frauduleuse donation de Constantin jusqu'au saint suaire de Turin, les exemples qui prouvent que ces mal pensants incrédules ne font pas toujours fausse route sont légion. Je me rappelle un roman français de science-fiction que j'ai lu dans ma jeunesse et qui s'intitule *Le Signe du chien*. Son auteur, Jean Hougron, aujourd'hui

1. Régis Debray et Jean Bricmont, *À l'ombre des Lumières*, Paris, Odile Jacob, 2003, p. 125 et 127.

oublié, a aussi écrit *Je reviendrai à Kandara*, un roman très apprécié en son temps. Dans ce livre, il met en scène un enquêteur intergalactique expédié sur une lointaine planète où se déroulent d'étranges événements. Les habitants vivent dans une cité fortifiée, sous la menace permanente de monstres terribles et gigantesques qui descendent périodiquement des montagnes environnantes pour attaquer la ville. Aucune arme n'est capable de les arrêter. Seuls peuvent conjurer le péril les ascètes d'une étrange secte, qui s'opposent aux monstres alors même que la destruction de la ville paraît inévitable, grâce à leurs seuls pouvoirs mentaux et à leurs prières. L'assaut se produit de temps en temps, tout comme la défense magique, de sorte que les indispensables ascètes sont vénérés et obéis de tous les citoyens. L'enquêteur découvre finalement que les monstres ont été créés par les ascètes eux-mêmes, pour affirmer et perpétuer leur pouvoir. Cette fable – qu'à tant d'années de distance je me rappelle comme étant puissamment narrée et que je serais enchanté de relire – pourrait être un exemple de la vision topique que de nombreux voltairiens, moins ingénieux que leur maître, ont cultivée à propos des religions. En réalité, le problème est beaucoup plus intéressant et plus riche en questions sur la condition humaine qu'il n'y paraît. Les tromperies et les charlataneries de certains ne suffisent pas à expliquer la persistance des croyances religieuses, ni leur influence sur la manière de penser ou de se comporter de beaucoup de personnes parfaitement sincères.

La première chose est de reconnaître que de telles croyances existent réellement (j'admets qu'elles me sont tellement étrangères que durant un certain temps il m'est resté un petit doute concernant le fait que les dévots pourraient *faire comme si*[1]).

1. Longtemps après, j'ai su que quelqu'un de plus pieux que moi, Emmanuel Kant, partageait cette appréhension concernant le point jusqu'où peut être sincère le fait de croire en l'incompréhensible. Voir *La Religion dans les limites de la simple raison.*

En dernière extrémité, nous pouvons dire que beaucoup de personnes cultivées – et en général rationnelles pour le reste du quotidien – « espèrent croire » à tout le moins, selon l'expression qui donne son titre à un livre important de Gianni Vattimo[1]. Bien entendu, « croire » ne signifie pas seulement accepter la validité culturelle ou poétique de certaines doctrines ; ni non plus se soumettre par conformisme social à certains rituels traditionnels. Les croyants qui nous intéressent ici sont intimement convaincus – peut-être avec des doutes, bien sûr, mais toute personne rationnelle a des doutes concernant ses convictions les plus chères – de ce que la description du monde et de notre destin proposée par leur religion est plus vraie que la vision simplement scientifique ou naturaliste. Pour le dire dans les termes de William James, aux réflexions duquel nous allons longuement revenir par la suite : « Pour moi, j'estime que l'hypothèse religieuse donne à l'univers une expression qui détermine en nous des réactions spécifiques, réactions bien différentes de celles qui seraient provoquées par une croyance de forme purement naturaliste[2]. » Croire signifie assumer la vérité de quelque chose, ou bien le fait qu'un certain état de choses s'impose dans la réalité face à d'autres possibles et qu'il les écarte. J'insiste : la croyance religieuse ne concerne pas celui qui a simplement une autre manière d'interpréter les données et les théories proposées par les sciences (physique, psychologie, sociologie, etc.), mais bien une perspective privilégiée qui révèle le fondement et le cœur de ce que les autres formes de connaissance ne font qu'apercevoir de manière mécanique et superficielle. Mais en quoi consistent au fond les croyances religieuses, qui sont si diverses d'un point de vue ethnographique ? Je n'ai bien sûr ni la pré-

1. Gianni Vattimo, *Espérer croire*, Paris, Seuil, 1998.

2. William James, *La Volonté de croire*, trad. de l'anglais (États-Unis) par Loÿs Moulin, Paris, Les Empêcheurs de penser en rond, 2005, p. 63.

tention ni la moindre compétence pour entreprendre une phénoménologie de la religion à travers les cultures et les siècles. Pour ce à quoi je prétends dans cet essai, il me suffit de m'occuper des religions et de leurs branches les plus importantes telles qu'elles se présentent aujourd'hui dans les principales aires culturelles. Donc, pour revenir un peu en arrière et avec William James, déjà cité : « La croyance religieuse d'un homme – quels que soient les points spéciaux de doctrine qu'elle implique – représente essentiellement pour moi la croyance en quelque ordre invisible dans lequel les énigmes de l'ordre naturel trouveraient leur explication[1]. » Et James spécifie qu'à côté d'une telle croyance on trouve aussi la conviction qu'il y a un intérêt effectif (au-delà de cette vie sociale mais aussi actuelle) à pratiquer cette foi. C'est-à-dire que la croyance religieuse nous permet de mieux comprendre notre vie dans son contexte, de la vivre mieux, et qu'elle nous ouvre même la possibilité de quelque chose de meilleur que la vie.

Revenons une fois de plus à la question essentielle : *Pourquoi* y a-t-il des gens pour croire que l'invisible est l'explication ultime du visible et qu'il oriente notre pratique ? Dans la majorité des cas nous nous efforçons tous d'avoir des croyances *justifiées*. Comme l'explique Bernard Williams, « une croyance justifiée est celle à laquelle on parvient au travers d'une méthode, ou qui est appuyée sur des considérations qui la favorisent non pas seulement parce qu'elles la rendent plus attrayante ou quelque chose du même genre, mais dans le sens spécifique de ce qu'elles fournissent des raisons de croire qu'elle est vraie[2] ». Bien entendu, le pur désir soutient parfois une croyance de manière presque irrésistible, au point que nous sommes à moitié disposés à l'accepter tout en sachant au fond qu'elle ne peut pas être vraie. Par exemple,

1. *Ibid.*, p. 81.
2. Bernard Williams, *Vérité et Véracité*, *op. cit.*, p. 133.

il y a bien des années, je voyageais en Égypte dans une camionnette avec un petit groupe de touristes, déambulant dans le désert brûlant à la recherche de ruines illustres. La soif et la chaleur nous accablaient de manière insupportable. Chaque fois que nous arrivions à un site archéologique, nous tombions à l'entrée sur un marchand de rafraîchissements qui excitait notre envie en nous proposant des boissons glacées. En effet, il avait à côté de lui sur le sable – sous le soleil implacable – un petit frigo dont il sortait des bouteilles... Un frigo qui n'était branché sur aucune prise électrique et ne pouvait donc pas rafraîchir, fût-ce un peu, son contenu. Même si nous savions que tous les liquides qu'il nous vendait pour un prix excessif se trouvaient à une température plus proche de l'ébullition que de la congélation, nous nous précipitions tous, pleins d'espoir, vers l'éventaire et nous insistions même pour que le vendeur nous donne des bouteilles prises dans le fond du frigo inutile, comme si de la sorte elles allaient être plus fraîches... D'une part nous savions parfaitement que la chose était impossible, mais d'autre part nous *voulions croire* que cette fois enfin nous obtiendrions la bénédiction réfrigérée dont nous avions tellement envie. En combien d'autres occasions ne me suis-je pas entêté à cultiver moi-même des croyances tout aussi infondées, génératrices de faux espoirs et, finalement, décevantes ?

En gros, nous pouvons considérer que partir des paramètres scientifiques est la meilleure méthode pour acquérir des croyances justifiées. Une grande majorité d'entre nous possède néanmoins un certain type de croyance *paranormale* – c'est-à-dire qui viole quelque règle ou principe scientifique –, qu'elle soit de nature religieuse ou profane (et les deux en bien des cas). L'extension (et le progrès) de l'éducation fait en général diminuer l'influence des croyances religieuses traditionnelles, mais elle n'altère pas et semble même parfois stimuler le nombre de ceux qui croient en d'autres phénomènes paranormaux d'apparence plus « laïque » comme la parapsychologie, les ovnis, les méthodes de guérison fantaisistes, les hypothèses historiques échevelées, etc. Au dix-neuvième siècle, cette période si scientiste, des esprits irréligieux, critiques et raisonneurs tel Schopenhauer, ont cru fermement aux plus grands bobards spiritistes (pour ne pas parler, plus tard, du beaucoup plus crédule encore Conan Doyle et de ses fées photogéniques !). On trouve même un scientifique, prix Nobel – Alexis Carrel –, qui a fait le voyage à Lourdes et s'est enthousiasmé pour les miracles qui s'y produisent. Comme l'observe T.S. Eliot de façon irréfutable, la dose de réalité que nous autres humains sommes capables de supporter paraît notablement inférieure à celle que nos connaissances les plus diverses nous permettent de connaître.

Dans son œuvre devenue classique (*La Volonté de croire*, 1897), William James, peut-être le principal inspirateur du pragmatisme philosophique qu'embrasseront successivement John Dewey et Richard Rorty des décennies plus tard, a montré que la foi peut être, dans certains cas, une manière adéquate de fonder nos croyances. À ses yeux, un empiriste radical ne peut nier que « l'expérience religieuse » existe, une expérience dont les caractéristiques propres ne sont pas en accord avec la méthode scientifique – elle n'est par exemple ni intersubjective ni reproductible à volonté –, mais que l'on ne peut pas pour autant négliger, étant donné son importance virtuelle dans notre compréhension de la vie humaine. Selon James, « une règle de pensée qui m'empêcherait radicalement de reconnaître certains ordres de vérités si ces vérités se trouvaient réellement présentes serait une règle irrationnelle[1] ». En fin de compte, le sens de nos croyances est d'impulser et d'orienter notre action dans le monde ; néanmoins ce qui en elles est important n'est pas d'où elles proviennent – intellectuellement –

1. William James, *La Volonté de croire*, *op. cit.*, p. 62.

mais là où elles mènent dans la pratique. La foi qui se fonde sur notre désir de faire ou d'obtenir quelque chose est non seulement légitime mais elle peut être indispensable (« l'unique manière d'échapper à la foi est la nullité mentale »). « Bien souvent – dit James – notre foi anticipée en un résultat incertain *est la seule chose qui rende le résultat vrai*. Supposez par exemple que vous gravissiez une montagne, et qu'à un moment donné vous vous trouviez dans une position si périlleuse que seul un saut terrible puisse vous sauver : si vous croyez fermement que vous êtes capable de l'accomplir avec succès, vos pieds seront armés pour vous en donner les moyens ; manquez au contraire de confiance en vous-même, pensez aux dissertations que vous avez entendues de la bouche des savants sur le possible et l'impossible, et vous hésiterez si longtemps qu'à la fin, démoralisé et tremblant, vous vous lancerez désespérément dans le vide pour rouler dans l'abîme[1]. » Un paragraphe éloquent mais qui suscite bien des doutes. Ceux par exemple de Pío Baroja[2] dans *L'Arbre de la science*, qui répond peut-être directement à James.

> – Il y a un point sur lequel nous serons tous d'accord, par exemple sur l'utilité de la foi pour une action donnée. Il est indéniable que la foi, dans le quotidien, représente une grande force. Si je me crois capable de faire un saut d'un mètre, je le ferai ; si je me crois capable de faire un saut de deux ou trois mètres, peut-être le ferai-je aussi.
>
> – Mais si vous vous croyez capable de faire un saut de cinquante mètres, vous ne le ferez pas, si grande que soit votre foi.
>
> – Bien sûr que non ; mais cela est sans influence sur le fait que la foi soit utile dans le champ d'action du possible. Donc la foi est utile, biologique, et donc il faut la conserver.

1. *Ibid.*, p. 87.
2. Romancier espagnol, 1872-1956 [*N.d.T.*].

> – Non, non. Ce que vous appelez foi n'est rien de plus que la conscience de notre force. Cette dernière existe toujours, qu'on le veuille ou non. C'est l'autre foi qu'il convient de détruire ; la conserver est un danger. Par cette porte qui ouvre sur l'arbitraire une philosophie fondée sur l'utilité, la commodité ou l'efficacité, font irruption toutes les folies humaines[1].

Quand la différence entre le possible et l'impossible dépend de notre décision, la foi peut se révéler très utile ; mais elle ne transformera pas en possible ce qui est pour nous impossible, que nous le voulions ou non. Croire autre chose, comme le note Baroja, peut être le début de la folie… ou la voie pour rendre fous les gens crédules qui nous écoutent.

En fin de compte, la position pragmatique brillamment exposée par William James est une variante du pari de Pascal, parce qu'en ce qui concerne la religion, la terre ferme sur laquelle nous devons sauter se situe de l'autre côté de la mort. Divers auteurs ont signalé la fragilité de ce type d'argumentation, dont Donald Davidson parmi les plus récents[2]. Bien que certaines aspirations spirituelles nous inclinent vers des croyances déterminées pour lesquelles il n'existe pas de meilleure justification que ces mêmes désirs, la possibilité existe d'une aspiration non moins forte – celle de la véracité et de l'honnêteté dans nos croyances – qui peut servir de garde-fou à l'égard des premiers. Des déclarations comme celle du personnage de Dostoïevski dans *Les Frères Karamazov* (« Si Dieu n'existe pas, tout est permis ») ou celle, très fréquente elle aussi, selon laquelle sans Dieu et le surnaturel la vie manque

1. Pío Baroja, « El árbol de la ciencia », *La Raza*, Barcelone, Tusquets, 2006, p. 477-478.

2. Sur la position de Donald Davidson, avec les bons commentaires qui la prolongent et la complètent, on peut consulter la conférence : *La voluntad de no creer* (La volonté de ne pas croire) de Manuel Hernández Iglesias, Barcelone, 28 janvier 2005. Je ne sais pas si elle a été publiée, je dispose de ce texte à titre privé.

de sens, ne sont pas des arguments probatoires en faveur de ces croyances, mais plutôt la constatation d'un besoin pathétique qui devrait nous faire douter d'elles. C'est une chose de ce genre qu'a voulu dire Nietzsche en écrivant dans *L'Antéchrist* : « La foi sauve, *donc* elle ment. » La seule chose réelle et indiscutable dans de telles façons de poser le problème est notre *désir* : peut-être qu'au lieu d'avoir la prétention de comprendre le cœur de la réalité à partir de ce que nous désirons, nous devrions tenter de comprendre précisément les mécanismes réels de notre fureur désirante...

Les fonctions qu'assument les religions dans les sociétés, tâches dans lesquelles peut se trouver leur origine (fonder la cohésion transcendante du groupe, expliquer d'où provient le monde et chacun de ses phénomènes, servir de base aux tabous et aux devoirs, légitimer l'ordre social établi ou la rébellion contre celui-ci au nom d'une justice supérieure, etc.), sont une chose ; les raisons pour lesquelles beaucoup de personnes adhèrent individuellement à des doctrines religieuses et – plus étonnant encore – respectent les prêtres qui les administrent, en sont une autre. Sans doute dans la majorité des cas les gens suivent-ils la religion majoritaire par pur mimétisme social : on sait que dans des circonstances normales, une fois mises de côté les pressions exceptionnelles de toutes sortes, l'être humain est spontanément porté à faire, à penser et à vénérer ce qu'il voit les autres faire, penser et vénérer. Mais actuellement les sociétés sont hétérogènes, la religion n'est plus aussi unanimement partagée qu'autrefois et l'offre de croyances ou de formes de piété se fait de plus en plus variée : de sorte que les dévots et les croyants peuvent l'être par un choix personnel, dans leur for intérieur. Tant William James que Rudolf Otto dans son essai classique sur les arrière-pensées du religieux, *Le Sacré*[1], partent de l'expérience ou de l'émotion purement

1. Rudolf Otto, *Le Sacré*, Paris, Payot, 2001.

religieuse que ressentent selon eux les personnes appelées à se consacrer à ces thèmes élevés, et à partir de laquelle ils vont guider les autres sur ce chemin de transcendance. C'est à partir de cette expérience que s'éveille ou s'avive la volonté de croire : Rudolf Otto en vient même à dénier à qui n'a pas ressenti cette émotion particulière le droit de se consacrer à l'étude de la psychologie religieuse (de telle sorte que ces pages, et probablement tout ce livre, n'ont pas de raison d'être, son auteur étant totalement dépourvu de ce frisson si éclairant). Sincèrement, je me méfie de l'originalité radicale d'une telle révélation : à mon sens elle ne précède pas les croyances religieuses en vigueur mais procède d'elles. La Rochefoucauld disait que personne ne tomberait amoureux s'il n'avait entendu parler de l'amour, et mon opinion est que personne n'aurait d'expériences religieuses s'il ne savait au préalable qu'il existe une religion qui exige foi et adhésion.

J'en reviens donc aux désirs humains comme fondement personnel des croyances. Chacun peut dresser la liste de ses principaux désirs, comme le faisait Stendhal dans ses carnets (il n'oubliait jamais d'y noter entre autres : avoir à volonté une érection d'une durée raisonnable, des transports assurés sans retards ni empêchements, un peu de musique de Cimarosa ou de Mozart quand ce sera le moment, etc.). Être le bénéficiaire de miracles est une chose qui tente tout le monde, et je souligne que le miracle est davantage qu'un simple exercice de magie. La magie fonctionne en fin de compte comme un mécanisme de plus, c'est-à-dire qu'après qu'on a réalisé certains gestes et certaines invocations, elle survient de façon automatique et impersonnelle. C'est une variante insolite de l'habituel rapport de cause à effet. Les miracles en revanche ne sont pas la conséquence de la nécessité mais d'une volonté qui nous distingue par sa bienveillance : ils sont personnalisés, nominatifs, et satisfont un souhait individuel. Parmi les désirs les plus notoires que les religions peuvent combler, je signalerais par exemple celui de la vengeance. La déroute et le châtiment des ennemis, l'humiliation finale des méchants qui triomphent en apparence, est un pieux mobile qui est sans doute à l'origine de beaucoup de dévotions. Son paradigme littéraire pourrait être *Sredni Vashtar*, la splendide et terrible nouvelle de Saki dans laquelle un enfant orphelin trouve le dieu approprié pour purger son ressentiment à l'encontre de celui qui abuse de sa faiblesse. Mais il ne suffit pas que justice soit faite contre ceux qui nous offensent ou qui défient l'ordre que nous tenons pour respectable : nous cherchons en outre une autre espèce de protection. Et c'est là que nous arrivons à la question essentielle, à la conscience irrémédiable de notre condition de mortels.

Nos désirs les plus impérieux sont pour la plupart destinés à éviter, à différer ou à conjurer la mort (la nôtre ou celle de ceux qui nous sont chers). En regardant les choses depuis notre condition actuelle, il apparaît que si nous étions immortels nous ne saurions que désirer de plus. Savoir que nous sommes mortels ne consiste pas seulement à connaître à l'avance notre terme en même temps que celui de tout et de tous ceux que nous apprécions : nous savoir mortels est avant tout nous savoir *intimement liés à notre perdition*. Le plus grave n'est pas précisément de ne pas durer, mais que tout disparaisse comme s'il n'avait jamais existé. Une fois que nous sommes nés et qu'est rompu le lien avec nos parents qui ont pris soin de nous pendant une période psychologiquement longue et décisive (Freud a très bien décrit cela, en dépit de son lien névrotique avec la religion), seuls l'amour sur le plan personnel et la reconnaissance publique sur le plan social entretiennent l'illusion que nous ne sommes pas complètement perdus : plus tard viendra la mort et nous avons l'intuition que jamais personne ne viendra nous *recueillir*. Pour improbable, pour invraisemblable qu'il soit, Dieu apparaît comme une solution à l'insoluble. Pour Lui, nous serons quelqu'un et nous le resterons toute l'éternité durant, même précipités au fond de l'enfer nous ne serons pas *survenus* en vain. Georges Bataille disait, dans sa *Théorie de la religion*, que les animaux sont dans la nature « comme de l'eau dans l'eau » : ni étrangers ni conscients d'aucune distance par rapport à ce qui les constitue et à ce qui les entoure. Mais il en est ainsi parce qu'ils ignorent la fatalité de leur mort, qui est à la source de toute « l'étrangeté » de l'homme. La vie est « étrange » parce que nous mourons, et non pour quelque autre raison. Mourir, c'est se perdre : celui qui a pris conscience de lui-même et de son propre nom ne peut plus être avec résignation « comme de l'eau dans l'eau ». En aucune façon nous ne voulons nous perdre, et sous aucun prétexte nous ne pouvons mourir sans plus : nous ne *croyons* pas mériter cela. Même si elle nous attend comme la fin de nos angoisses, l'annihilation définitive doit être une conquête personnelle, obtenue après un très long effort, un néant personnalisé comme le *nirvana* des bouddhistes : un néant rayonnant, *obtenu*. C'est-à-dire que notre premier et plus grand désir en tant que mortels est d'éviter notre perdition, de continuer d'être significatifs et importants pour Quelqu'un qui comprendra ce que suppose, ce qu'impose et même l'humiliation qu'implique – avec l'aide de l'incarnation, le grand succès théologique du christianisme – le fait de savoir que l'on est « quelqu'un » ; qu'on ne nous perde pas de vue, qu'on ne nous confonde pas, qu'une attention éternelle nous distingue, au besoin par sa réprobation.

Cette préoccupation définitive pour chacun, pour tout le monde, pour moi-même, unique et fragile, cette préoccupation a un nom : le *salut*. Et aujourd'hui les religions, dans leur majorité, si l'on met à part les subtilités anthropologiques et les croyances religieuses des hommes modernes, sont… des *technologies du salut*, pour employer l'expression de Hans

Albert[1]. Tel est le désir que satisfont ces trucs mythologiques et c'est pour cette raison qu'ils exigent de croire en quelque vérité surnaturelle qui les garantit, sans que jamais les doctrines religieuses puissent se résigner à être une « manière de parler » parmi d'autres, une vague consolation poétique. Tout au plus, si nous nous permettons d'être un peu cyniques, l'efficacité de ces technologies du salut est-elle à peu près semblable à ce qu'on appelle « l'effet placebo ». Je viens de lire que des chercheurs nord-américains ont découvert que le simple fait de proposer la prise d'un analgésique déclenche chez le patient la production d'endorphines qui commencent d'affaiblir la douleur dont il souffre. Donc, même si l'on n'y croit qu'à moitié, les promesses de la religion sont pour beaucoup d'entre nous une espèce de calmant contre la souffrance anticipée de notre anéantissement dans la mort. Au vu du bénéfice anesthésique qu'elle représente, les croyants négligent son invraisemblance et négocient comme ils le peuvent leur conduite quotidienne face aux interdits et aux commandements que promulguent les prêtres, administrateurs autoproclamés du remède théologique.

Nous qui nous sommes initiés à la philosophie il y a plus de trente ans, à la fin des années soixante, nous aurions eu du mal à croire que le débat et les réflexions sur la question religieuse allaient conserver leur validité jusqu'à aujourd'hui, et même se raviver à la flamme de divers attentats fanatiques. Nous tenions cela pour un problème résolu. Nous ignorions aussi (comme les gens éclairés des dix-huitième et dix-neuvième siècles) que la croyance religieuse ne dépend ni de ce que nous savons ni de ce que nous pensons, mais de ce que nous désirons irrémédiablement. Et de ce que nous craignons, bien entendu, surtout de ce que nous craignons, comme l'a déjà signalé Lucrèce il y a si longtemps. Ce qui reste néanmoins

1. Hans Albert, *Traktat über kritische Vernunft*, Tübingen, J.C.B. Mohr, 1968.

surprenant est le respect révérencieux et permanent qui continue d'être l'attitude la plus fréquente des incrédules envers les croyances religieuses. J'insiste : non pas envers les croyants eux-mêmes, qui bien entendu méritent le respect pour autant qu'ils se soumettent aux lois du pays, mais envers leurs doctrines et leurs dogmes. Il y a peu, j'ai entendu un leader socialiste reconnaître, dans un débat sur la laïcité, qu'il n'avait « malheureusement » pas la foi ; et dans les récentes réflexions développées autour de la pensée de José Ortega y Gasset, lors de son anniversaire, il n'a pas manqué de commentateurs pour « déplorer » son aveuglement laïc face à la transcendance, qui constituerait une limitation intellectuelle de sa philosophie. En revanche, je lis dans le journal d'aujourd'hui, jour du jeudi saint selon la liturgie catholique, un article du cardinal archevêque de Séville intitulé « Le chœur des ténèbres », dans lequel il condamne les « démons rationnels », décrits comme étant les « éteignoirs des pensées aux larges horizons », et définis avec désinvolture comme « ceux qui avalisent tous ces sous-mondes pseudo-intellectuels de l'autosuffisance, de l'égocentrisme et de l'étroitesse d'esprit » qui peuvent d'après lui être vaincus « par l'étude, la recherche, le dialogue, l'honnêteté intellectuelle et l'espoir[1] ». Que d'indécence dans cette arrogance qui invoque « l'honnêteté intellectuelle » de ceux qui ne se soumettent à aucun de ses contrôles, mais aussi dans le fait que ceux qui ne partagent pas l'aveuglement volontaire qui élève l'invisible au rang d'explication de ce que nous voyons, voient qualifiée de déficience cette attitude cohérente avec le « démon rationaliste ». La « volonté de croire » surgit de faiblesses et d'angoisses humaines plus que compréhensibles, que personne ne peut ni ne doit condamner avec une arrogance facile ; mais l'incrédulité naît d'un effort pour atteindre

1. Carlos Amigo Vallejo, « El coro de las tinieblas » (Le chœur des ténèbres), *ABC*, 13 avril 2006.

une véracité sans tromperies et une fraternité humaine sans rapiéçages transcendantaux, qui globalement me paraît encore davantage digne de respect. Ce qui, bien sûr, ne semble pas toujours évident et qui me confirme dans l'idée que des essais « dépassés » comme ceux que j'écris continuent d'être pertinents.

2

Autopsie de l'immortalité

Mes jours s'en sont allés bien vite.

François Villon

Aujourd'hui je sais que tu n'es pas celle que je croyais ;
mais je veux te regarder et te remercier
pour tout le temps où tu m'as accompagné
de ton froid dédain.
La mort voulut sourire à Martín
mais elle ne savait pas.

Antonio Machado, *La Mort d'Abel Martín*

Beaucoup d'auteurs se réfèrent à certains « problèmes » parmi ceux dont s'occupe la philosophie. Bertrand Russell a écrit un livre célèbre à juste titre qui s'intitule précisément *Problèmes de philosophie*. Mais peut-être cette dénomination est-elle inexacte et trompeuse. Comme le signale Leszek Kolakowski[1], le mot « problème » implique en général qu'il existe une technique pour venir à bout de la perplexité en question et qu'avec plus ou moins de difficulté on peut arriver à la découvrir. À partir de là, le problème susmentionné cessera d'en être un. Mais les vicissitudes historiques de la philosophie ne garantissent pas cet espoir de solution : les « problèmes » véritablement

1. Leszek Kolakowski, *Horreur métaphysique*, trad. de l'anglais par Michel Barat, Paris, Payot, 1989.

philosophiques sont abordés à de nombreuses reprises, reçoivent des éclaircissements partiels et successifs, contradictoires, mais continuent de s'offrir à celui qui voudrait se les poser à nouveau. Ils se refusent à cesser d'être problématiques, ce sont des problèmes *pour toujours*. Les solutions qu'on en propose peuvent nous intéresser beaucoup mais ne peuvent jamais nous satisfaire complètement. C'est pourquoi, signale avec bon sens Kolakowski, « peut-être est-ce que ce ne sont pas des "problèmes" au sens propre du terme mais seulement des pré-occupations, et étant donné que les préoccupations sont réelles, il convient de se demander : d'où viennent-elles ? » De là la véritable question, le nœud de la philosophie, le problème des problèmes philosophiques : pourquoi nous préoccupent-ils avec une telle insistance, d'où nous viennent ces inquiétudes ? L'ennui c'est que ce problème-là est lui aussi philosophique et aussi obstinément insoluble que ceux de son espèce…

Mais toutes les préoccupations philosophiques ne provoquent pas la même anxiété : certaines semblent préoccuper uniquement les philosophes eux-mêmes quand d'autres transforment en philosophes improvisés ceux qui peut-être ne savent pas même en quoi consiste la philosophie. Parmi ces dernières, la mort occupe une place de choix. C'est la préoccupation par excellence, non seulement d'un point de vue pratique (presque tout ce que nous faisons est destiné, directement ou indirectement, à l'éviter), mais aussi en tant que défi intellectuel. En présence de la mort, chacun est saisi d'une certaine inspiration philosophique, serait-elle de troisième main : « Son heure est arrivée ; c'est la loi de la vie ; nous ne sommes rien… » Devant un cadavre on prie, on implore, on raconte des légendes, on réalise des sortilèges funéraires. Personne ne semble penser à la mort – surtout à la sienne propre – avec un parfait *naturel*. En cela, la mort diffère radicalement de la naissance, qui pose beaucoup moins de problèmes et suscite moins d'inquiétudes, quoique à bien y regarder elle doive être pour nous à peu près aussi mystérieuse. Nous venons apparemment au monde de manière harmonieuse et naturelle mais nous le quittons dans le scandale et la protestation, comme victimes de quelque espèce d'agression indue. Nous tenons pour acquis qu'il est normal de vivre mais nous avons des difficultés incroyables à nous réconcilier avec la mort… et il s'agit toujours d'une réconciliation relative, un simple arrangement. Il y a peu de temps, un grave accident de métro s'est produit à Valence, dans lequel des douzaines de personnes ont perdu la vie. Aux obsèques des victimes, l'archevêque de la ville s'est insurgé, demandant « où se trouvait Dieu au moment tragique où le wagon a déraillé ». Comme si ces gens avaient péri à cause d'une négligence de la divinité, parmi les obligations de laquelle devrait figurer celle de nous éviter de telles fatalités. Monsieur l'archevêque pourrait répéter le même reproche devant chaque cercueil, dans chaque funérarium de son diocèse. Surprenant mécontentement chez quelqu'un qui, pour des raisons professionnelles, devrait avoir une attitude plus impartiale et chargée d'espoir face à un dénouement si banal…

Le cadavre de notre prochain (surtout s'il s'agit de quelqu'un de réellement proche de nous, parent ou ami) est une présence au plus haut point embarrassante, aussi affligeante que répulsive, qui semble toujours comporter quelque chose d'*accusatoire*, et même un rien de menace. Ce qui fait que l'on a mis au point au cours de l'histoire toutes sortes de stratégies pour nous débarrasser de cet énigmatique résidu, en lui témoignant respect et affection mais en s'assurant de sa disparition de la scène et en conjurant la possibilité de son indésirable retour. Unamuno disait de l'homme qu'il était un « animal garde-morts », et l'anthropologue Pascal Boyer, avec un certain humour, prend ainsi acte de ce penchant : « Les morts, comme les légumes, peuvent être conservés dans la saumure ou le vinaigre. On peut aussi les abandonner aux bêtes féroces, les brûler comme des ordures ou les enterrer comme un trésor.

De l'embaumement à la crémation toutes sortes de techniques sont utilisées, mais l'essentiel c'est qu'il faut *faire quelque chose* des cadavres[1]. » Bien sûr, l'affaire ne consiste pas seulement à prendre des dispositions concernant la partie organique du défunt avant que celle-ci ne subisse les désagréables et habituelles transformations de la décomposition, mais aussi – et peut-être surtout – à régler nos comptes avec sa dimension personnelle, avec les intentions et la volonté qui animaient ce corps. Il est relativement facile de faire disparaître les restes matériels, de les occulter ou de les cacher, mais sa dimension « spirituelle », pourrait-on dire, présente un autre genre de difficultés. Comme l'esprit du défunt consistait en l'ensemble des relations symboliques qu'il entretenait avec nous et avec la communauté, celui-ci ne peut être enterré ou brûlé avec son corps, puisqu'il se trouve en partie à l'intérieur de nous autres qui étions en relation avec lui. Un des termes de la relation est perdu mais l'autre demeure en nous, comme si nous gardions entre les mains un morceau de corde au bout de laquelle plus personne ne tire ni n'est suspendu. Nous tirons, mais il n'y a pas de réponse ; toute la longueur de cette corde molle se retrouve bientôt dans nos mains et n'offre plus de résistance, bien que le brouillard cache cette autre extrémité désertée, sans poids. Et nous ne savons pas quoi faire, ni comment nous débarrasser de notre partie de la corde, celle qui demeure, que nous le voulions ou non, dans nos mains. Le pire avec les morts est que, alors même qu'ils sont morts… ils continuent de ressembler tellement aux vivants ! Nous souffrons à cause d'eux après leur mort, de même que le membre amputé continue malgré son absence de faire souffrir celui qui l'a perdu.

Comme dans d'autres cas, nous pouvons avoir recours à ce que nous connaissons de l'évolution de notre espèce pour situer

1. Pascal Boyer, *Et l'homme créa les dieux*, Paris, Gallimard, « Folio », 2006, p. 292.

les origines naturelles des aspirations spirituelles qu'éveillent les morts humains chez leurs semblables. Pour ce qu'elles valent, ces explications contribuent à soulager des alarmismes surnaturels ainsi que des conduites exagérées et pathétiques tout un aspect de notre quotidien qui déborde de tels excès. La psychologie évolutive est d'habitude bonne à cela. Elle a pour ces aspirations la même fonction que l'argent pour Mistinguett : même si elle ne donne pas le bonheur, elle calme les nerfs. Si l'on commence par ce que nous partageons avec d'autres animaux d'espèces proches de la nôtre, distinguer les vivants des morts (ou de ceux qui font semblant de l'être) a dû être l'un de nos savoirs premiers. À ce qu'assurent Boncinelli et Sciarretta, « déterminer si un autre animal est *vivant* ou *mort*, est une capacité trop importante en ce qui concerne la survie pour qu'elle ne se soit pas développée aux stades précoces de l'évolution et du développement. [...] Reconnaître les vivants, soit comme aliment potentiel soit comme une menace éventuelle, a été une des nécessités premières pour l'évolution favorable des espèces animales[1]. » Pour un être dont l'existence implique la capacité de décider de la fuite, de l'attaque ou de la coopération, savoir s'il est capable de les mettre en pratique – c'est-à-dire de rester vivant – ou s'il est devenu inapte à ces décisions est l'information la plus importante dont un autre être semblable a besoin. Les auteurs cités admettent même que les animaux au cerveau le plus développé, comme par exemple les éléphants, éprouvent face à la mort de leurs congénères une certaine frustration douloureuse qui peut signifier une certaine compréhension de l'irréversibilité de la perdition, voire une trace des conséquences négatives que cette dernière peut avoir pour la vie ultérieure du survivant.

1. Edoardo Boncinelli et Galeazzo Sciarretta, *Verso l'immortalitá ? La scienza e il sogno di vincere il tempo,* Milan, Raffaello Cortina, 2005, p. 17-80.

Cet état de fait s'accentue considérablement dans le cas des êtres humains, parce qu'ils ne se limitent pas à cohabiter mais qu'ils *partagent* en outre l'essentiel de leur vie : « Étant donné que nous sommes une espèce profondément sociale et que nous avons vécu en petits groupes pendant très longtemps, la mort de tout membre du groupe est une perte énorme en termes d'information disponible et de coopération potentielle[1]. » Quand il s'agit d'animaux symboliques comme les humains, chacun d'entre eux porte en lui (et emporte avec lui quand il meurt) une part du *signifié* du reste de ses semblables et du jeu social qu'ils entretiennent entre eux. La société humaine n'est pas seulement coopérative comme n'importe lequel des groupes zoologiques (lointainement) similaires, mais aussi *verbale* : chacun de nous grandit alimenté par les apports symboliques qu'il reçoit des autres et par la reconnaissance qu'ils lui témoignent pour son intégration dans la commune humanité. L'animal supérieur finit par être ce qu'il développe par lui-même de son programme génétique : ses congénères l'aident sans doute à vivre, mais pas à être. L'homme en revanche ne sera pas humain s'il est privé de cette seconde naissance symbolique qui a besoin de la matrice sociale pour se produire : sans ses semblables de qui il tient le langage et avec qui il partage celui-ci, il n'atteindra pas à l'humanité de plein droit. De là proviennent le fait que la perte de n'importe lequel d'entre eux est irréversiblement significative, mais aussi, d'une certaine manière, l'évolution vers la *dignité* qui sera ensuite reconnue à chacun d'entre eux.

Les morts gardent suffisamment de ressemblance avec ceux qui sont encore vivants pour qu'il soit difficile de conserver face à eux un état d'esprit neutre. Pour l'animal symbolique, ses semblables ont toujours signifié quelque chose d'intense, d'important : amour, rivalité, coopération, hiérarchie, solida-

1. *Ibid.*, p. 324.

rité, danger... Jamais ils ne nous ont été simplement indifférents et c'est pour cela que l'*indifférence* fondamentale des morts envers nous est ce qu'il y a de plus difficile à supporter. Ils cessent de nous prêter attention : fin des messages. Mais nous, les survivants, nous ne pouvons pas, du moins en principe, les payer de la même monnaie. Nous continuons à faire cas des morts, à leur demander des comptes ou à leur en rendre. La communication tente de perdurer, même si nos messages rebondissent sur le silence et n'obtiennent pas de réponse : « Regarde-moi, écoute-moi, protège-moi, ose me parler maintenant, pardonne-moi, souviens-toi de moi... » Les morts se taisent, et nous nous leur parlons, et parlons en leur nom, pour pallier leur insolite et irréversible éloignement. Dans ce colloque interrompu et qui n'est plus qu'un monologue qui refuse de s'accepter comme tel, nos sentiments envers ceux qui ont partagé avec nous la vie se chargent d'ambiguïté en se combinant avec l'indifférence obstinée de la mort. Sans cesser de les aimer, nous nous sentons aussi libérés de ceux que nous avons aimés... Parce que dans l'amour il y a toujours de l'inquiétude et une pointe d'oppression (comme on le sait, Freud met davantage encore en évidence dans son analyse cet aspect négatif du plus positif des attachements) ; sans abdiquer notre inimitié nous ressentons de la reconnaissance envers ceux de nos ennemis qui ont eu la courtoisie de disparaître et nous reconsidérons même nos dissensions avec eux en une sorte de lien de parenté qui peut presque aller jusqu'à la tendresse (Unamuno a parfois compris avec une sagesse particulière cette filiation par antagonisme). Par ailleurs, ceux qui ont été craints et obéis de leur vivant sont ensuite publiquement ridiculisés par leurs vassaux, qui piétinent leur héritage ; les artistes peu appréciés se transforment en très estimés « immortels »... après leur mort ; les membres les plus évités de toute famille ou de tout groupe d'amis, une fois morts, sont regrettés comme les parangons de la meilleure compagnie, etc. En général on parle bien des morts, mais c'est entre autres choses pour dissimuler ce qu'il y aurait d'indésirable – d'insupportable ! – à leur retour. Personne n'est réellement disposé à célébrer ni même à tolérer la proximité de Lazare ressuscité, comme l'a montré Leonidas Andreiev dans un récit magistral. Ils s'en sont allés et nous restons à parler tout seuls : avec eux, d'eux, en leur nom. Nous ne voulons pas qu'ils reviennent maintenant nous interrompre (tel est l'argument de la *ghost story*, le frisson primordial de la narration). Et nous sourions quand l'ambiguïté sentimentale devant le décès d'un être cher touche au spectaculaire, comme dans le cas de cette veuve pour qui – selon un humoriste – « le regret de la mort de son mari fut si grand que du soir au matin, tous ses cheveux virèrent… au blond ».

Dans tous les cas précédents il est question de la mort d'autrui, de la mort des autres. Un événement douloureux, conflictuel, ambigu, en rien facile à gérer symboliquement, qui pour être digéré nécessite cérémonies et expiations : mais en tout cas un épisode *indiscutable*. Que les autres meurent, que tous les autres soient morts jusqu'ici et continuent de mourir autour de nous est une évidence. Aussi triste que cela soit, nos semblables les plus chers ne sont pas incompatibles avec la mort : tout au contraire. C'est pour cela que nous les aimons, parce qu'ils sont uniques et fatalement vulnérables ; l'amour est notre inquiétude pour ce que nous pouvons perdre, le désir aveugle et inconditionnel que continue d'exister ce qui peut cesser d'exister. Dans *Le Banquet* de Platon (207a), la prêtresse Diotime dit que l'amour est *athanasis eros*, désir d'immortalité : mais désir d'immortalité pour ceux que nous aimons avant tout, ardeur qui fait oublier sa propre mort à celui qui aime. Il est psychologiquement impossible d'aimer ce qui est indestructible, impérissable, éternel : nous pouvons avoir besoin de Dieu (ou avoir besoin que Dieu nous aime et nous rachète), mais nous ne pouvons pas « l'aimer » *stricto sensu*, de la même manière que nous ne pouvons pas aimer l'univers. D'où le génie de l'idée chrétienne de promouvoir un Dieu ou une personne divine qui s'est fait homme, mortel et torturé, afin que nous puissions *tomber amoureux* de lui. Cependant, au cours de la vie de chacun de nous, la mort est une routine qui affecte ceux qui nous entourent, comme elle a affecté jusque-là tous les humains dont nous avons entendu parler. Dans ce cas, la statistique ne saurait nous être plus contraire… Il est donc inévitable d'en tirer les conséquences qui nous affectent directement, parce que, pour cela, nous sommes rationnels. Le syllogisme fondamental de la logique de notre existence n'est pas celui que l'on a tant répété : « Tous les hommes sont mortels / Socrate est un homme / donc Socrate est mortel », mais, comme nous le savons bien, un autre : « Tous les hommes meurent / je suis un homme / donc *je dois mourir.* » Et, bien entendu, nous en assumons apparemment toutes les conséquences : avec une lucidité résignée, nous donnons à entendre que la certitude de notre disparition ne nous scandalise pas particulièrement. Pourtant… ah pourtant !

« D'autres hommes moururent, mais c'était dans le passé / Qui est cette saison propice à la mort… », dit Jorge Luis Borges, au commencement d'un bref et remarquable poème apocryphe. « Serait-il possible que moi, sujet de Yacub Almansur, je meure moi aussi / Comme moururent les roses et Aristote ? » Bien que les statistiques soient concluantes et que notre propre corps ne cesse de nous donner des avertissements sans équivoque, pour chacun de nous, notre propre mort ne semble pas être beaucoup plus qu'une conjecture, finalement très peu vraisemblable. Si l'on veut, nous *savons* que nous allons mourir, mais nous ne le *croyons* pas. À ce sujet, la position de Sigmund Freud est sans appel. « Le fait est qu'il nous est absolument impossible de nous représenter notre propre mort, et, toutes les fois que nous l'essayons, nous nous apercevons que nous y assistons en spectateurs. C'est pourquoi l'école psychanalytique a pu déclarer qu'au fond personne ne croit à sa propre mort ou que, ce qui revient au même, dans son inconscient chacun est persuadé de sa propre immortalité[1]. » Dans l'inconscient, c'est-à-dire dans ce fond que nous ne reconnaissons ni ne fréquentons les yeux ouverts mais d'où nous vient la force qui soutient une bonne partie de nos convictions les plus indispensables (un écho ironique et provocateur de l'opinion de Freud résonne dans le titre de la pièce la plus connue de l'artiste britannique Damien Hirst : il s'agit du corps d'un requin de cinq mètres de long conservé – plus ou moins bien – dans un réservoir de formol, sous cette inscription : « *The Physical Impossibility of Death in the Mind of Someone Living* »). Se référant peut-être à des certitudes tout autant inassimilables, Nietzsche a signalé en son temps que nous appelons « vérités » nos erreurs irréfutables, celles dont la fausseté est facile à démontrer mais impossible à assumer. Que l'être humain soit mortel, que les générations d'hommes passent comme les feuilles caduques des arbres – pour reprendre la métaphore d'Homère – et que personne ne puisse sortir vivant de ce monde ni y demeurer indéfiniment... sont les conclusions claires et démontrables des prémisses que notre expérience établit et qu'elle confirme sans laisser de place au doute. En accord avec elles, nous nous inquiétons pour la santé de ceux que nous aimons et acceptons avec douleur mais sans véritable scepticisme qu'ils puissent mourir ou qu'ils soient morts. « Je n'arrive pas à croire qu'untel ou untel soit mort ! » proclamons-nous souvent : mais nous le croyons, bien sûr que nous le croyons. En un certain sens nous ne l'avons pas craint, nous l'avons vu venir. En revanche, bien que nous assurions à qui veut bien l'entendre que, malheureusement, nous allons nous aussi mourir et que dans cent ans notre crâne sera aussi nu que celui de n'importe lequel de nos contemporains, en notre for intérieur l'inavouable doute nous soulage encore de nos

1. Sigmund Freud, « Considérations actuelles sur la guerre et sur la mort », *Essais de psychanalyse*, trad. de l'allemand par le Dr S. Jankélévitch, Paris, Payot, 1948, p. 236.

angoisses : « Serait-il possible que moi aussi… comme les autres ? » Et c'est que les autres sont réels, certes, mais *à l'intérieur* de notre réalité, qui est la réalité du premier ordre, celle qui enveloppe et substantive toutes les autres réalités. À l'intérieur de ma réalité, qui contient l'ensemble de ce qui existe ou peut survenir, les réalités connues sont indubitablement mortelles : mais comment assumer que la réalité même par antonomase, c'est-à-dire *moi*, fasse un jour aussi défaut, comme n'importe laquelle des réalités subalternes ? Dans une page de *Retour à Brideshead*, Evelyn Waugh présente un personnage aristocratique qui, lorsqu'on lui diagnostique une maladie mortelle, déclare pour lui-même : « Mourir, moi ? Mais j'ai toujours bu le meilleur bordeaux ! »

Bien entendu, jamais nous n'en venons à faire de manière explicite ce genre de raisonnement que nous pourrions définir comme de l'« égotisme ontologique ». Nous cultivons des doutes secrets, semblables en cela au protagoniste du poème de Borges ou à celui du roman de Waugh, sur le fait de savoir si notre sentence de mort sera aussi définitive que celle des autres, mais nous ne les verbalisons pas, et c'est à peine si nous nous hasardons à les reconnaître au plus intime de nous-mêmes (je me réfère toujours, c'est évident, au plan de la conscience ; dans l'inconscient il en est sans doute comme Freud l'a déterminé). Personne ne se dit dans le secret de son âme : « Les autres meurent parce qu'ils sont mortels, mais toi tu ne mourras pas parce que tu es fait… de ce qui n'existe pas ! » Et ce qui se passe, c'est que nos craintes sont très sérieuses, et qu'elles s'aggravent avec les ans et leurs dommages, alimentées par de nombreux indices et par la fatalité statistique. Nous préférons bien plutôt employer des formules apotropaïques, c'est-à-dire nous proclamer, presque avec exhibitionnisme, vulnérables et fragiles, au bord de l'anéantissement même… précisément pour éviter par cette conjuration que ne survienne ce que nous disons être sur le point de se produire.

Parfois le découragement nous gagne, ou, si l'on préfère, un réalisme non pas « égotiste » mais objectif : il faudra se résigner... Mais de nouveau nous tombons immédiatement sur des signaux qui nous sont favorables et nous encouragent, comme Santayana l'a signalé avec perspicacité : « Une convalescence, une soudaine bonne fortune, un amour longtemps différé, et même l'éclat du soleil en avril ou l'air du matin, apportent à l'homme un certain rajeunissement, prophétisant qu'idéalement ne sont pas impossibles la perpétuité ni le constant renforcement de ses forces vitales[1]. » Notre difficulté à admettre notre propre mort se nourrit de minces présages. Chaque nouvelle respiration confirme que nous demeurons indestructibles contre le vent et les marées de la nécessité naturelle : alors qu'il est cent fois poignardé, les dernières paroles de Caligula dans le drame d'Albert Camus sont pour constater qu'il est encore vivant... Nous sommes toujours en attente d'indices qui nous permettent de nous rebeller contre la nécessité impérieuse de la mort, je veux dire : de *notre* mort. Quand les autres meurent, ceux qui nous sont chers, leur anéantissement nous chagrine (le déchirant monologue de Lear devant le cadavre de Cordelia : « Reste encore un peu... encore un peu. Serait-il possible que vive un rat, que vive un ver de terre tandis que toi... ? »), mais la perspective du nôtre nous révolte. Moi, mourir, moi aussi ? Ce n'est pas possible ! Et dans ce « ce n'est *pas possible* » se mêlent la protestation indignée contre la suprême injustice (« si j'avais su, je ne serais pas né ») et la constatation de l'incroyable.

Parce que la vie ne va pas encore me faire défaut, que je reste et resterai solidement vivant même si la mort règne autour de moi, je peux toujours trouver des preuves... même si elles sont « circonstancielles », comme diraient des avocaillons.

1. George Santayana, *Reason in Religion*, New York, Dover Public, 1982, p. 251.

Mais les arguments qui confirment que je suis mortel sont encore plus accablants, y compris si nous laissons de côté le poids écrasant des statistiques (en fin de compte, tout le monde sait combien sont trompeuses les statistiques apparemment les plus décisives). L'*habeas corpus*, pour commencer. Il n'est pas de pire symptôme que d'avoir un corps et de recevoir constamment de lui les signes de sa nature périssable. Même pour le plus optimiste et le moins observateur, nos organes paraissent tout sauf indestructibles. Sans en arriver au dépouillement définitif de la tombe, le simple et inévitable passage du temps érode chez nous l'acuité visuelle et auditive, l'agilité des membres, la capacité digestive ou pulmonaire, le potentiel sexuel... en un mot, nous *fonctionnons* de plus en plus mal. Pour être charitable, il vaut mieux ne pas mentionner les transformations esthétiques correspondantes que subit notre apparence : il y a toute une littérature terrifiante sur la répugnance et le rejet moral qu'inspirent les vieux et les vieilles qui commettent l'insolence de ne pas renoncer à *plaire*... Dirons-nous à titre de compensation qu'en revanche les dons plus spirituels perdurent ? Si nous entendons par là la mémoire ou la vivacité pour comprendre et exposer des arguments, il est difficile de soutenir que le passage du temps les améliore ou même les respecte. Comment pourrait-il en être autrement quand le reste de nos fonctions biologiques s'affaiblit ? Rien n'indique que quelque chose de subtil ou d'immatériel survive à la détérioration de nos mécanismes corporels lui servant de fondement réel. Avec sa clarté habituelle, Voltaire le précise ainsi : « Cette raison m'a appris que toutes les idées des hommes et des animaux leur viennent par les sens ; et j'avoue que je ne peux m'empêcher de rire, lorsqu'on me dit que les hommes auront encore des idées quand ils n'auront plus de sens. Lorsqu'un homme a perdu son nez, ce nez perdu n'est non plus une partie de lui-même que l'étoile polaire. Qu'il perde toutes ses parties et qu'il ne soit plus un homme, n'est-il pas un peu étrange alors de dire qu'il lui reste le résultat de tout ce qui a péri ? J'aimerais autant dire qu'il boit et mange après sa mort que de dire qu'il lui reste des idées après sa mort ; l'un n'est pas plus inconséquent que l'autre, et certainement il a fallu bien des siècles avant qu'on ait osé faire une si étonnante supposition[1]. »

S'agissant de ce qui précède, peut-être Voltaire se trompe-t-il. Il se peut que très tôt, depuis le commencement même de ce que nous appelons « humanité », les hommes aient entretenu l'espoir que l'extinction physique du corps ne marquait pas la fin de nos idées et de nos émotions, de notre conscience de nous-mêmes, soit en peu de mots : de ce que nous *sommes au plus profond de nous*. La croyance en une forme stylisée et symbolique d'alimentation ou d'activité sociale s'est même maintenue depuis le début, comme le démontrent nos rites funéraires les plus primitifs. Si je ne me trompe pas tout à fait, cette illusion insolite nous vient des rêves. Le fait de pouvoir rêver toutes les nuits nous familiarise avec une autre vie qui ressemble à celle de la veille mais qui ne se manifeste que lorsque apparemment notre corps et ses sens sont au repos. Je crois fermement que si nous ne rêvions pas lorsque nous dormons, jamais nous n'aurions imaginé la possibilité d'une vie durable postérieure au très profond endormissement de la mort. « Être ou ne pas être, [...] dormir... peut-être rêver[2]. » Notre déambulation nocturne, durant laquelle nous fréquentons des lieux connus et fantastiques, et entretenons même des relations familières avec les morts, a convaincu nos ancêtres qu'alors que nous semblons sortis de l'agitation quotidienne commune, une autre vie intime et inaccessible pouvait continuer, peut-être pour toujours. Son principal attrait ne serait pas

1. Voltaire, *Traité de métaphysique*, in *Mélanges*, Paris, Gallimard, « Bibliothèque de la Pléiade », 1961, p. 184.
2. William Shakespeare, *Hamlet*, III, I.

simplement de prolonger sans fin notre existence, mais de nous permettre de retrouver ceux qui y ont été essentiels et que nous avons déjà perdus : le fait non seulement qu'en quelque lieu fantastique la vie dure et dure encore, mais que là-bas elle *revive* et nous emporte de nouveau jusqu'à ceux que nous avons aimés autant ou plus que la vie même.

En tout cas, nous essayons de nous placer au-dessus des fonctions et des nécessités physiologiques qui temoignent de notre finitude. La nutrition, l'excrétion, la copulation, la menstruation, l'accouchement, etc., sont des phénomènes liés de manière spécifique à notre condition corporelle (plus que la parole par exemple, la danse ou la recherche scientifique), et ils sont donc habituellement accompagnés de rituels et de formules apotropaïques censés attester le contrôle « spirituel » que nous avons sur leur déroulement. Ils sont en général entourés de secret ou tout du moins de réserve – ils ne se pratiquent ni n'importe où ni n'importe comment, à la différence de ce que l'on observe chez les animaux – et sont soumis à la stricte discipline de prohibitions ou de restrictions hygiéniques. Il doit être bien clair que nous les contrôlons (que nous sommes « maîtres » de nos sphincters et de nos parties génitales), que nous ne leur sommes pas soumis ou qu'ils ne nous déterminent pas comme c'est le cas pour les bêtes *mortelles*, que nous sommes capables de défier leur empire sur nous. Sur ce point, le sexe en particulier se révèle être une préoccupation dominante : rien ne dénonce plus clairement en fin de compte ce qu'il y a d'irrévocable dans notre destin mortel que la reproduction sexuée. Celui qui regarde le visage de son fils y voit la réplique de lui-même, celui qui le repoussera et occupera sa place, comme cela arrive allégoriquement dans ces films de science-fiction où des envahisseurs venus de l'espace volent notre corps pour se substituer à nous dans le monde de tous les jours. En un sens, fondamentalement, c'est la reproduction qui nous perpétue au-delà de notre mort : mais en tout cas, en tant qu'anéantissement individuel, la mort la requiert aussi et l'exige. Il est donc logique que, dans presque toutes les cultures, le commerce sexuel soit entouré de tabous et de cérémonies propitiatoires, et qu'il donne également lieu à toutes sortes de « perversions ». L'érotisme, qu'il soit hétérosexuel ou homosexuel, est un effort individuel pour s'écarter de l'obligation reproductrice de la sexualité – mortifère pour le sujet, même si elle perpétue ses gènes – et pour se superposer à sa fonction biologique, en la transformant en une stratégie ludique qui réaffirme l'enthousiasme vital en empruntant la voie du plaisir personnel. C'est ainsi que prend tout son sens l'affirmation de Georges Bataille quand il définit l'érotisme comme « l'affirmation de la vie jusque dans la mort », c'est-à-dire comme l'assentiment hédoniste et corporel à la soif de vivre individuelle dans l'acte même qui précisément proclame de manière irrévocable la sentence de notre nécessaire « dispensabilité » pour l'espèce.

Dans la théorie psychanalytique, on appelle « analité » ou caractère anal l'ensemble des comportements, fétichismes et phobies qui prétendent nous cuirasser contre la menace toujours imminente que le fait d'être mortels fait peser sur nous en conséquence de notre condition biologique et zoologique. Selon Ernest Becker, qui a consacré au thème qui nous occupe un intéressant essai, « dire que quelqu'un est *anal* signifie que c'est quelqu'un qui tente avec une obstination particulière de se protéger contre les accidents de la vie et le danger de la mort, en essayant d'utiliser des symboles culturels comme des moyens assurés de triompher sur le mystère de la nature, en essayant de se présenter comme n'importe quoi plutôt qu'un animal[1] ». Être simplement un animal signifie perpétuer la ligne irrémédiable de l'espèce, s'assumer comme enfant de parents mortels que notre naissance d'abord puis notre croissance délogeront fatidiquement du monde, pour exercer

1. Ernest Becker, *The Denial of Death*, New York, The Free Press, 1973, p. 32.

ensuite notre capacité génésique et mettre au monde des descendants qui feront de même avec nous. En revanche l'élan anal dans les créations culturelles aspire à nous définir à partir du sublime, c'est-à-dire en fonction de ce qui ne souffre pas de contingence corporelle et n'est pas soumis aux mécanismes de transmission génétique de l'espèce. La culture s'affirme comme *meilleure* que la vie et donc comme relativement invulnérable face à la mort : c'est le message que formule, entre espoir et orgueil, le « *non omnis moriar* » (je ne mourrai pas tout à fait) du poète latin Horace. Les réussites artistiques (artificielles, pas naturelles) traversent le temps et l'histoire mais ne disparaissent pas, ni ne périssent... du moins pas avec la fatalité qui est commune aux corps. L'objectif de la culture (comme à sa manière celui de la « perversion » érotique qui dévie le sexe de sa fonction reproductrice) est de nous hisser dans la position de pères de nous-mêmes, autoengendrés par notre esprit et non fabriqués en série par la nature : arriver à être – comme le Dieu de Spinoza – « la cause de nous-mêmes », originaires et originaux non soumis à un destin biologique préalable... invulnérables au traquenard programmé de la déchéance physique. Mais à son tour la culture elle-même, dont une des fonctions est de réfléchir sur ses propres capacités émancipatrices, finit par railler ce programme du sublime, comme c'est le cas dans ce poème méta-anal de Jorge Luis Borges, qui décrit un homme enfermé dans ses cabinets et s'intitule significativement *L'Épreuve* :

> De l'autre côté de la porte un homme
> laisse choir sa corruption. En vain
> lancera-t-il cette nuit quelque prière
> vers son étrange dieu, qui est trois, deux et un,
> et se dira-t-il à soi-même qu'il est immortel. Voici
> qu'il entend la prophétie de sa mort.
> Il sait maintenant qu'il est un animal raisonnable.

Frère, tu es cet homme. Rendons grâce
à la vermine et à l'oubli[1].

D'accord : en dépit de quelques rares moments d'espoir, le poids de la fatalité statistique et les avertissements de notre déchéance physiologique nous autorisent à n'avoir que peu de doutes concernant la certitude de la mort. Pourquoi ne pas l'accepter une bonne fois pour toutes, étant donné qu'il s'agit de la condition que nous partageons avec nos semblables et avec l'ensemble des êtres vivants ? Étant donné que tous meurent, étant donné que *tout* meurt… pourquoi ne mourrai-je pas moi aussi, comme les autres ? Considérer que moi, précisément, je dois être l'exception à cette règle générale, que je *mérite* de l'être, cela ne suppose-t-il pas quelque chose comme un suprême péché d'orgueil, un narcissisme ontologique démesuré ? C'est ainsi que l'ont défini tous les sages de l'Antiquité classique, qui ont enseigné à leurs disciples que la mort est inéluctable et aussi qu'il n'y a rien à craindre en elle, qu'il ne s'agit pas réellement d'un mal. Comment serait-elle un mal si elle est nécessaire et inévitable ? Les « maux » nécessaires et inévitables sont précisément ce que nous devons rationnellement considérer comme des « biens ». Seul est un mal véritable le caprice retors de la volonté humaine qui s'oppose à l'harmonie bien ordonnée de l'univers. Par conséquent la mort sera en réalité un bien ou, à la limite, une chose neutre du point de vue de la vertu et de l'excellence (Marc Aurèle dit que nous devrions être disposés à abandonner ce monde quand son atmosphère devient irrespirable à force d'ambitions et d'injustices, comme on sort d'une pièce où l'on s'asphyxie à cause des émanations d'une cheminée qui ne tire pas bien, disant : « Il y a de la fumée, je m'en vais. »). Il se peut même que « mort » soit le nom d'un fantasme qui ne peut nous affliger en dehors des

1. Traduction de Claude Esteban, *Œuvres complètes*, Paris, Gallimard, « Bibliothèque de la Pléiade », vol. 2, 1999, p. 796.

délires de notre imagination : comme l'enseigne Épicure et comme le martèle Lucrèce, la mort ne nous atteindra jamais parce que tant que nous existons elle n'est pas là et que lorsqu'elle arrive, nous n'existons plus. Pourquoi nous angoisser à fantasmer ce qui adviendra de nous dans l'éternité qui suivra notre disparition, alors que nous nous fichons éperdument de l'endroit où nous étions durant les éternités qui ont précédé notre venue au monde ? Tant les stoïciens que les épicuriens et autres maîtres du bien vivre déconseillent fermement de nous préoccuper de cet incident inévitable, la mort, pour personnellement que nous croyions qu'elle nous affectera. Le plus serein des sages, Spinoza, affirme sans trembler que l'homme libre pense à tout sauf à la mort, et que toute sa sagesse n'est que sagesse de la vie meilleure…

Mais les ignorants – peut-être vous aussi, ou moi, qui ne sommes pas sages et ne désirons jamais l'être vraiment – continuent de s'insurger en leur for intérieur, même si souvent ils ne le reconnaissent pas devant les autres, contre ce destin létal qui nous attend. Au plus profond de nous, nous sommes scandalisés que tant de personnes autour de nous acceptent sans trépigner l'horrifiante annihilation sans retour de tout ce que nous sommes, ressentons et désirons. Et nous partageons ce cri de protestation qui jaillit des entrailles de Miguel de Unamuno, un des rares auteurs « cultivés » qui ne craint pas à l'occasion d'abandonner la contenance académique et même de se rendre un peu ridicule au regard du *self-control* professionnel des sages : « Je ne veux pas mourir, non, je ne le veux pas, ni ne veux le vouloir ; je veux vivre toujours, toujours ; et vivre moi, ce pauvre moi que je suis et que je me sens être aujourd'hui et ici, et c'est pour cela que me torture le problème de la durée de mon âme, de la mienne propre[1]. » Le sage, qui

1. Miguel de Unamuno, *Le Sentiment tragique de la vie* [1917], trad. de l'espagnol par Marcel Faure-Beaulieu, Paris, Gallimard, 1937, p. 33.

comprend ce qu'il y a d'irrémédiable dans la nécessité et sait que face à elle les revendications capricieuses comme celles d'Unamuno ne tiennent pas, centre son enseignement face à la mort sur un message de calme et de résignation : le mal n'est pas de mourir, c'est quelque chose de naturel et, parce que c'est naturel, de convenable. Ce qui est mal c'est de vivre n'importe comment, de ne pas pratiquer les vertus, etc. Mais le peuple ignorant (avec quelques rares alliés « cultivés » comme Miguel de Unamuno ou Elias Canetti qui s'est qualifié lui-même d'« ennemi de la mort ») crie et s'agite en réclamant de vivre pour toujours, bien ou mal, n'importe comment, à condition de ne jamais mourir. Ces capricieux ignares exigent que la mort soit abolie comme un impôt injuste, ou que du moins elle admette une exception pour leur cas personnel. En dépit de ce qu'ont de définitif et d'indiscutable les arguments qui confirment la fatalité de notre destin en tant que membres de l'espèce, le rejet populaire de la mort est encore plus indiscutable et définitif : la partie qui en nous est rationnelle et consciente respecte la logique biologique qui nous supprimera, mais la citadelle inconsciente (Freud *dixit*) où se réfugient nos désirs les plus intransigeants reste insurgée et proclame : non, je ne veux pas… et je ne veux pas le vouloir !

Toutes les négations de la mort ne sont pas identiques : il y en a de plusieurs types, d'importances différentes, et avec des raisonnements variés. Pour commencer par la dichotomie la plus simple, il faut distinguer entre la survie ou prolongation de la vie et l'immortalité proprement dite. Allonger au maximum la durée de l'existence au moyen de potions ou de pratiques de magie hygiénistes est une des entreprises les plus anciennes de l'humanité. Et elle s'est heurtée dès le début à une difficulté élémentaire : pour qu'elle soit réellement attractive et désirable, la longévité doit éviter non seulement la mort mais aussi les détériorations les plus marquantes du vieillissement. Certaines légendes classiques gréco-romaines avertissent du danger terrible qu'il y a d'oublier cette formalité fondamentale : il en est ainsi, par exemple, de l'imprudente et lascive Eos, l'Aurore, qui demanda à Zeus l'immortalité pour son amant, le beau prince troyen Titon… uniquement pour le voir vieillir et se dessécher siècle après siècle jusqu'à l'insignifiance la plus répugnante, tandis qu'elle conservait la jeunesse impérissable des dieux. Ou de la sibylle de Delphes à qui Apollon avait promis d'accomplir son plus grand désir : elle sollicita de ne mourir jamais et pâtit elle aussi des horreurs d'une vieillesse interminable, jusqu'à ce qu'elle se soit transformée en une espèce de grillon rabougri et qu'elle ait fini comme un jouet pour les enfants. Les gamins la tenaient enfermée dans une petite cage, qu'ils faisaient danser en criant au milieu des éclats de rire : « Sibylle… que désires-tu ? », et en approchant l'oreille ils pouvaient entendre un crissement strident et moribond : « Je veux mourir, je veux mourir ! »

À bien considérer les choses, comme l'a signalé Giacomo Leopardi avec son habituelle et acide lucidité, nous devrions davantage craindre la vieillesse que la mort : parce que la mort supprime tous les maux qui nous accablent, comme le désir ou la conscience de biens et de plaisirs dont nous ne pourrons plus jouir ; en revanche, la vieillesse emporte les plaisirs mais laisse intact l'appétit insatisfait que l'on a d'eux, outre qu'elle apporte des douleurs et des humiliations inédites. Malgré cela, communément, nous craignons la mort et désirons la vieillesse, s'étonne l'auteur du *Zibaldone*… Cependant, pour être exacts, il faudrait préciser que la vieillesse ne nous paraît désirable que par comparaison avec la mort. Quand quelqu'un a demandé à Maurice Chevalier s'il supportait bien la vieillesse, le *chansonnier**[1] a répondu : « Bon, quand on regarde l'alternative… » Pour autant que les apologues nous aient prévenus et mis en

1. Les mots en italique suivis d'un astérisque sont en français dans le texte [*N.d.T.*].

garde, il est possible que certains préfèrent être une momie rhumatisante ou même une espèce de grillon qui grignote de sa bouche desséchée une petite feuille de mûrier avant de cesser d'exister tout à fait, c'est-à-dire de disparaître complètement. Ce n'est pas que nous ayons l'appétit de vivre parce que nous considérons que les épisodes de la vie sont invariablement agréables, mais parce que nous avons horreur de la perspective d'en terminer définitivement, pour un bien ou pour un mal. Dans la pire des vies, peut-être y a-t-il de misérables plaisirs ou de minuscules gratifications routinières, et, toujours, l'invraisemblable espoir de quelque forme de *retour*. Il n'y a en revanche rien à attendre du néant, si ce n'est ceci : rien. Certainement, il est curieux que – à côté de la revendication d'une jeunesse durable – la majorité de ceux qui recherchent l'immortalité oublient une autre revendication primordiale : celle d'une *compagnie*. Ils devraient avoir le souci de s'assurer de la présence d'au moins une douzaine de leurs contemporains à la longévité comparable. Seul un égocentrisme dément peut faire oublier que la vie de l'homme, pour être réellement humaine, suppose la présence de personnes qui nous aiment, nous apprécient et nous estiment, ou du moins qui nous connaissent suffisamment bien. Quelle pourrait être une existence éternelle absolument « monoplace », où nous ne pourrions commenter avec personne les événements vécus dans le passé, sans témoins de notre enfance, de notre jeunesse, ni des avatars de notre personnalité ? Pour ne mentionner que cela, aucun de nos contemporains successifs ne pourrait comprendre nos plaisanteries les plus éculées. Il est clair que le désir d'immortalité ne dénote pas d'habitude un excessif sens de l'humour.

En tout cas, les moins crédules ont recherché avec acharnement non seulement la survie mais aussi la jeunesse permanente. C'est ce qu'ont fait les alchimistes, obsédés par l'idée de découvrir l'élixir de la jeunesse éternelle (la mythique *Fontaine de Jouvence*, la source légendaire qui non seulement renouvelle la vie mais aussi rend la jeunesse, réapparaît régulièrement dans des stéréotypes de la généreuse imagination populaire, depuis *l'ambroisie* mythologique jusqu'aux romans de Rider Haggard et de Pierre Benoit, pour finir provisoirement avec les aventures cinématographiques d'Indiana Jones), sans oublier ensuite des méthodes propitiatoires plus cruelles comme les bains de sang de vierges de la comtesse Bathory. On pourrait dire de notre époque qu'elle voue un culte idolâtre à la jeunesse et même qu'elle laisse à penser par ses multiples moyens de propagande que le contraire d'être jeune, c'est être malade. Prolonger la vie c'est prolonger la jeunesse, et c'est vers cela que s'oriente la consommation, surtout celle qui vend un printemps vital à ceux qui déjà sont en passe de le perdre et avancent dans leur automne (et qui de plus sont les plus riches) : Viagra® pour la puissance sexuelle, crèmes revitalisantes, chirurgie esthétique, vêtements sportifs et décontractés, voyages avec aventure garantie… Et bien entendu les laboratoires pharmaceutiques cherchent avec davantage d'acharnement les potions revigorantes destinées à cette clientèle que des remèdes contre la malaria ou le sida pour les adolescents nécessiteux du tiers-monde. De sorte qu'aujourd'hui les perspectives d'immortalité adoptent un profil coûteux même si à bien y regarder il est en fin de compte modeste. Comme le disent Edoardo Boncinelli et Galeazzo Sciarretta, qui ont consacré un essai de vulgarisation à ce thème : « De fait, la solution capable de multiplier par deux ou trois, dans un état d'efficacité physique et psychique acceptable, le niveau de l'espérance de vie déjà flatteur atteint aujourd'hui par les citoyens des pays industrialisés, pourrait satisfaire n'importe qui, au-delà des prévisions les plus optimistes. Du point de vue philosophique, face à l'éternité, mille ans ne sont rien, mais du point de vue de la vie pratique, ils seraient… l'immortalité[1] ! » La référence

1. Edoardo Boncinelli et Galeazzo Sciarretta, *Verso l'immortalitá*, *op. cit.*, p. 5.

précédente au point de vue philosophique me rappelle la parabole rapportée par Gracián dans *Le Criticon* : un roi projette de se faire construire un palais somptueux, mais avant d'entreprendre son grand œuvre, il consulte les aruspices pour savoir combien de temps il va vivre et si sa coûteuse entreprise est justifiée ; les devins lui garantissent une existence de mille ans et le roi renonce au palais parce que, pour un aussi bref passage, une hutte ou une grotte suffisent…

En effet, pour celui qui considère l'affaire dans une perspective plus ambitieuse que celle du client des grands magasins, vivre *plus* longtemps n'est pas, loin de là, l'équivalent de ne pas mourir. Celui qui parvient à arracher du temps à la mort la retarde mais ne l'a pas vaincue. Il continue d'être menacé par elle, qu'il lui reste une heure à vivre, un siècle ou un millénaire : comme ils doivent mourir un jour ou l'autre, les mortels – c'est-à-dire ceux qui se savent tels – sont toujours *sur le point de mourir*. En prolongeant un peu plus que d'usage la durée de leur existence, le mieux que peuvent espérer les bénéficiaires de ce progrès est de voir s'émousser leur ardeur à vivre en raison de l'accomplissement de leurs objectifs et de la réitération de leurs plaisirs : peu à peu leur envie de continuer le jeu les abandonne et leur peur de l'inévitable fin ultime diminue. Mais si, comme le prétend la gériatrie, ils profitent de ce retardement de l'inévitable pour se maintenir actifs, lucides et capables de profiter des plaisirs habituellement réservés à la première jeunesse, il est parfaitement plausible qu'ils voient même augmenter leur attachement à la douceur de la vie et se mettent donc à redouter de plus en plus la mort, supportant avec chaque jour plus d'inquiétude son angoissante et grandissante proximité. C'est ainsi que cela se passe dans les grandes lignes pour les classes riches des pays développés, avant-garde de ce futur artificiellement revitalisé de survivants : ceux qui vivent mieux et plus longtemps s'accrochent à l'existence avec une détermination plus féroce que les jeunes désespérés de tant de régions déprimées de notre planète, disposés à mettre en jeu l'avenir qu'ils n'ont pas dans une explosion vengeresse dirigée contre les puissants qui méprisent leur sort. Bien sûr, si dans un monde plus juste nous pouvions tous vivre plus longtemps et dans de meilleures conditions, la sécurité globale augmenterait parce qu'il y aurait moins de désespérés capables de renoncer à la vie dans le but de punir ceux qui, égoïstement, profitent de la leur de manière durable et privilégiée. Ainsi améliorerait-on sans doute la coexistence sociale – réussite non méprisable bien entendu –, mais cela ne changerait pas essentiellement le fait que chacun doive affronter la fatalité de sa propre mort et de celle de ceux qui lui sont les plus chers. Notre condition mortelle ne serait pas modifiée d'un iota.

Autre chose serait un type d'existence sans l'ombre d'une fin, qu'elle soit lointaine ou non. Dans une telle hypothèse, il y aurait un changement radical non pas dans la *quantité* mais dans la *qualité* du vécu. Et peut-être pas précisément pour un mieux. José Ferrater Mora l'a ainsi exposé dans *El ser y la muerte* (l'être et la mort), une œuvre ratée aujourd'hui oubliée, mais où les passages suggestifs sont nombreux : « Il y a donc une différence essentielle entre une vie quotidienne répétitive menacée et limitée par la mort et une vie hypothétique susceptible d'une continuation indéfinie. Dans cette dernière, les contenus ne seraient pas spécifiques, parce qu'ils seraient indifférents. Non pas – précisons-le – indifférents *dans l'absolu.* Cela n'arriverait que dans une vie que nous imaginerions non seulement débarrassée de la mort mais aussi irréversible. Mais suffisamment indifférents pour que dans une telle vie les contenus soient ressentis comme étrangers. En effet, aucun événement ne pourrait affecter radicalement une telle vie. Il y aurait toujours du temps pour mener à bien n'importe quelle tentative, pour se dédire de n'importe quel projet, et même pour effacer, par l'accumulation de faits dans le temps, ce qui finirait par être la trace très légère, presque imperceptible, du passé. Les faits de la vie finiraient par ne rien y signifier[1]. » En un mot : la vie perdrait tout sens – non pas un sens intrinsèque dont je doute qu'en aucun cas il existe, si ce n'est à nos propres yeux – parce que nous aurions trop de temps pour tout entreprendre, tout obtenir et renoncer à tout. La seule interprétation intelligible de ce que nous appelons « donner un sens à la vie » est la gestion, orientée vers ceci ou cela, de la *rareté* du temps dont nous disposons. Le manque de temps – motif central de notre contingence – est l'authentique signifié existentiel de la vie, comme l'a affirmé de façon alambiquée mais consistante Heidegger dans *Être et Temps*. S'il y a excès de temps, nous perdons toute trace de sens et d'authenticité dans une vie qu'il nous serait impossible de continuer d'appeler « humaine ». Telle est la condamnation à une perpétuelle frustration qu'exprime la légende du Juif errant (parmi ses nombreux avatars littéraires je me contenterais du récit de Leo Perutz dans *Le Marquis de Bolibar*) ou, mieux encore, le portrait des immortels dégradés au fil des éternités jusqu'à une insignifiante bestialité dans le récit *L'Immortel*, de Jorge Luis Borges.

Pour essayer de dépasser la contradiction entre une vie dotée de sens et une vie éternelle, l'instinct métaphysique de nombreuses cultures a eu recours à la distinction entre le corps et l'âme. Au corps sont rapportés la contingence, la brièveté du temps et ses angoisses, la nécessité de choisir de manière irrévocable dans le présent, ainsi que les souffrances, plaisirs, mérites et fautes qu'entraîne un tel choix, ou somme de choix. À l'âme appartient la vie impérissable qui perpétuera sans fin, sur un autre plan de l'existence, ce à quoi nous aurons donné corps par nos actions dans ce monde. Tant que ces deux parties de l'homme seront réunies, nous vivrons dans le temps, pour le temps et contre le temps. Autrement dit, le transitoire du biologique impose sa

1. José Ferrater Mora, *El ser y la muerte*, Madrid, Aguilar, 1962, p. 194.

règle du jeu bien que ce soit l'âme qui oriente nos actions par ses idéaux et ses défaillances. Ensuite, l'âme continue en solitaire une existence sans fin dont la nature bienheureuse ou punitive s'est établie pour toujours durant la brève période de sa coalition avec l'organisme physique. Si elle n'avait pas passé une saison attachée au corps et souffrant de ses besoins, cela n'aurait pas de sens de dire que l'âme est « immortelle » : ce qui l'immortalise est la mortalité du corps et sa capacité de la dépasser, de prendre son vol quand le corps entre définitivement en terre. *Psyché* est le papillon infini qui surgit du cocon percé et abandonné, éphémère selon la prégnante métaphore dont Erwin Rohde a étudié les innombrables méandres dans son célèbre livre[1]. Nous pourrions presque dire que l'âme surgit de la peur que le corps a de la mort, c'est-à-dire qu'elle n'est précisément que le désir même d'immortalité de ce dernier.

Des trois fonctions classiques que les spécialistes confèrent à la religion (expliquer l'origine de l'univers et de ce que nous sommes, nous rendre forts face à la mort et proposer un lien moral pour la communauté à laquelle nous appartenons), seule la deuxième est encore valide aujourd'hui sans qu'on lui ait trouvé une alternative acceptable, même dans les contextes culturels où les lumières scientifiques et sociopolitiques ont été le mieux acceptées. Sans véritable crainte d'être démentis nous pourrions affirmer que, n'était le fait que nous sommes mortels, les croyances religieuses n'existeraient pas ; mais cette déclaration, énorme en apparence, voit sa force d'explication diminuer quand nous nous rappelons que si nous n'étions pas mortels, presque aucune de nos institutions, sciences ou règles de conduite n'existerait. Je crois en tout cas que l'on peut soutenir que le désir d'immortalité (surtout si nous acceptons que

1. Erwin Rohde, *Psyché. Le culte de l'âme chez les Grecs et leur croyance à l'immortalité*, Paris, Payot, 1928.

l'immortalité est la seule véritable *idée* qu'a eue l'humanité, comme le soutient Dostoïevski dans son *Journal d'un écrivain*) constitue le motif essentiel de la foi dans les dogmes religieux, du moins dans les monothéismes qui promettent au croyant un salut individuel. Peut-être l'auteur qui a soutenu cette manière de poser le problème avant les autres et avec le plus d'éloquence est-il Ludwig Feuerbach, considéré comme le « père » intellectuel de l'humanisme athée contemporain.

Sa première œuvre déjà s'intitulait *Pensées sur la mort et l'immortalité* ; il y soutient une vision naturaliste et, dirions-nous, presque « écologiste » de la mort de l'individu, qu'il faut accepter comme une réalité définitive et non comme une « apparence » (comme le font les croyances religieuses) pour pouvoir profiter pleinement de l'existence terrestre et comprendre notre continuité impersonnelle avec les autres réalités matérielles de l'univers. Le véritable défaut du christianisme, signale-t-il avec une perspicacité héritée de Hegel, est d'avoir insisté sur *l'individualité* de l'homme, jusqu'à l'« omni-compréhensivité ». Si l'individu est tout, comme l'individualité est ce qui se termine quand nous mourons, nous pouvons bien affirmer qu'après la mort il n'y a « rien » : « N'y a-t-il donc rien après la mort ? En effet, si tu es tout, alors lorsque tu meurs, il n'y a rien après la mort. Mais si tu n'es pas tout, alors tout ce que tu n'as pas été demeure encore après la mort[1]. » Pourtant cette dernière chose est plus facile à accepter dans les sociétés traditionnelles que dans les sociétés modernes, quoi qu'en dise Hegel, parce que tout progrès évolue vers des formes plus concentrées d'individualité, comme l'a bien signalé le si peu hégelien Oscar Wilde. La modernité a beaucoup moins le souci de la perpétuation de ce qui est impersonnel que de l'éventuelle immortalité de ce qui est personnel : de sorte que

1. Ludwig Feuerbach, *Pensées sur la mort et l'immortalité*, trad. de l'allemand par Christian Berner, Paris, Cerf, 1991, p. 132.

la foi religieuse qui correspond à ses inquiétudes sera celle qui satisfera le mieux ce désir. D'après l'interprétation de Feuerbach, le point d'appui de la croyance religieuse est l'accomplissement compensatoire des désirs humains. Il est aujourd'hui à la mode de minimiser la contribution de Feuerbach, en sous-estimant ses théories pour leur caractère dépassé ou réducteur, comme on le fait bien sûr de celles de Darwin dans son domaine. Eh bien, je crois que, d'une certaine façon, Feuerbach est le Darwin de l'anthropologie de la religion : limité à certains aspects circonstanciels, mais génialement ferme et irremplaçable sur ce que le problème a de fondamental. Écoutons-le dans *L'Essence du christianisme*, où il dit en substance : un dieu est essentiellement un être qui satisfait les désirs des hommes. Mais aux désirs de l'homme, de *cet* homme, du moins, qui ne limite pas ses propres désirs à la nécessité naturelle, appartient plus que tout le désir de ne pas mourir, de vivre éternellement ; ce désir est l'ultime et le suprême désir de l'homme, le désir de tous les désirs, comme la vie est le résumé de tous les biens ; parce qu'un dieu qui ne satisfait pas ce désir, qui n'est pas supérieur à la mort ou qui du moins ne la compense pas par une autre vie, par une nouvelle vie, *n'est pas* un dieu, du moins n'est pas un véritable dieu, qui corresponde au concept de dieu. Peu avant Feuerbach avait établi que dans la représentation, dans *la doctrine*, la théorie de l'immortalité n'est qu'une conséquence de la foi en Dieu ; mais dans la *pratique*, ou dans la vérité, la foi en l'immortalité est la base de la foi en Dieu. L'homme ne croit pas en l'immortalité parce qu'il croit en Dieu, mais il croit en Dieu parce qu'il croit en l'immortalité, parce que, sans la foi en Dieu, il ne peut donner un fondement à la foi en l'immortalité. Apparemment la divinité vient en premier, l'immortalité en second ; mais, en vérité, l'immortalité vient en premier, la divinité en second. Autrement dit : c'est le désir humain d'immortalité qui commande et crée ce qu'il lui convient de croire pour se satisfaire, pour apaiser transcendantalement ce qu'il y a de démesuré et de surnaturel dans son besoin dévorant.

Bien que d'autres fonctions de la religion se fassent superflues ou dépassées, l'offre d'immortalité continue de lui garantir un niveau important d'intérêt populaire. Et les gestionnaires les moins scrupuleux de ces croyances le savent bien, tel le télé-prédicateur Jim Bakker qui disait : « Nous avons un produit meilleur que les détergents ou les automobiles. Nous avons la vie éternelle. » Cette conception si carrément commerciale de l'offre religieuse a fini par mener Bakker en prison, mais d'autres leaders spirituels plus respectables confient aussi – bien que ce soit sous une forme plus sophistiquée – que le désir de trouver un remède surnaturel à la mort sera toujours le fondement le plus solide et pragmatique de la foi. Il n'est que de se rappeler ces commentaires habituels, mais un peu indécents, sur le fait que personne n'est athée sur son lit de mort, sur les conversions *in articulo mortis*, etc. Pourtant si on l'analyse avec une certaine attention, la vie prolongée outre-tombe est difficilement concevable, non pas quant aux conditions dans lesquelles elle serait possible, mais dans sa condition même de « vie ». Nous appelons vie la manière dont nos corps existent dans le monde : dans l'au-delà nous n'aurons ni corps ni monde, ce qui fait que nous pourrons difficilement nous y considérer comme « vivants », dans aucun sens intelligible du terme. Comme le signale opportunément Santayana, « l'univers comporte sans doute toutes sortes d'expériences, meilleures et pires que l'expérience de l'homme ; mais il est oiseux d'attribuer à n'importe quel homme en particulier une vie indépendante de ses propres circonstances ainsi que de son corps[1] ». De là l'audace du dogme chrétien qui promet la résurrection de la chair, bien que son accomplissement soit différé, bien entendu, jusqu'à la fin des temps… et que soit peu clair ce à

1. George Santayana, *Reason in Religion*, *op. cit.*, p. 245.

quoi nous servira un corps qui n'aura besoin d'aucune fonction organique et n'obéira pas aux injonctions de l'instinct de conservation. Même si nous atteignions une aussi improbable réintégration, il faut imaginer que les plus exigeants regretteraient pas mal de choses. Il n'est donc pas difficile de sympathiser avec la protestation anticipée de Charles Lamb dans cette page délicieuse : « Les métaphores ne suffisent pas pour adoucir l'amère gorgée de la mort. Je refuse d'être emporté par la marée qui conduit doucement la vie humaine vers l'immortalité et me rend désagréable l'inévitable cours du destin. Je suis amoureux de cette verte terre ; du visage de la ville et du visage de la campagne ; des ineffables solitudes rurales et de la douce protection des rues. C'est là que je dresserai mon tabernacle. J'aimerais m'arrêter à l'âge que j'ai ; nous perpétuer, mes amis et moi ; ne pas être plus jeunes, ni plus riches, ni plus installés. Je ne veux pas glisser dans la tombe comme un fruit mûr. Toute altération de ce monde qui est le mien me déconcerte et me confond. Mes dieux lares sont terriblement stables et ne se déracinent pas sans saignement. Toute situation nouvelle m'effraie. Le soleil et le ciel et la brise et les promenades solitaires et les vacances d'été et le vert des champs et le suc délicieux des viandes et des poissons et les amis et le verre convivial et la lumière des bougies et les conversations auprès du feu et les vanités innocentes et les plaisanteries et l'ironie elle-même, tout cela s'en va-t-il avec la vie ? Et vous mes plaisirs de minuit, mes in-folio ! Devrai-je renoncer à l'intense délectation de vous tenir dans mes bras ? La connaissance me viendra-t-elle, si tant est qu'elle me vienne, par un inconfortable exercice d'intuition et non par cette chère habitude de lire[1] ? » Dans l'aimable caractère conservateur de cette plainte (il ne regrette pas la perte de débordements passionnels, rien que

1. Cité dans Jorge Luis Borges et Adolfo Bioy Casares, *El libro del cielo y del infierno* (Le livre du ciel et de l'enfer), Barcelone, Edhasa, 1990.

d'aimables routines), d'un antimillénarisme si convaincu (ceux qui se proclament nostalgiques de l'inconcevable paradis sont peu fiables), nous autres amoureux des livres sommes particulièrement d'accord avec la mention finale du fait qu'un ciel où l'on ne lirait plus nous semblerait bien insipide.

Parfois on assure que les croyances religieuses répondent à la *peur* si répandue et si humaine de la mort. Des adversaires convaincants de cette vision des choses, depuis Lucrèce jusqu'à certains anthropologues comme Pascal Boyer, ont fait remarquer que ce que les religions racontent de l'au-delà contribue souvent davantage à augmenter notre panique qu'à nous procurer la sérénité. Bien entendu : mais peut-être oublient-ils que ce que craint l'individu conscient de cela, au-delà de la mort, n'est pas le châtiment mais la disparition totale, c'est-à-dire le fait que personne ne s'occupe jamais plus de nous, ni en bien ni en mal. Le soin que prend de nous châtier une divinité revancharde, qui note et punit pointilleusement nos innombrables fautes, peut avoir des aspects très inquiétants mais peut représenter aussi une compensation honorable : enfin quelqu'un de réellement important qui nous prend authentiquement et éternellement au sérieux ! Il n'est pas de pire châtiment pour celui qui se considère avec un peu d'attention – « l'animal symbolique » de Ernst Cassirer – que la perte définitive de tout interlocuteur capable à tout le moins de le comprendre et, dans le meilleur des cas, de l'évaluer – fût-ce négativement. C'est pour cette raison que deviendra désirable, et même vaguement crédible, l'existence d'un Dieu personnel… qui présente tant d'inconvénients, pour ne pas parler d'invraisemblances ! Mais nous parlerons d'une question comparable dans le prochain chapitre.

En attendant, peut-on dire de celui qui n'a pas la moindre croyance religieuse qu'il est privé de toute trace de cette immortalité universellement désirée ? À la fin de son *Éthique*, Spinoza fait une énigmatique mention au fait que l'homme libre – l'être rationnel – peut « se savoir et se sentir éternel » en dépit de son indiscutable condition mortelle, fruit comme nous le savons grâce à lui de l'inévitable « mauvaise rencontre » avec ce qui nous élimine, et que tous les êtres doivent subir un jour ou l'autre. Interprétant à ma manière cette opinion qui a fait couler tant d'encre illustre, je pense que cette « éternité » est celle de qui a vécu une fois, si fugacement que ce soit : le présent de sa vie ne pourra être effacé ni par l'inexistence passée ni par l'annihilation à venir. La vie est transitoire, mais celui qui a vécu a vécu pour toujours. Et au moyen de notre compréhension intellectuelle de ce qui ne dépend pas du temps, nous avons été témoins d'une bouffée de ce que l'on pourrait appeler « éternité » : nous sommes capables d'idées qui ne pâtissent pas de nos propres limitations, ni en ce qui concerne la nécessité ni en ce qui concerne le temps. La question reste ouverte mais aujourd'hui – après avoir réfléchi – nous pouvons mieux envisager ce qu'elle signifie et c'est ce que fait Santayana : « Aucun homme n'est complètement immortel, comme aucune philosophie n'est complètement vraie et aucun langage complètement intelligible ; mais un langage n'est véritablement un langage et non un simple bruit qu'en tant qu'il est intelligible, une philosophie n'est quelque chose de plus qu'un vent d'humeurs cérébrales qu'en tant qu'elle est vraie, un homme n'est autre chose qu'un simple être sensoriel qu'en tant qu'il est rationnel et immortel[1]. »

1. George Santayana, *Reason in Religion*, *op. cit.*, p. 265-266.

3

Dieu face aux philosophes

> Tant que l'humanité existera, ne cessera pas
> la dispute entre le dogme et le libre examen,
> entre la religion et la philosophie,
> dans une lutte acharnée où – je le crains –
> le triomphe ne sera pas celui de la libre pensée,
> parce que la raison déplaît aux masses et que
> ses enseignements ne sont compris que par
> certaines intelligences d'élite, tout comme la science,
> pour belle qu'elle soit, ne satisfera pas complètement
> une humanité assoiffée d'idéal et qui aime
> se réfugier dans les sombres et lointaines régions
> que les philosophes et les savants ne peuvent
> ni percevoir ni explorer.
>
> Jamal Al Dîn Al Afghani, *Lettre à M. Renan*

Si nous demandons quel est l'objet de la religion à des gens sophistiqués (comme vous ou comme moi, frère lecteur ?), ils nous répondront qu'elle concerne le sens de la vie, l'origine et la cause de l'univers, le fondement de la morale ou de la structure symbolique de la société ; si nous posons la question au piéton naïf et peu documenté des trottoirs de ce monde, il répondra simplement qu'elle concerne Dieu. Un à zéro en faveur du piéton. La personne sophistiquée – sans être un sophiste pour autant – sourira avec un certain embarras, l'embarras qu'éveille chez le maître la candeur pleine d'illusions mais indéfendable des petites gens, et elle se rappellera peut-être H. L. Mencken : « Pour chaque problème complexe il existe une réponse simple… et erronée. » Elle sait qu'il existe des religions sans dieux ni déesses, comme le bouddhisme, que Spinoza considérait « Dieu » comme le synonyme de la Nature ou de la Substance, qu'il n'y a plus de personne capable de suffisamment d'élévation spirituelle pour s'attendre à trouver parmi les nuages du ciel un barbu bonasse ou justicier, que c'est plutôt l'Énergie Cosmique dont nous faisons partie qui… Mais le piéton dépourvu de la plus élémentaire bibliographie s'obstine, un peu gêné, à dire que la religion sans Dieu est comme une omelette sans œufs, de la bière sans alcool ou un jardin sans fleurs : toutes choses auxquelles il faut se résigner mais qui ne satisfont pas celui qui s'y connaît vraiment. Il a de nouveau marqué : deux à zéro. Il nous faut admettre avec résignation que, s'agissant de religion sous nos latitudes culturelles, laisser Dieu au vestiaire, c'est comme remplacer la passion par l'amitié dans la sexualité : tout simplement une tromperie. Décevant.

Cet état de la question, religieusement parlant, est très bien détaillé par Daniel C. Dennett : « Beaucoup de gens croient en Dieu. Beaucoup de gens croient en *la croyance en Dieu*. Quelle est la différence ? Ceux qui croient en Dieu sont sûrs que Dieu existe, et cela les rend très heureux, parce qu'ils soutiennent que Dieu est la plus merveilleuse des choses. Ceux qui en revanche croient à la croyance en Dieu sont sûrs que la *croyance en Dieu* existe (et qui pourrait en douter ?), et pensent que c'est une chose très heureuse, quelque chose qui doit être vigoureusement renforcé et soutenu de toutes les manières possibles : si seulement la croyance en Dieu était plus répandue ! On *doit* croire en Dieu. On se sentira mal à l'aise, insatisfait, on s'excusera, on se sentira coupable si l'on découvre que tout simplement on ne croit pas en Dieu. C'est une incongruité, mais cela arrive parfois[1]. » Bien entendu, tout le monde ne partage pas ce point de vue… même si une bonne partie de ceux qui le rejettent ont certains scrupules au moment de le dire ouvertement. Ce n'est pas de bon ton, c'est trop agressif. En règle générale, les athées ont l'habitude de prendre davantage de précautions pour se revendiquer comme tels, de peur peut-être d'offenser (?) les croyants, que l'inverse : aucun de ces derniers ne pense, fût-ce une seconde, que le fait de proclamer sa foi pourrait blesser la sensibilité intellectuelle de ceux qui préfèrent l'évidence du visible à l'invisible, ou les règles morales aux dogmes religieux. Ils s'attendent plutôt au contraire à ce que les incrédules confessent de la nostalgie et même une admiration romantique pour la foi qu'ils n'ont pas. Peut-être tant de prudence et de courtoisie proviennent-elles de l'époque où les dinosaures régnaient sur la terre, pardon, je veux dire de ces temps où les Églises gouvernaient les âmes – et les corps tout aussi bien –, châtiant l'incrédulité comme si ce n'était pas seulement un péché à leurs yeux mais aussi un délit à ceux de la société entière.

Bien qu'aujourd'hui, heureusement, les possibilités d'exprimer impunément sa liberté de conscience soient beaucoup plus grandes (pour le moment du moins et dans les sociétés démocratiques), on ressent encore un certain frisson politiquement incorrect à entendre des déclarations comme celles de Michel Onfray, auteur militant d'un *Traité d'athéologie*, qui dans une interview affirme à un journal que croire en Dieu, c'est comme croire au Père Noël ou aux Rois mages. Passé le bref frisson, il n'y a rien d'autre à faire que d'admettre que cette boutade – pour sympathique qu'elle paraisse à certains – n'est pas tout à fait exacte. L'idée de Dieu peut être très vague et résister aux vérifications rationnelles, mais le problème est qu'elle renvoie à des signifiés et à des questions qui bien entendu ne se trouvent

1. Daniel C. Dennett, *Breaking the Spell*, New York, Allen Lane, 2006, p. 221.

pas dans d'autres superstitions de bon aloi, de nature simplement puérile ou commerciale. Il n'est nécessaire de souscrire à aucune ligne doctrinale religieuse parmi celles en vigueur pour s'intéresser à la question que suscite l'idée de Dieu, alors qu'il faut garder une certaine dose de puérilité ou travailler dans les grands magasins pour être ému par le Père Noël. L'affaire a mobilisé siècle après siècle tant d'intellects humains supérieurs à la moyenne qu'il serait insupportablement prétentieux de hausser les épaules devant elle ou de l'écarter d'une boutade. Mais si l'on veut examiner convenablement la question, il existe une difficulté qui tient à la force d'intimidation des jugements moraux qui la pervertissent habituellement : je veux parler de la qualification dégradante de « grossiers impies » attribuée à ceux qui prétendent soumettre cette question à un examen rationnel, ou de celle de « bouffons » dans le pire des cas, et de « doux rêveurs » dans le meilleur, de ceux qui l'acceptent. Sans parler de la maladie la plus récente, postmoderne, qui annule toute possibilité de débat en concédant d'entrée que tout le monde a raison – les croyants de croire et les sceptiques de douter – mais que personne ne détient la vérité… tout simplement parce qu'il n'y en a pas.

Comme dans d'autres situations difficiles, j'ai recours, pour commencer à penser de manière ordonnée, aux classiques des Lumières. Dans ce cas, pourquoi se contenter de moins que David Hume ? : « Le seul point de théologie sur lequel nous trouverons un consentement de l'humanité presque universel, est qu'il existe dans le monde une puissance intelligente invisible. Mais sur la question de savoir si cette puissance est suprême ou subordonnée, si elle est entre les mains d'un être unique ou distribuée entre plusieurs, quels attributs, quelles qualités, quelles relations ou quels principes d'action doivent être accordés à ces êtres – sur toutes ces questions se manifestent les plus larges divergences dans les systèmes théologiques populaires[1]. » Les deux caractéristiques signalées par Hume sont effectivement essentielles. En premier lieu le dieu est *invisible.* Ce que nous voyons – lieux, animaux, objets... – peut être exceptionnellement habité ou animé par le dieu (et pour cette raison nous le considérons comme *sacré*), mais ce n'*est* pas le dieu. Parce que la divinité n'est aucune des choses perceptibles de ce monde, mais leur fondement. Avoir une mentalité religieuse – ou, si l'on préfère le dire ainsi, la disposition religieuse de l'âme humaine – consiste à conforter ce que perçoivent nos sens par quelque chose d'invérifiable mais que nous devinons être indispensable pour expliquer la réalité. Le divin se manifeste dans le monde mais ne répond pas aux données sensorielles : il se matérialise parfois mais jamais il n'appartient à la matière ni n'est contraint par ses lois naturelles. C'est précisément pour cela qu'il peut expliquer et justifier ce que nous ressentons, parce qu'il échappe à notre expérience : s'il était contenu en elle, nous tomberions dans une régression à l'infini (il s'agit de quelque chose de semblable à la théorie des types de langage proposée par Bertrand Russell, selon laquelle les paradoxes du langage de niveau 1 ne peuvent trouver de solution qu'à partir d'un langage de niveau 2, qui inclut le premier comme membre de son ensemble thématique). C'est aussi ce qui explique que les matérialistes, ou plutôt ceux qui nient le « spiritualisme » surnaturel, puissent très bien être *spiritistes*, c'est-à-dire prétendre essayer de forcer l'imperceptible pour lui faire adopter une image photographiable, un son enregistrable sur un magnétophone et une texture ectoplasmique : ils prétendent en quelque sorte « naturaliser » le divin, c'est-à-dire le « dédiviniser ».

L'autre condition signalée par Hume est, si c'est possible, encore plus importante : le dieu invisible est aussi *intelligent.*

1. David Hume, *L'Histoire naturelle de la religion*, trad. de l'anglais par Michel Malherbe, Paris, Vrin, 1989, p. 52.

C'est-à-dire conscient et doté d'une volonté et d'un but. Il n'est pas un simple enchaînement mécanique de causes et d'effets mais une subjectivité qui projette et décide : le dieu n'est jamais *quelque chose* mais *quelqu'un*. Les humains peuvent entretenir une relation avec les dieux, en appeler à leur miséricorde, leur obéir ou les défier. À la personnalité de l'homme correspond la personnalité divine, ils se reconnaissent entre eux. Comme l'a observé Voltaire, « si Dieu nous a faits à son image, nous le lui avons bien rendu »... De sorte qu'avoir une mentalité religieuse consiste aussi à croire que le fondement invisible du réel a comme nous une conscience propre, et n'est pas inerte ou dynamiquement aveugle.

Du point de vue de la genèse naturelle de cette disposition, il existe des raisons qui justifient la compréhension religieuse de la réalité comme antérieure à sa compréhension scientifique. Revenons aux intuitions pionnières de Hume : « Les hommes ont une tendance universelle à concevoir tous les êtres à leur ressemblance et à transférer à tous les objets les qualités auxquelles ils sont habitués et familiarisés, et dont ils ont une conscience intime. Nous découvrons des visages humains dans la lune, des armées dans les nuages ; et si nous ne corrigeons pas par l'expérience et la réflexion notre penchant naturel, nous accordons malveillance et bienveillance à tout ce qui nous apporte mal ou bien[1]. » La psychologie évolutive actuelle confirme et éclaire ce point de vue. Notre espèce est prédatrice et elle a survécu en luttant contre des prédateurs qui nous choisissaient comme proie (à la fin de *The Songlines*, Bruce Chatwin propose l'hypothèse d'un félin préhistorique spécialisé dans la chasse aux humains, dont la menace a durablement uni les hommes et les a entraînés d'abord pour la chasse, puis pour la guerre). De sorte qu'être capables d'identifier des conduites intentionnellement dirigées contre nous dès qu'elles

1. *Ibid.*, p. 48.

se présentent est une capacité indispensable. Il est même préférable, pour survivre, d'attribuer cette intentionnalité à ce qui n'en a pas que de la méconnaître là où elle se présente... « Notre héritage est celui d'organismes ayant dû traiter aussi bien avec des prédateurs qu'avec des proies. Dans un cas comme dans l'autre il est bien plus avantageux de surdétecter la présence d'agents que de la sous-détecter. Le coût de l'erreur (voir des agents où il n'y en a pas) est minime si l'on est capable de renoncer très rapidement aux intuitions erronées. À l'inverse, le coût de la non-détection d'agents effectivement présents (qu'ils soient proies ou prédateurs) peut être très élevé[1]. » De sorte qu'attribuer un dessein volontaire à l'éclair et au tonnerre, aux maladies, aux inondations et même à l'univers entier, n'est pas en principe une stratégie bêtement superstitieuse, mais une prudente précaution.

Que la divinité invisible soit intelligente, autrement dit qu'elle agisse avec des intentions et des buts, nous aide sans doute à la comprendre (c'est-à-dire à mieux comprendre le fondement du réel), parce que discerner ce qui est intentionnel est une des spécialités de notre espèce ; mais si son intelligence n'est pas purement « animale », c'est-à-dire semblable à celle des proies que nous poursuivons et des prédateurs qui nous poursuivent, mais bien anthropomorphique – en d'autres termes semblable à la nôtre, capable de juger en fonction de valeurs et d'apprécier la réciprocité dans les conduites –, nous pourrons en outre entretenir avec elle une relation privilégiée. Avec un dieu anthropomorphiquement intelligent, c'est-à-dire *personnel*, nous pouvons établir des relations et des pactes, recevoir ses faveurs et lui rendre des hommages. En un mot, nous vivrons *en société* avec lui, ou avec eux s'il y en a plusieurs. Voici le bénéfice le plus important que l'on obtient de la religion en premier lieu (Guyau l'a signalé avec finesse dans *L'Irréligion*

1. Pascal Boyer, *Et l'homme créa les dieux*, *op. cit.*, p. 208.

du futur) : l'extension à l'univers entier des règles sociales, avec plus ou moins de modifications. L'outil fondamental des humains pour défendre et améliorer leur vie est la société : la nature est inhospitalière et menaçante parce qu'elle n'est pas sociable, parce qu'elle est soumise à des lois d'action et de réaction différentes des règles sociales de réciprocité. Mais si le fondement invisible du visible est une intelligence comme la nôtre (c'est-à-dire propre à un « animal politique », comme l'a dit Aristote) alors le monde entier nous devient plus accueillant et propice. Où que nous soyons, où que nous allions, nous pourrons entretenir avec notre entourage des liens qui rendent la négociation possible et jamais nous ne serons totalement soumis à l'arbitraire d'éléments « intraitables », incapables d'établir avec nous des relations, et qui ignorent complètement les compromis sociétaux. La société est la maison des humains, le foyer où nous pouvons nous trouver raisonnablement en sécurité : remercions la religion qui reconnaît et vénère une divinité ou des divinités personnelles comme fondement de tout le réel, agrandissons au maximum cette zone de sécurité et transformons le monde entier en notre foyer.

Bien entendu, la divinité n'est pas de compagnie facile, même si elle se révèle toujours moins impénétrable que la rude et impersonnelle nécessité de la nature. Pour comprendre, convaincre, séduire ou même « baratiner » nos semblables, nous autres humains comptons sur notre pénétration psychologique si développée : l'expérience des relations avec nos parents et nos voisins nous donne la faculté, dès que nous sommes petits (durant notre longue enfance, prélude à une vie sociale intense), de lire sur les visages et dans les gestes les méandres des intentions qui régissent le comportement des autres. C'est ainsi que nous pouvons influer sur eux, les disposer en notre faveur, et même les manipuler en bien des occasions. Avec les dieux… alors là, c'est une autre histoire. Il n'est pas facile de deviner ni de prévoir l'état d'esprit d'entités invisibles, sans autre « visage » que des arbres, des mers et des montagnes, sans autres « gestes » que les sécheresses ou les ouragans. Mais en général on leur prête une psychologie comparable à celle des humains puissants que nous connaissons dans ce monde : les dieux sont péremptoires, arbitraires, et apprécient l'obéissance et la flatterie. Établir des traités avec eux est indispensable mais problématique parce qu'ils peuvent châtier avec une extrême rigueur les infractions des hommes alors que les hommes peuvent difficilement leur demander des comptes pour les leurs. Il y a bien pourtant quelqu'un qui s'y est essayé : peu de témoignages sont aussi émouvants que celui de Job, revendiquant avec obstination face à la divinité ses droits foulés aux pieds. Sur son fumier, dépouillé des êtres qui lui sont chers et de tous ses biens, Job proteste contre le traitement qui lui est infligé par Jéhovah : il a été juste et droit, il a accompli sa part du contrat, et n'a reçu en échange que malheurs au lieu de bienfaits. Contre l'avis de ses amis qui lui conseillent la prudence et malgré sa femme qui se moque de sa constance dans la foi, Job ne désespère pas, sans se résigner pour autant : en dépit de tous ses malheurs, il présente sérieusement une réclamation. Jéhovah lui répond d'une voix terrible, lui rappelant la disparité de leurs conditions respectives, le pouvoir colossal du Dieu et la petitesse insignifiante du pauvre mortel : comment peut-il même rêver d'*obliger* la divinité à accomplir sa part du contrat, comme s'il s'agissait d'un accord passé entre égaux ? Job se tait devant la violence des débordements de son incommode « associé », mais il ne se résigne pas. À la fin, énigmatiquement, ce sera Jéhovah qui semblera céder et lui restituera ses biens perdus (certains spécialistes pensent que c'est là une interpolation postérieure dans l'œuvre originale, l'ajout d'un *happy end* semblable à ceux qu'imposent parfois les producteurs de cinéma américains à leurs réalisateurs les moins conformistes). Du point de vue religieux, il n'y a peut-être pas d'œuvre plus *inquiétante* que le *Livre de Job*, parce qu'il pose avec crudité la question théologique par excellence : la réciprocité de la relation sociale entre l'homme et Dieu.

C'est qu'une divinité absolument imprévisible ou maligne ne serait pas préférable à la nécessité naturelle (qui nous ignore mais qui du moins peut être anticipée et en partie « contrôlée » par des moyens rationnels). La divinité absolument méchante que Sade, par désir de blasphème, propose dans certaines pages, ou les dieux déments de Lovecraft, sont des monstres théologiques parfaitement impraticables. Parce qu'aucun dieu intelligent et personnel, au sens où on l'entend pour nous, ne peut être totalement étranger au lien réciproque qui unit socialement les humains. Le problème est que ce lien répond chez les hommes à une nécessité d'appui mutuel, alors que l'on ne voit pas clairement en quel sens le dieu pourrait avoir besoin de « l'appui » des hommes. Et pourtant, étant donné qu'il est intelligent, il aura d'une manière ou d'une autre besoin de l'approbation et de la reconnaissance des mortels. Toutes les religions qui ont existé ou qui existent font ce pari : la foi n'est pas seulement la croyance en un dieu dont nous avons besoin mais en un dieu qui peut avoir besoin de nous. Certains des cultes les plus primitifs tentent de soumettre la volonté des dieux par des méthodes expéditives ou grossières : en les trompant par de faux sacrifices, en enchaînant les idoles, en leur refusant des offrandes… ou au contraire en les subornant par d'authentiques sacrifices, des rituels propitiatoires, des flatteries et des hommages en tous genres. De toute façon, il s'agit d'obtenir d'eux une réponse positive, des concessions qui nous profitent, une collaboration : il faut les convaincre de ce que, malgré leur rang exceptionnel, ils appartiennent à la communauté humaine tout comme les humains appartiennent à la communauté divine. L'évolution historique des religions voit se sophistiquer progressivement ces croyances, renoncer aux méthodes grossièrement coercitives (bien que saint Augustin affirme encore que le Royaume des Cieux peut être « pris d'assaut » comme on conquiert une cité fortifiée) et donner la préférence à un compromis de type éthique, légal, entre la divinité et les humains : le dieu se transforme en législateur et en garant de la rectitude morale, les hommes respectent ses lois – sur lesquelles se base leur société terrestre d'intérêts communs – et attendent, dans le monde de l'au-delà, qui relève de l'autorité divine, la récompense ou la sanction correspondant à leur conduite.

Pourtant cette convention met au jour un scandale pressant : l'inoccultable présence dans ce monde des maux les plus atroces. Un dieu indifférent dans sa bienheureuse immortalité, ou un dieu capricieux, peut hausser ses célestes épaules face à eux, mais... comment une divinité moralement responsable peut-elle les tolérer ? Supposons que certains « maux » ne sont tels que pour nous, et non pas intrinsèquement : le cancer, l'inondation ou l'incendie sont des phénomènes naturels éthiquement neutres même s'ils supposent des menaces pour les humains, et le requin qui nage vers moi dans la baie ne prétend pas à autre chose qu'à se nourrir pour survivre, ce qui en soi est une bonne chose. Le capitaine Achab commet une folie quand il confond Moby Dick avec l'essence du Mal, et sa chasse est un blasphème aberrant comme le lui reproche Starbuk dans un passage du grand roman de Melville. Admettons que de tels malheurs ne soient rien de plus que des aspects douloureux de notre appartenance au monde des causes et des effets naturels, en ce qu'ils ne compromettent en aucune façon la justice divine. Plus difficile encore, étendons ce critère aux maladies et aux plaies qui attaquent sans miséricorde les plus déshérités : les enfants qui naissent avec de terribles malformations, la dégénérescence humiliante qu'impose la vieillesse. Tout cela est naturel et le cours de la nature ne peut apparemment pas faire l'économie de tant d'horreurs. Dieu doit savoir pourquoi. Mais en revanche il y a d'autres maux qui relèvent sans équivoque de la perversité : la torture, l'esclavage, les massacres incessants qui ensanglantent les pages des livres d'histoire, la cruauté des tyrans, les abus des exploiteurs, les camps de concentration, les mines invisibles qui attendent pour mutiler n'importe quel innocent... Une divinité moralement exigeante ne devrait-elle pas ressentir face à de tels abus encore plus de répugnance et d'indignation que n'importe quel être humain digne de ce nom ? Il ne suffit pas d'argumenter que les coupables seront finalement condamnés dans l'autre monde : puni ou impuni, le mal est toujours exécrable, la douleur qu'il provoque parfaitement réelle, et, de ce fait, il devrait être évité. Si, comme nous, Dieu considère ces maux comme haïssables (et c'est en cela que consiste notre pacte moral avec Lui, non ?), il devrait les empêcher plutôt que de se contenter de les punir.

Alors que les responsabilités éthiques des hommes peuvent être délimitées avec une certaine précision, en se référant aux transgressions des règles morales, celles du Dieu qui garantit la morale même et lui sert d'appui restent enveloppées dans un brouillard extrêmement épais. Les réclamations de Job restent valables, même si la divinité actuelle est déjà passée par des démarches « civilisatrices » que le Jéhovah de l'Ancien Testament était très loin de connaître. Les clercs (un des plus grands problèmes de toute cette affaire est que la divinité parle toujours par la bouche d'intermédiaires, et nous savons bien quelle fiabilité méritent les intermédiaires) avancent diverses justifications. L'une d'entre elles est que Dieu, après avoir créé le monde et tout ce qu'il contient selon les lois naturelles, ne peut pas – c'est-à-dire ne veut pas – intervenir en permanence pour corriger le cours que prennent les choses. Mais les héritiers de Job ne se contentent pas d'une telle explication : voyons cela, peut-être ne savons-nous pas que se produisent des miracles, comme lors des noces de Cana et dans des occasions semblables ? « Pourquoi ces miracles ? Pourquoi à ce moment-là ?

On ne s'y serait pas attendu. Un petit miracle ou deux pour qu'un Hitler ou un Staline casse sa pipe semblerait bien plus utile que le changement de l'eau en vin à l'occasion d'un banquet de noces[1]. » Devant une telle objection, les orthodoxes se réfugient dans l'impénétrable mystère de la volonté divine, « cet asile de toute ignorance », comme dit Spinoza. Les croyants les plus naïfs acceptent cela sans difficulté particulière : les survivants de l'attentat terroriste qui a fait mille morts chantent les louanges de la divine bonté qui les a sauvés tandis que les familles des défunts n'attribuent pas la cause de leur malheur au fait que nous vivions sous un ciel pervers. Sans s'émouvoir en rien, les intermédiaires officiels ou officieux nous assurent que ces paradoxes démontrent que Dieu respecte la liberté humaine et que nous serons jugés en fonction de l'usage que nous en aurons fait. Très bien. Dans ce cas, pourquoi ne respecte-t-il pas complètement nos choix et ne cesse-t-il pas de s'immiscer dans nos affaires ? Punir de châtiments éternels les transgresseurs ce n'est pas précisément respecter leurs désirs et leurs choix, surtout après les avoir créés comme ils sont et les avoir laissés se débrouiller avec les événements de leur vie. On dirait que le Dieu supposé justicier n'évite pas le mal et ne comprend pas le méchant ; il est

1. Simon Blackburn, *Penser. Une irrésistible introduction à la philosophie*, trad. de l'anglais par Pierre-Emmanuel Dauzat, Paris, Flammarion, 2003, p. 230. Il est clair que Dieu préserve Staline et Hitler afin que nous ne perdions pas de vue ce qu'est le mal, selon ce que nous pourrions appeler « l'argument 007 ». En effet, dans le premier roman de James Bond – *Casino Royale* – le personnage créé par Ian Fleming regrette d'avoir achevé son ennemi Le Chiffre parce qu'il a ainsi privé le diable de l'un de ses plus distingués propagandistes. Bond dit de ce malheureux diable que « nous ne lui laissons pas même une chance. Il existe un Livre de Dieu sur le bien et sur comment être bon, et tout et tout, mais il n'y a pas de Livre sur le mal et sur comment être mauvais. Le diable n'a pas de prophètes pour écrire ses dix commandements ni une équipe d'auteurs pour écrire sa biographie, etc. ». De sorte que les méchants de ce monde sont comme les apôtres ensauvagés du Malin, dont la fonction est de ne pas nous laisser oublier en quoi consiste le mal. Les supprimer nous fait perdre nos repères. Peut-être Dieu partage-t-il ce critère avec James Bond.

également cruel avec la victime et avec son bourreau. Seuls des clercs aussi audacieux que Luther se hasardent à énoncer le dogme subversif qui découle de ces apparentes contradictions : c'est précisément parce que Dieu n'est ni explicable ni compréhensible qu'il faut avoir foi en Lui. Dans *De servo arbitrio*, il assume triomphalement les protestations contre la divinité et les transforme en fondement de sa vision religieuse : « Cela est le degré le plus haut de la foi : le croire clément, Lui qui sauve si peu d'âmes et en revanche en condamne tant ; le croire juste, Lui qui de par sa volonté nous fait nécessairement condamnables de sorte qu'il semble – comme le dit Érasme – se réjouir des tortures des damnés et être plus digne de haine que d'amour. C'est un fait que si je pouvais comprendre la raison pour laquelle en fin de compte ce Dieu est miséricordieux, lui qui démontre tant de colère et tant d'iniquité… la foi ne serait pas nécessaire. »

Les choses ainsi posées, sans doute la foi – beaucoup de foi – est-elle nécessaire. Ce n'est que grâce à elle que nous pouvons respecter sans plus de vérifications les contradictions et les paradoxes auxquels nous expose la relation sociale avec ce *partenaire** surnaturel. Dans certaines cultures, il suffit de pratiquer les rites et les cultes traditionnels, sans se plonger dans de complexes études théologiques, pour justifier la divinité : si l'on dit que le légendaire « homme heureux » n'a pas de chemise, on peut être sûr que les communautés bienheureuses religieusement parlant n'ont pas, et n'ont pas besoin, de théodicée. Soit dit en passant, les communautés traditionnelles (y compris sous nos latitudes) n'ont pas non plus de « religion » au sens propre, mais vivent concrètement parmi des rites et des mythes religieux qu'elles acceptent avec naturel, comme quelque chose de donné et d'aussi indestructiblement réel que n'importe laquelle de leurs certitudes quotidiennes. Les rituels qui accompagnent la naissance, la mort, le mariage, la récolte, ou quoi que ce soit d'autre – adossés à leurs légendes et à leurs prières respectives –, ils n'auraient pas l'idée de les appeler « leur religion » (terme qui n'a de sens que lorsqu'il y en a d'autres entre lesquelles choisir), pas plus que n'importe qui d'entre nous, quand il met le lait sur le feu pour le faire bouillir ou qu'il prend son parapluie quand il pleut n'appelle cela « notre science ». Qu'il est curieux le moment où un groupe humain cesse de vivre *innocemment* sa religion, et la conçoit comme une option soumise à jugement, qui peut être acceptée, rejetée ou remplacée par une autre. À la fin du dix-neuvième siècle, l'évangéliste anglais George Borrow fit un voyage en Espagne en essayant de distribuer au petit peuple des bibles protestantes. La chronique de son voyage est un livre délicieux, *La Bible en Espagne* (qu'a traduit Manuel Azaña). Il y raconte qu'en une certaine occasion, il a essayé de vendre sa marchandise sacrée à un paysan andalou ; quand ce dernier eut appris à quelle Église il appartenait, il refusa de continuer à lui prêter attention, avançant l'argument irréfutable qui suit : « Écoutez, déjà que je ne crois pas en la religion catholique, qui est la vraie, je vais encore moins croire à la vôtre, qui est fausse. »

Mais dans des sociétés plus sophistiquées, le débat autour de la nature et des desseins de la divinité est un des sujets auxquels se sont consacrés avec le plus d'enthousiasme les raisonneurs – appelons-les philosophes ou théologiens. Comme nous l'avons déjà insinué plus haut, il se trouve que le sujet est incomparable pour la controverse et la virtuosité des arguments. Dans les grandes lignes, on trouve trois attitudes de base face à la question : la première, celle de ceux qui évacuent simplement la croyance en Dieu ou en les dieux parce que invraisemblable, inconsistante ou fausse ; la deuxième, celle de ceux – à la manière déjà citée de Luther – qui soutiennent que la foi en Dieu consiste précisément à croire en un Être invisible, radicalement incomparable de par sa propre essence à tout ce que nous connaissons ou pouvons comprendre, inénarrable et indicible ; la troisième, celle de ceux qui acceptent la divinité comme l'ébauche, encore imprégnée de mythologie, d'un concept suprême qui est effectivement utile pour penser l'ensemble de la réalité, même s'il est privé des rudes traits anthropomorphiques qu'on lui prête habituellement. Chacune de ces trois catégories, qui se subdivisent et s'influencent par ailleurs mutuellement, comporte des siècles de débats acharnés et occupe des bibliothèques entières, avec ses raisonnements et leur réfutation. Ce n'est pas seulement l'énormité de mon ignorance mais plus fondamentalement la brièveté de la vie qui m'interdisent jusqu'au rêve de les recenser ici d'une manière tant soit peu satisfaisante.

Le premier des trois groupes est celui des athées, initié par Xénophane de Colophon (qui a signalé que les dieux de chaque peuple ressemblent de manière suspecte aux humains qui les vénèrent, au point que si les bœufs ou les lions avaient des divinités, nous pourrions être sûrs qu'ils arboreraient des cornes dans le premier des cas et une crinière dans le second) et par le grand Lucrèce, raisonneur passionné et poétique, qui a établi qu'à l'origine c'est la peur – de l'inconnu, du malheur, de la mort – qui a produit toute la bande des dieux. Il est intéressant de signaler que Lucrèce est incrédule pour ce qui est des dieux considérés comme causes opérantes dans le monde ou comme entités surnaturelles, mais pas comme références culturelles que l'on peut invoquer par licence esthétique dans un poème comme le *De rerum natura*, ce qu'il fait du reste de manière inspirée. Peut-être n'a-t-il pas existé de critique plus aigu des croyances religieuses que David Hume, qui pourtant n'a jamais fait profession d'athéisme mais qui a toujours exprimé le plus ironique des respects à propos des doctrines dont les représentants terrestres pouvaient lui nuire. Dans son *Histoire naturelle de la religion*, il tente une espèce d'anthropologie pionnière de ce thème, proposant des causes socialement et psychologiquement plausibles tant pour le paganisme que pour les monothéismes (y compris le christianisme, bien que ce dernier regorge selon lui de pieux subterfuges), très loin des orthodoxes justifications surnaturelles. Mais son œuvre maîtresse est *Dialogues sur la religion naturelle*, qu'il a gardés soigneusement inédits jusqu'à sa mort. Il y démontre de manière frappante l'inconsistance non seulement de la posture thomiste, qui prétend trouver la preuve de l'existence de Dieu dans l'univers contingent – qui, pour l'être, aurait besoin d'un créateur « nécessaire » –, mais aussi de la posture des déistes (du style de Voltaire) qui essaient d'instituer Dieu auteur du dessein intelligent de la nature. Il démontre qu'il n'y a pas de raisons de croire que l'univers est une horloge qui a besoin d'un horloger, ni pour la fabriquer ni pour la mettre à l'heure. Les *Dialogues* constituent un succès rare dans l'histoire de la philosophie : une œuvre si excellemment argumentée et assemblée qu'elle parvient à écarter définitivement de la scène intellectuelle les thèses qu'elle combat. Et il parvient à cet objectif avec une telle subtilité, avec une exposition si éloquente des positions opposées à la sienne, que nous trouvons encore aujourd'hui des commentateurs candides convaincus que les croyances de Hume lui-même oscillent entre celles du déiste Cléanthe et le scepticisme destructeur de Philon.

Ce qui est sûr, c'est que Hume se contente de pulvériser les arguments des théistes sans aller au-delà : il démontre que les raisons pour lesquelles ils disent croire ce qu'ils croient ne sont pas valables, mais il ne risque pas d'explications sur les raisons cachées qui sont à l'origine de telles croyances. Cette tâche, c'est Feuerbach qui l'entreprend de manière exemplaire, lui qui soutiendra dans ses œuvres que la raison psychologique de la croyance en Dieu réside dans les désirs humains insatisfaits. L'homme projette vers un Être d'un autre monde tout ce qu'il rêve pour lui-même, tout ce dont il a envie mais n'atteint pas : l'immortalité, le pouvoir, l'abondance, la sagesse, le bonheur parfait... L'au-delà, régi par la divinité, se transforme en compensation transcendante de toutes les limitations dont nous souffrons dans ce monde, mais il propose aussi une consolation à ceux qui souffrent et un alibi pour ceux qui renoncent à tenter d'améliorer leur situation terrestre. La promesse du ciel, où un Dieu infini accomplira toutes nos aspirations finies, se transforme en un mécanisme qui nous persuade de nous résigner devant nos limitations et nos souffrances sans leur chercher de remède radical : le monde virtuel de l'au-delà et son Mégahomme parfait tirent le verrou sur les revendications de notre monde réel, dans lequel nous vivons la seule vie qui nous soit octroyée. La révélation de cette fonction compensatoire fait que l'athéisme va au-delà d'une simple négation des croyances religieuses pour devenir une dénonciation de ces dernières et de leur rôle dans la vie des individus et dans la marche des sociétés. Viendront ensuite des auteurs comme Marx, Nietzsche, Freud, et la longue suite de leurs épigones jusqu'à Jean-Paul Sartre, qui reprendront et amplifieront les conséquences politiques, psychanalytiques et même ontologiques du problème posé au début par Feuerbach, même si probablement ils ne lui ajouteront pas d'éléments très novateurs.

Pour d'autres penseurs, sans doute d'obédience plus théologique que philosophique, la justification des contradictions et des énigmes apparentes que présente la perfection divine quand on la confronte aux abus de ce monde n'est pas impossible pour peu que nous abandonnions notre perspective d'un Dieu anthropomorphe et « familier ». Après une corrida triomphale dans une arène du nord de l'Espagne, quelqu'un voulut flatter un célèbre matador andalou en lui disant : « Maestro, on ne remarque pas que vous ayez souffert de votre voyage depuis Séville, éloignée comme elle est. » Et le torero répondit : « Séville est là où elle doit être ; ce qui est loin, c'est ceci. » Les théologiens à qui je me référais plus haut disent que Dieu est tel qu'il doit être et qu'il œuvre en accord avec ce qui est nécessaire :

c'est nous autres, les humains, qui nous efforçons de le qualifier et de le mesurer à l'aune de nos minuscules critères. En réalité, la seule manière possible de décrire l'Être suprême passe par la voie négative ou, comme on le dit techniquement, *apophatique* : il est inconcevable, insondable, ineffable, imprévisible... Ses desseins sont incompréhensibles pour nous, et donc faire ses louanges en le déclarant « bon » ou « juste » revient à le mettre sur le lit de Procuste de notre contingence axiologique. De là l'erreur des athées : ils nient l'existence de la divinité anthropomorphique de la religion populaire, qu'ils considèrent à bon droit comme une fiction indéfendable, projetée par les humains dans l'infini, à leur image et ressemblance. En effet, un tel Dieu n'existe pas... parce que Dieu est quelque chose de beaucoup plus grand et de totalement différent, quelque chose, pour ainsi dire, « qui ne peut pas tenir dans notre tête ». Simone Weil en est venue à dire qu'à proprement parler Dieu n'existe pas... parce que cela n'est pas suffisant pour Lui. À propos de cette divinité, aucune discussion ne tient, les objections ou les interrogations rebondissent toujours sur la cuirasse du « ce n'est pas cela, ni cela ou encore moins ceci d'autre ». L'incrédule est dans le faux depuis le début : bien sûr, comment irait-il croire en ce qui par définition apophatique est *incroyable* ! Si l'on pose ainsi le problème, le discours sur Dieu demeure à la fois invalidé dans n'importe laquelle de ses conséquences pratiques imaginables, mais de plus solidement *armé* pour ce qui touche à une quelconque objection possible de vraisemblance. Nous continuons à parler de Dieu sur un mode anthropomorphique, et il ne semble pas facile d'en trouver un autre même si nous reprenons toutes les difficultés que soulève pour nous l'application de la voie négative : nous sommes faits à son image et ressemblance mais cette image et cette ressemblance vont en s'étirant du fini à l'infini, et, sur un aussi long trajet, ce qui est compréhensible et familier devient indiscernable et radicalement différent. Que nous reste-t-il alors ? Ce que D. H. Lawrence appelle « foi », dans un de ses derniers poèmes :

Pour toujours sans nom,
Pour toujours inconnu,
Pour toujours inaccessible,
Pour toujours non représentable,
Mais pour toujours ressenti dans mon âme[1].

Ainsi la proclamation de ce qui est radicalement incompréhensible se transforme-t-elle en garantie de ce qui est inaccessible à l'argumentation. Le théologien moderne (ne disons pas encore postmoderne) accueille avec une paternelle bienveillance Feuerbach, Nietzsche, Freud, Sartre et n'importe qui d'autre qui irait nier la nature divine de l'homme comme simple compensation des déficiences humaines ou de notre frustration intime. Ils ont raison de rejeter cette prothèse fictive de notre contingence, même si leur athéisme remuant n'affecte en rien l'authentique omniprésence et l'altérité divines : il les requiert au contraire et peut les délivrer de gangues indésirables. L'ennui c'est qu'à congédier ainsi les objections des athées on évacue aussi les traits « humanisants » qui assuraient que Dieu était une *personne*. En se faisant inaccessible – et donc rationnellement irréfutable – la divinité se fait aussi impersonnelle, caractère plus apophatique que ne le suppose quelque type de personnalité intuitivement acceptable que ce soit. Si l'on a emprunté la voie négative pour surmonter les contradictions que renferme le fait de considérer Dieu comme omnipotent, bienveillant et créateur d'un monde empli de douloureuses catastrophes (parmi lesquelles la pire de toutes est la volonté même de l'homme), le résultat ne répond pas du tout à ce qui était prévu parce qu'en fin de compte, face aux contra-

1. D.H. Lawrence, *La Foi*, traduction de Bernard Hoepffner.

dictions, c'est sa propre *imago* personnelle qui se brouille et se perd. Le Dieu Créateur, Père, Juge, Miséricordieux, etc., c'est-à-dire le Dieu *vivant*, paradoxal mais défini, se dilue dans la brume ardente d'une furieuse extase mystique où tout est contenu mais rien ne se dessine. C'est un Dieu dont il se révèle erroné de dire simplement qu'il « est », selon le critère de Simone Weil. Il n'est déjà plus un « Quelqu'un », mais un « Quelque chose »... sur le point de se faire Néant par simple coquetterie. J'ai toujours été surpris par le nombre de gens que je connais, éclairés et progressistes, qui, lorsque l'on aborde la question de Dieu, ressentent de l'embarras à se déclarer des croyants conventionnels et se réfugient dans un « écoutez, moi je crois qu'il y a "Quelque chose..." ». Cela m'ennuie de leur répondre : « Et alors, qu'il y ait "Quelque chose", c'est ce sur quoi nous sommes tous d'accord, même les plus incrédules. Ce dont il s'agit, lorsque l'on mentionne Dieu, c'est de savoir si nous croyons ou non qu'il y ait "Quelqu'un". » Mais cela, c'est déjà, comme on dit, des mots qui fâchent[1].

Et nous en venons, passant de la négation à l'affirmation par dépassement dialectique, comme Hegel nous l'a enseigné, à la vision métaphysique de Dieu, à la divinité en tant que *concept*. Même si ce cheminement vers la transcendance vient de loin – il a des racines dans le démiurge de Platon, dans le moteur immobile d'Aristote, dans l'Un de Plotin, etc. – son installation triomphale dans la pensée moderne est sans doute due à Spinoza. C'est Spinoza qui a établi que parler de l'intelligence ou de la volonté de Dieu peut n'être pas tout à fait inapproprié, mais est équivoque à moins que nous ne prenions en compte le fait que cette « intelligence » ou cette « volonté » ressemblent à celles

1. Tandis que je corrigeais les épreuves de ce chapitre, j'ai lu dans l'intéressant livre d'André Comte-Sponville *L'Esprit de l'athéisme* (Paris, Albin Michel, 2006, p. 97) un commentaire presque identique au mien. Ce qui est mauvais dans le fait de suivre l'esprit de l'époque qui nous pousse à parler des éléphants, c'est que nous répétons tous qu'ils ont une trompe.

des hommes autant que la constellation du chien ressemble aux cabots qui aboient et remuent la queue dans ce bas monde. Parce que Dieu existe, sans doute ni discutailleries, mais que ce nom éminent peut être remplacé sans déperdition par ceux de Nature ou de Substance, qui représentent l'éternel entremêlement de causes et d'effets, lui-même dépourvu de causes extérieures et contenant tout le réel, dont nous sommes une partie ni plus ni moins « privilégiée » que les amibes, les mers ou les étoiles. Dieu (ou la Nature, ou la Substance) est connu des humains par deux de ses attributs, l'idée et l'étendue... même si nous ne saurons jamais rien du nombre infini de ses autres facettes : nous connaissons ce que, de par notre condition, nous sommes capables de savoir. Pour Spinoza, le Bien et le Mal n'existent pas en tant que pôles absolus d'un affrontement manichéen, mais en tant que ce qui est bon et ce qui est mauvais (c'est-à-dire adéquat et inadéquat) pour chacun des êtres : le bacille de la tuberculose et le feu dévastateur n'ont en eux-mêmes rien de « mauvais » si ce n'est qu'ils le sont pour nous parce qu'ils nous nuisent ; quant à la perversité, à la tromperie ou au crime, ce sont des troubles passionnels qui proviennent non d'une volonté mauvaise de l'homme (nous autres hommes désirons tous également persévérer dans notre être, ce qui est parfaitement approprié) mais des fausses idées et des erreurs que nous commettons en cherchant ce qui nous convient le mieux. L'homme libre, le « sage » selon Spinoza, professe un amour intellectuel de Dieu dont la conséquence pratique est de vivre en accord avec ce qui détermine notre condition rationnelle et sociale – « rien n'est plus utile pour un homme qu'un autre homme » –, refuse la tristesse, la haine, l'envie, le repentir... et, bien entendu, l'espoir d'être payé en retour dans son amour pour la Nature ou pour la Substance, dont il fait partie.

La divinité conceptuelle de Spinoza – peut-être le plus élégant monument de l'histoire de la philosophie – est en partie claire et accessible, et en partie à jamais aussi impénétrable pour nous que l'univers lui-même. Des siècles plus tard, Hegel devait dans son système en finir avec la conceptualisation de Dieu et transformer les dogmes chrétiens en métaphores particulièrement significatives des abstractions que le travail intellectuel du philosophe établit dans sa tâche titanesque de penser le réel et l'idéal dans leur avenir historique. Alors, pour grands que soient les mérites spéculatifs de cette récupération métaphysique de la vieille divinité – ou mieux, de tous les dieux du passé –, sa valeur pour le mortel souffrant qui cherche une consolation religieuse est extrêmement mince. Pascal Boyer a exprimé cela avec une netteté frappante : « Dans l'histoire de l'humanité, les gens ont toujours eu des pensées religieuses pour des raisons cognitives dans des contextes pratiques. Ces pensées sont efficaces. Elles produisent des commentaires pertinents sur des événements comme la mort, la naissance, le mariage, la maladie, etc. Les religions « métaphysiques » qui ne se salissent pas les mains avec des préoccupations bassement humaines sont aussi vendables qu'une voiture sans moteur[1]. » Le Dieu que trouve la philosophie n'est déjà plus celui de la foi, pour nombreuses que soient les conséquences morales que le penseur tente de faire découler de Lui. La philosophie aide à comprendre mais n'apporte pas le remède salvateur auquel aspire le croyant dans les derniers instants, ni le baume susceptible d'apaiser sa culpabilité. Du point de vue philosophique, Dieu peut être un nom alternatif aux échos légendaires pour désigner la Réalité Absolue, mais lui manqueront ses attributions traditionnelles en tant que racheteur d'âmes et redresseur de torts. Spinoza nous dirait que le rôle de la philosophie est de comprendre, non de consoler ni d'entretenir le faux espoir d'un rachat personnel inintelligible que nous désirons en conséquence de notre peur irrationnelle face à la mort. Ah ! Mais alors que nous allons mourir...

1. Pascal Boyer, *Et l'homme créa les dieux*, *op. cit.*, p. 467-468.

Comment nous résigner à simplement comprendre ce qui nous anéantit ? Peut-être le sage se contente-t-il de la sérénité et de sa béatitude, mais le croyant veut quelque chose de plus : il veut échapper à la perdition. La divinité religieuse et non simplement métaphysique à laquelle il dédie sa foi a un destin beaucoup plus ambitieux, et peu lui importent les contradictions spéculatives qu'elle renferme pourvu qu'avec ses filets elle le sorte de la mer du néant. Kolakowski a très bien cerné le profil de ce Dieu : « L'absolu est censé racheter le monde, le sauver d'une mort qui n'en finit jamais de commencer et de finir ; dans son éternel présent toute chose est conservée, toute chose est protégée et installée dans la permanence, rien ne périt jamais ; il produit le support ultime pour l'existence de toute chose, il incarne la subjugation finale du temps[1]. » Face à une offre aussi alléchante, si contraire qu'elle soit à la raison, la laborieuse et ingénieuse philosophie paraît bien pâle.

Dans la citation qui précède, Kolakowski parle du rachat éternel du monde : mais ce qui préoccupe par-dessus tout chaque être humain est d'éviter sa propre perdition. Et cela en dépit de toutes les lois logiques et des déterminations nécessaires de la nature telle que nous la connaissons, ou plutôt telle que la science l'étudie et telle que la philosophie la décrit métaphysiquement. Aucun penseur n'a à ma connaissance exprimé cette exigence avec plus d'énergie et d'éloquence que Léon Chestov. J'ose dire que cet auteur russe, mort à Paris en 1938 après avoir fui la révolution bolchevique et subi l'exil dans plusieurs pays d'Europe, est une des voix spirituelles les plus puissantes du vingtième siècle. Et aussi, je le crains, l'une de celles qui sont le plus tombées dans l'oubli. Peut-être est-ce la conséquence du malaise que provoque sa pensée intraitable. La thématique de Chestov est très linéaire, bien que la lecture de ses œuvres passionne souvent grâce à la richesse des réfé-

1. Leszek Kolakowski, *Horreur métaphysique*, *op. cit.*, p. 64.

rences culturelles qu'il brasse avec pertinence, et surtout grâce à sa force d'écriture (sans doute l'un des meilleurs essayistes de l'époque, bien que la qualification d'« essayiste » paraisse bien insuffisante lorsqu'on la lui applique). Plus qu'un réseau de concepts ou quelques grandes idées, ce qu'expose Chestov dans ses livres est une *vision* : l'être humain habite ce monde comme un prisonnier de la nécessité et de l'irrémédiable, un monde où règne l'injustice, où les plus faibles sont écrasés, et qui conduit finalement à la mort. Son destin apparemment inévitable n'est que de souffrir puis de disparaître, pour toujours. Les scientifiques et la majorité des philosophes nous expliquent que les lois en vigueur dans l'univers sont les mêmes pour tous et qu'il n'y a pas la moindre révolte qui tienne contre elles : la logique impose de se soumettre aux idées universelles et éternelles, l'éthique nous ordonne d'accomplir le devoir difficile de respecter les normes morales et de trouver de la sorte sinon le bonheur du moins la dignité. Spinoza (qui est la bête noire de Chestov précisément parce qu'il le considère comme le plus grand des penseurs modernes) pose que l'homme doit comprendre la réalité et n'a pas à pleurer, à rire ou à protester capricieusement devant elle. Pourtant, observe Chestov, nous vivons de fait en pleurant, en riant et en protestant face au réel : ces rires, ces pleurs et ces protestations sont précisément la manière dont nous vivons et comprenons *effectivement* ce qui nous arrive. L'homme n'aime pas les vérités éternelles et impersonnelles, il ne se contente ni de la logique ni même de l'éthiquc, parce qu'elles ne sont toutes deux que les visages symétriques du nécessaire, du « tu dois », du « il n'y a rien d'autre à faire que... ». Confusément, absurdement, honteusement, l'être humain nourrit en son sein le désir de mériter plus, d'appartenir à un royaume supérieur à ce qui est fatal et irrémédiable : le royaume de la liberté. Et c'est pour cela qu'il cherche à l'aveuglette, parmi ce qui est invisible, quelque chose qui lui assurerait qu'il s'émancipe de tout ce qui le réduit en esclavage : « L'homme aspire à la liberté, son être aspire à la liberté – son être s'élance vers les dieux, vers le divin, bien qu'il ne "sache" rien des dieux et du divin, ou, si vous voulez, précisément parce qu'il n'en sait rien. Il ne faut rien "savoir" des dieux. Il suffit de les entendre, d'entendre leur appel vers ces hautes régions où règne la liberté, où règnent les êtres libres. Et le premier pas à faire pour rejoindre les dieux consiste à surmonter, ne fût-ce qu'en pensée, ce poids, cette attraction vers le centre, vers le sol, vers le stable et le permanent qui nous paraît inhérente à la nature même du vivant. Il n'existe pas de lois au-dessus de l'homme. Tout est pour lui ; la loi, le sabbat. Il est la mesure des choses, il est appelé à légiférer comme un monarque absolu et est en droit d'opposer à toute affirmation l'affirmation contraire[1]. »

Mais cela est impossible ! Aucune personne saine d'esprit ne peut souscrire à pareille absurdité. Pourtant Chestov suit la trace de ses alliés à travers l'histoire de la pensée, même si ceux-ci lui font parfois défaut et trahissent leurs meilleures intuitions : Plotin, Luther, Pascal… Il compte surtout sur deux d'entre eux, particulièrement importants : l'un est Dostoïevski, l'auteur des *Mémoires écrits dans un souterrain*, ce monologue halluciné et hallucinant d'un individualiste absolu qui refuse d'accepter que deux plus deux fassent quatre simplement parce que la Reine Nécessité en aurait décidé ainsi. Et l'autre, en un sens le principal, est Kierkegaard. C'est précisément ce dernier qui propose la clé du dilemme angoissé – au sens qu'Unamuno donne au terme – qui se présente à nous. Mettre en déroute la nécessité (à laquelle étaient soumis même les dieux de l'Olympe, selon la mythologie grecque), survoler la logique et dépasser l'éthique comme si elle n'était qu'une toile peinte, en un mot déposer la raison de son trône depuis lequel

1. Léon Chestov, *Sur la balance de Job*, trad. du russe par Boris de Schloezer, Paris, Flammarion, 1971, p. 174.

elle régit le monde… cela est impossible. Faire que ce qui a existé n'ait jamais existé, que Socrate n'ait jamais bu la ciguë, et que les pauvres et les démunis n'aient jamais subi le piétinement des orgueilleux qui effectivement les ont piétinés… cela est impossible. Parvenir à ce que Kierkegaard, le Søren qui pleure, proteste et feint de rire, finisse par obtenir l'amour de cette Regina Olsen dont l'éloigne son impuissance, et que nous tous, vous et moi, soyons sauvés de cette mort que la nécessité naturelle nous garantit… cela est impossible. La raison nous le dit : la logique, l'histoire, la science naturelle, l'éthique, assurent toutes et corroborent cette impossibilité. N'y a-t-il donc pas de faille, ni de signe de quelque chose qui ressemblerait à une issue libératrice ? « Figurez-vous – dit Kierkegaard – un homme qui, avec toute la tension de sa fantaisie terrorisée, s'est imaginé quelque chose d'inouï, de terrible, de tellement terrible que c'est impossible à supporter. Et voilà que cette chose terrible se trouve sur son chemin, s'est transformée en réalité. Selon le jugement de l'homme, sa propre perte est inévitable… Mais pour Dieu tout est possible. C'est en cela que consiste le combat de la foi ; la folle lutte pour le possible. Car seul le possible aplanit le chemin du salut. On ne croit que lorsqu'on ne voit pas d'autre possibilité. Dieu signifie que tout est possible, et le fait que tout soit possible signifie Dieu. Et seul celui dont l'être aura été bouleversé au point de se convertir en esprit, et de concevoir que tout est possible, se sera approché de Dieu[1]. »

Avec force et éloquence Chestov ose tirer l'une après l'autre toutes les conséquences de cette prise de position kierkegaardienne. Il prie le lecteur de mettre de côté pour un moment la science, la logique et même l'éthique. Ces savantes matrones parlent du nécessaire mais… à nous, pauvres mortels,

1. Cité dans *Kierkegaard et la philosophie existentielle*, trad. du russe par Tatjana Rageot et Boris de Schloezer, Paris, Vrin, 1998.

le nécessaire *convient*-il ? D'une certaine façon. Les vérités universelles et nécessaires ne se préoccupent pas de notre insignifiance, de notre vie individuelle menacée, de nos désirs de libération et de justice. Pire encore elles les condamnent, les broient, les considèrent comme des caprices négligeables. Elles se moquent de ce qui nous convient, le considèrent comme un lamentable infantilisme, une « idée inadéquate », comme dirait Spinoza. Et si la divinité était un concept métaphysique, quelque chose comme l'antonomase de la vérité absolue, nécessaire et légalement éthique, elle ne s'occuperait pas non plus le moins du monde de notre « convenance ». Alors, quel est le Dieu qui nous convient ? Ce devra être un Dieu qui ne se soumette pas aux vérités universelles et nécessaires, ni même à l'éthique (un Dieu qui peut par exemple un beau jour ordonner à Abraham de commettre un crime horrible et de sacrifier son fils Isaac, ou qui prive Job de sa famille et de tous ses biens sans aucune raison logique) : un Dieu aussi personnel, individuel et arbitraire que n'importe lequel d'entre nous, mais omnipotent, créateur, fabricant, et, s'il en a envie, bienfaiteur également de chaque chose et de chaque être qui existe. Le Dieu maître du temps, qui peut changer le passé et altérer les lois de la logique, la suprême Volonté pour laquelle l'impossible n'existe pas et qui ne sait pas ce que signifie « il n'y a rien d'autre à faire que... ». Pour Lui, deux plus deux ne font pas toujours quatre, et, bien entendu, aucune mort n'est fatale. La foi en une pareille divinité est précisément ce qui est susceptible de nous sauver, pense Chestov. Mais comment être capable d'un tel saut dans le vide, comment considérer ce qui nous convient comme plus authentique que la science, la logique ou l'éthique, sur lesquelles Aristote, Spinoza et le reste des grands penseurs nous disent de régler notre vie... tant qu'elle dure ? Pourtant « il faut choisir : ou bien renversons le deux fois deux quatre, ou bien admettons que la mort est la conclusion de la vie, son tribunal suprême[1] ». C'est-à-dire que soit nous parvenons à croire en un Dieu personnel qui sauve qui il veut – il n'est pas obligé de sauver tous les humains ni de leur accorder sa grâce, parce qu'il n'y a pas d'obligation qui tienne pour Lui – et pour qui tout est possible ; soit nous abandonnons définitivement tout espoir d'être sauvés.

Il n'existe pas de manière plus radicale de poser le problème que celle de Chestov : elle est *insupportable*, même pour la majorité des croyants qui aspirent à concilier leur foi avec la logique et les vérités universelles et nécessaires. C'est pour cela qu'il confronte dans le titre de son œuvre la plus célèbre *Athènes* – symbolisant la raison classique fondée sur l'établissement de ce qui est pour tous, sans faire d'exceptions en fonction des convenances individuelles – *et Jérusalem*, la scandaleuse révélation biblique[2]. C'est un affrontement de ce genre que craignait en son temps David Hume, tout en pensant que ce qui convenait aux aspirations de l'homme finirait par triompher de la logique scientifique : « S'opposer au torrent de la religion scolastique par des maximes aussi faibles que celle-ci : *il est impossible pour la même chose d'être et de ne pas être, le tout est plus grand que la partie, deux et trois font cinq*, c'est prétendre arrêter l'océan avec un roseau. Soulevez-vous la profane raison contre les mystères sacrés ? Nul châtiment n'est assez grand pour votre impiété. Et les mêmes feux, qui furent allumés pour les hérétiques, serviront aussi à la destruction des philosophes[3]. » Sans doute Hume s'est-il trompé à propos de l'avenir de la religion et de la philosophie – ou plutôt de la science – en Europe. À partir des

1. Léon Chestov, *Sur la balance de Job*, *op. cit.*, p. 58.

2. *Id.*, *Athènes et Jérusalem*, trad. du russe par Boris de Schloezer, Paris, Flammarion, 1967. Notons que Chestov a opposé Athènes et Jérusalem dans ce livre en 1951, soit seize ans avant la conférence donnée sous ce titre à New York par Leo Strauss à qui on attribue d'habitude la paternité de cet affrontement théorique.

3. David Hume, *L'Histoire naturelle de la religion*, *op. cit.*, p. 78.

Lumières les philosophes et les savants ont gagné du terrain, tandis que la religion en perdait et que les bûchers de l'Inquisition s'éteignaient (je me réfère, naturellement, à ceux que l'on allumait pour des motifs religieux, parce que d'autres bûchers encore plus voraces seront bientôt allumés et alimentés par du combustible politique). La divinité officielle dans les pays développés s'est faite raisonnable, encore qu'avec une raison « mise sous tutelle » par la foi, et lutte toujours contre la vision laïque de la société. Récemment (en septembre 2006), le pape Benoît XVI a prononcé à Ratisbonne une conférence polémique dans laquelle il rattachait le Dieu chrétien à la raison grecque (comme si Luther et Kierkegaard n'avaient pas existé) pour l'opposer à l'arbitraire d'Allah, situé quant à lui en deçà de la raison, de la logique et même de la morale de tous les jours (quelque chose comme le Dieu de Chestov). C'est en effet l'islamisme qui correspond le mieux aujourd'hui à cette « religion scolastique » antiphilosophique et inquisitoriale redoutée par Hume, homme des Lumières. Mais en Occident aussi, les penseurs postmodernes, opposés autant que possible par tempérament et par doctrine à Léon Chestov, s'approchent paradoxalement de sa manière de poser les problèmes : parce que dans leur perspective pragmatique la foi devient une question de convenance et non d'argumentation rationnelle, étant donné que le concept même de « vérité universelle et nécessaire » est pour eux irrémédiablement obsolète. Si l'on se place du point de vue postmoderne, Chestov et l'habitant du souterrain de Dostoïevski se sont contentés dans leur bataille titanesque d'enfoncer une porte ouverte... Mais ils ont au moins eu le mérite de mettre en évidence les raisons subjectives pour lesquelles elle l'était. En tout cas, pour beaucoup d'entre nous qui ne renonçons pas à croire au vrai, le dilemme persiste entre ce qui peut nous convaincre (science, logique, éthique...) et ce qui, contre toute vraisemblance, pourrait nous sauver. La vérité est-elle convenable ou bien ce qui est convenable doit-il être considéré comme la vérité ?

Et le possible ? Ah, le possible ! Croyant ou athée, aucun homme n'agit sous la tutelle du déterminisme, de la nécessité ou de l'irrémédiable, bien qu'il accepte en théorie leur validité dans certains domaines. Celui qui choisit, qui décide, qui exerce sa volonté, œuvre toujours en ayant foi dans le possible. Serait-il abusif de dire que, en un sens, agir c'est toujours croire en Dieu ?

4

Le christianisme comme mythe de la postmodernité

> – J'imagine qu'il est aussi passablement incroyant.
> – Oh, en aucune manière. De nos jours, la mode est d'avoir une disposition d'esprit catholique avec une conscience agnostique : on profite ainsi du pittoresque médiéval du premier et des commodités de la seconde.
>
> H. H. Munro « Saki », *Reginald*

Le Salon du Livre, au printemps, dans le jardin madrilène du Buen Retiro, est un lieu approprié pour effectuer des enquêtes de terrain sur les courants intellectuels auprès des lecteurs espagnols. J'ai du moins pris l'habitude de mettre à profit mes séjours annuels de dédicace dans l'une de ses baraques pour mener à bien des réflexions empiriques sur ce thème si litigieux. Mes anecdotes glanées durant de très nombreuses éditions de ce Salon – plus de trente-cinq dans mon cas – sont innombrables, mais il en est une qui est particulièrement significative, ou qui du moins coïncide avec le thème de ce livre. Un couple d'un certain âge (le mien à peu près) est venu vers moi pour que je leur signe un de mes livres, ce que j'ai fait. La dame, avec une aimable timidité, m'a alors demandé si elle pouvait me poser une question « personnelle ». Je l'ai encouragée de bon cœur à la poser, parce que je sais bien qu'il n'y a pas de questions compromettantes : seules les réponses le sont parfois. Se penchant confidentiellement au-dessus de la table qui nous séparait, la dame m'a susurré : « Êtes-vous *croyant* ? » Je lui ai répondu par une autre question, appliquant la tactique que la sagesse populaire attribue à nos frères Galiciens : « Croyant... en quoi ? » L'excellente dame est restée un peu interdite, a consulté rapidement son mari de l'œil – il la regardait avec une certaine réprobation condescendante – et a continué : « Mais je ne sais pas, en ce qui est habituel. » J'ai conclu : « Certainement, madame, bien sûr que je crois à ce qui est habituel. Ce à quoi je ne crois pas, c'est au surnaturel. » Je consigne pour l'histoire qu'en m'entendant mon interlocutrice a souri avec une certaine satisfaction tout en donnant un coup de coude discret à son époux.

J'ai eu l'occasion de me souvenir de cette minuscule anecdote quand a été publié il y a quelques années un dialogue plus ou moins théologique entre Umberto Eco et le cardinal Martini, auquel étaient ajoutées en guise d'appendice les interventions d'autres penseurs italiens émérites. Le titre de ce petit livre m'a paru surprenant : *En quoi croient ceux qui ne croient pas ?* Sans doute tenait-on pour acquis que « croire » est avant tout croire ce qu'établit la religion en vigueur dans nos contrées, comme le sous-entendait mon interlocutrice du Salon du Livre. Et étant donné que la question se rapportait à ce que sont les croyances de ceux qui ne croient ni en Dieu ni aux dogmes religieux, la réponse était assez évidente : nous croyons aux phénomènes naturels qui ont été établis par les sciences, à ce qui est cautionné par les études historiques et sociales, à la pertinence de certaines valeurs morales, etc. C'est-à-dire à tout ce à l'appui de quoi il existe des arguments et des preuves suffisantes, même si elles sont parfois controversées et pas toujours uniformément convaincantes. Et nous croyons à chacun de ces phénomènes physiques et à ces contenus culturels à proportion du niveau de confiance que nous accordons à sa catégorie épistémologique ; depuis Aristote, nous savons qu'« exactitude » n'est pas la même chose que

« rigueur », et que l'on ne peut exiger la même certitude pour les données historiques et pour les raisonnements persuasifs de l'éthique, que pour les résultats de la physique... pour ne pas parler des résultats des opérations mathématiques. Dans l'ensemble, nous autres, ceux que l'on appelle d'un point de vue exclusivement religieux (mais que l'on tient pour « antonomasique ») des « incroyants », pouvons rendre compte avec une compétence honnête de ce que nous croyons, et surtout des raisons pour lesquelles nous croyons ces choses-là et pas d'autres. Il n'est pas nécessaire de partager ces croyances (du moins pas toutes, parce que peu de gens discutent sérieusement celles qui concernent le monde physique et les résultats des sciences expérimentales) pour comprendre du moins les croyances de ceux qui, en fait de religion, ne croient pas.

D'où ma surprise de voir quelque chose d'aussi peu mystérieux se transformer en question existentielle dans le titre du petit livre cité plus haut. Surtout lorsqu'il est évident, puisque nous voici dans les brumes du domaine théologique, qu'il existe une question à laquelle il est beaucoup plus urgent et plus difficile de répondre. Je me réfère bien entendu à la question suivante : « À quoi croient ceux qui croient ? » Et à son corollaire logique : « Pourquoi y croient-ils ? » – si toutefois ils parviennent à préciser ce à quoi ils croient. Bien entendu, nous tenons ici pour acquis que ces « croyants » le sont sur des questions de nature religieuse ou théologique. Il ne me paraît donc pas particulièrement difficile, du moins dans un premier temps, d'éclaircir le *contenu* rationnel et raisonnable de chacune des croyances de ceux qui sont théologiquement considérés comme « incroyants », alors qu'en revanche, établir le contenu de la croyance en Dieu – exemple général –, en la sainte Trinité, ou en l'incarnation du Verbe divin, ne semble pas être une tâche aisée. Il ne s'agit pas d'exiger de celui qui croit en « Dieu » qu'il explicite sa croyance et les raisons qui le conduisent à l'adopter avec une rigueur comparable à celle de celui qui croit par exemple à la fonction phanérogame des plantes ou bien à l'existence de l'abominable homme des neiges. Mais peut-être pourrait-il nous éclairer sur cette question avec une précision du même ordre que celle que peut afficher celui qui croit aux causes économiques de la Révolution française ou au caractère vertueux de la véracité ? Arrivés là, il n'y a pas d'incrédulité plus radicale et plus scandaleuse que celle de celui qui est persuadé que la mort n'est qu'une apparence et que nous ne mourons pas tout à fait une fois notre décès certifié. Ceux qui ne croient pas à la mort (c'est-à-dire, paradoxalement, ceux que l'on appelle « croyants » en religion) pourraient-ils nous expliquer ce qui arrive à notre ego, esprit, âme, ou quoi que ce soit, lorsque apparemment nous mourons ? J'en doute fort, et c'est pour cela que je suis beaucoup plus curieux de connaître ce en quoi croient ceux qui croient que ce en quoi croient ceux qui ne croient pas.

Croire, ne pas croire... et présenter des raisons pour appuyer la croyance ou l'incrédulité : et si tout cela n'était que le résidu d'une lourde métaphysique qui accorde à la notion de « vérité » – c'est-à-dire ce que nous devons croire, objectivement, que cela nous plaise ou non – une gravité excessive, qui aujourd'hui serait injustifiable herméneutiquement parlant ? Pour la pensée postmétaphysique (lisez postheideggerienne), le concept opérant de vérité est un excédent de bagages à déclarer à la douane philosophique. Les croyants aussi bien que les incrédules en matière théologique sont pris dans une toile d'araignée tissée par la tarentule la plus dangereuse et qui heureusement n'est plus, la tarentule métaphysique. Il n'existe pas aujourd'hui de raisons philosophiques fortes et plausibles pour être athée ou du moins pour rejeter la religion, annonce Gianni Vattimo dans un but émancipateur[1]. On comprend qu'un

1. Gianni Vattimo, *Espérer croire*, *op. cit.* (citation absente du post-scriptum de l'édition française, *N.d.T.*).

tel allégement théorique provient du fait que ni la croyance en Dieu ni l'acceptation de la religion ne peuvent produire en leur faveur de meilleures raisons. Le christianisme postmoderne – puisque c'est à cette religion et non à une autre que se rapporte la réflexion que nous sommes en train de commenter – ne prétend pas offrir une conception du monde qui expliquerait le réel de manière compatible avec ce que fournit la science expérimentale. Voici comment Richard Rorty résume cette posture : « Vattimo veut résoudre le problème de la coexistence de la science de la nature avec celui de l'héritage du christianisme en n'identifiant le Christ ni avec la vérité ni avec le pouvoir, mais seulement avec l'amour[1]. » La sécularisation de la modernité commence par écarter la vérification scientifique de la branche du dogme religieux, mais ce faisant elle soulage la religion des pièges de la science qui est elle enfermée dans ce processus de vérification. Le christianisme, plus qu'une manière de penser, devient une manière de parler et d'interpréter le discours tenu sur l'homme, ainsi qu'une manière d'agir (non soumise à des prescriptions dogmatiques ou à des prohibitions de la hiérarchie ecclésiastique, pense Vattimo) fondée sur le commandement de l'amour. Le poète français Pierre Reverdy a dit : « Il n'y a pas d'amour, il n'y a que des preuves d'amour. » Si je ne l'interprète pas à tort, Gianni Vattimo décrète que le christianisme n'existe plus en tant que dogme ou que croyance en une Vérité majuscule aux fondements naturels et métaphysiques ou comme répertoire d'explications des origines de ce monde et de l'au-delà... mais qu'il existe seulement des preuves de l'amour chrétien. La charité est la seule chose qui résiste – et elle est suffisante – à la vague de sécularisation qui nous noie depuis la fin du dix-neuvième siècle. Encore que ce critère vienne de plus loin puisqu'en 1777 Lessing écrivait déjà : « Il suffit que

1. Richard Rorty, *El futuro de la religión* (L'avenir de la religion), Barcelone, Paidós, 2006, p. 56-57.

les hommes se réfèrent à l'amour chrétien ; peu importe ce qui adviendra de la religion chrétienne. » La question, bien entendu, est de savoir si l'amour chrétien en tant que tel peut se donner hors, en marge, ou même *après* la religion chrétienne.

Cette interprétation du christianisme n'est cependant pas universellement partagée, surtout si l'on se réfère aux origines de cette doctrine religieuse (pour ne pas mentionner ce qu'a pu en son temps déclarer le pape Jean-Paul II à ce sujet et qu'il expose dans son encyclique *Fides et Ratio*, ni ce que croient les créationnistes et les partisans du « dessein intelligent » qui théologiquement devrait notamment mettre Darwin au rebut). Le signe distinctif du christianisme à ses débuts est qu'il revendiquait une conception disons agressive et belliqueuse de la vérité, rebelle à toute concession au relativisme ou à la raison d'État. Dans une page particulièrement combative de son livre *Straw Dogs*[1], qu'il intitule « *Atheism, the Last Consequence of Christianity* », John Gray soutient une position théorique si opposée en apparence… que nous pourrions presque la lire *à rebours** comme le complément de celle de Vattimo. Selon Gray, l'athéisme moderne a prétendu parvenir grâce à la sécularisation à un monde dont le Dieu chrétien serait absent… Mais ce monde ne cesse pas pour autant d'être chrétien même si Dieu en a disparu : « La sécularisation est, comme la chasteté, une condition qui se définit par ce qu'elle refuse. Si l'athéisme a un avenir, ce ne pourra être qu'en tant que *revival* du christianisme. Mais, de fait, le christianisme et l'athéisme tombent ensemble en décadence. » Cela veut-il dire que les premiers chrétiens se désintéressaient de la vérité objective, naturaliste, et que donc – comme le croient les postmodernes – les athées scientistes d'aujourd'hui se trompent en essayant de les réfuter sur ce plan ? N'allons pas trop vite, parce que le raisonnement de Gray suit ici une ligne différente de celui de Vattimo.

1. John Gray, *Straw Dogs*, Londres, Granta Books, 2002.

Ce sont selon lui les païens polythéistes qui n'accordaient pas un poids décisif à la vérité considérée en termes disons « métaphysiques » ; ceux qui ont érigé la vérité en absolu, comme conséquence de leur credo, ce sont les premiers chrétiens : « L'athéisme est un surgeon tardif de la passion chrétienne pour la vérité. Aucun païen n'était disposé à sacrifier les plaisirs de la vie pour atteindre à la simple vérité. C'était l'illusion artistique qu'ils appréciaient le plus, non la réalité sans fard. Chez les Grecs, l'objectif de la philosophie était le bonheur ou le salut, pas la vérité. Le culte de la vérité est un culte chrétien. » Et ce culte radical a fini précisément par se retourner contre la dogmatique chrétienne elle-même. Selon Gray, les authentiques pragmatistes originels, que suivront William James et Richard Rorty, ont été précisément ces païens de l'Antiquité, finalement privés de leurs privilèges socio-religieux par une croyance nouvelle qui n'avait aucune complaisance pour les subtilités herméneutiques. Dans le polythéisme, quand la préséance de certains dieux sur d'autres ne relevait que du choix d'un style de vie – ou d'une appartenance culturelle – et non d'un processus de vérification, l'incrédulité totale était une attitude insolite et hors de propos. Mais en se réclamant d'une foi qui serait la seule véritable et donc la seule acceptable, les chrétiens ont ouvert le chemin qui mène précisément à l'abolition progressive de toute foi. Il y a tout d'abord une foi, celle qui monopolise la vérité en exilant *ad inferos* tous les autres dieux qui ne prétendaient qu'à être *significatifs et consolateurs*, et non véritables ; mais c'est ensuite la vérité qui monopolise la foi, en en finissant avec toute croyance invérifiable – quelque significative et consolatrice qu'elle soit – et en ouvrant ainsi la voie à la science et à la modernité. Le christianisme fait irruption sur la scène idéologique non pour réclamer sa place comme un point de vue de plus, mais pour revendiquer au sens le plus fort du terme la totalité du domaine spirituel. Être chrétien suppose qu'on est sûr d'être dans le vrai et qu'on ne se tait pas ou qu'on ne feint pas de respecter les erreurs des autres, même si elles sont étayées par l'usage, les habitudes et les institutions. Et la raison pour laquelle les premiers chrétiens qui ont d'abord été des martyrs ont été des inquisiteurs une fois réussi le passage au statut d'institution étatique, c'est leur culte de la vérité, qui est une ou qui n'est pas. Les païens étaient sceptiques, même lorsqu'ils croyaient ; les chrétiens croyaient seulement qu'ils n'étaient pas des sceptiques, et que personne n'avait le droit de l'être. C'est ce qui fait conclure John Gray en ces termes : « Le christianisme frappe à la racine même de la tolérance païenne de l'illusion. En revendiquant qu'il n'existe qu'une foi véritable, il accorde à la vérité une valeur suprême qu'elle n'avait pas eue auparavant. Mais il rend aussi possible pour la première fois l'incrédulité en le divin. La conséquence tardive de la foi chrétienne trouve son expression la plus complète dans l'athéisme. Si nous vivons aujourd'hui dans un monde sans dieux, c'est au christianisme que nous le devons[1]. » De sorte que les empereurs romains qui – tels Marc Aurèle ou Julien – condamnaient les chrétiens comme « impies », comme « athées », voire comme croyants en une foi pire que les autres ne se fourvoyaient pas tellement.

Dans la même veine, Marcel Gauchet a parlé en diverses occasions (notamment dans *Le Désenchantement du monde*) du christianisme comme d'une « religion de la sortie de la religion ». C'est-à-dire d'une religion qui a déplacé l'identité sociale depuis l'hétéronomie théocentrique qui devait être acceptée sans examen ni remise en cause, vers l'autonomie de l'homme qui décide de ce qui doit être accepté ou rejeté au nom d'un examen rationnel orienté par la recherche de la vérité, et en dernier lieu par l'accord entre associés égaux : « Sortir de la religion doit se comprendre au sens de la sortie d'une manière d'être de l'humanité par laquelle elle se concevait et se posait

1. *Ibid.*, p. 126-127.

sous le signe de l'Autre. [...] La sortie de la religion, à bien y regarder, est le phénomène tout à fait prodigieux, quand on y songe avec un peu de recul, qui consiste à écarter l'altérité de la définition de l'humanité. La communauté humaine en vient à se définir à partir d'elle-même. Elle se donne à elle-même ses raisons : le règne de l'hétéronomie fait place au monde de l'autonomie. L'homme était séparé de lui-même, il se rejoint. Il était assujetti, il devient sujet[1]. » De la religion en tant que mythe pluriel naïvement contradictoire, inaccessible à la vérification mais utile pour donner forme à une espèce d'intégration sociétale protégée de la manipulation critique des hommes parce que fondée sur l'altérité transcendante, on passe – au moyen du christianisme et de sa révélation emphatique et absolue – de la vérité à une auto-identification de l'homme à la possession partagée et immanente du sens de la communauté. Le concept de vérité n'est pas seulement l'aboutissement diacritique qui identifie l'opération rationnelle, mais aussi la clé de la constitution autonome de l'homme moderne en tant que sujet social. Il est bon de se le rappeler pour être conscients de ce que nous pourrions compromettre dans la postmodernité si nous renoncions avec un soulagement naïf à sa *gravité*...

Quand les penseurs postmodernes allègent le dogme religieux culturellement majoritaire dans notre société, de ses prétentions à la vérité – au sens objectif du terme – en tant qu'explication métaphysique de l'univers physique et moral, comme aussi de son utilité quasi magique en tant que « technologie du salut » (comme le dirait Hans Albert), que reste-t-il en fin de compte de ce dogme ? À mon sens, la position intellectuelle de Gianni Vattimo tend à concéder au christianisme un statut de mythe semblable à celui qu'avait le contenu des religions polythéistes avant l'avènement – précisément – du christianisme. C'est-à-dire comme quelque chose qui serait à mi-chemin entre la

1. Marcel Gauchet, *La Condition historique*, Paris, Stock, 2003, p. 199.

sécularisation complète de la société moderne et un point unique non sécularisé – mais qui lui non plus n'est en aucune façon vérifiable – qui est le commandement d'amour. Ce commandement est formel comme l'impératif catégorique kantien : « Ne commande pas quelque chose de déterminé une fois pour toutes, mais des applications qui doivent être "inventées" dans le dialogue avec les situations spécifiques à la lumière de ce que l'Écriture sainte a "révélé"[1]. » Un mythe est ce dont n'importe qui peut recommencer le récit mais que personne ne peut absolument démentir. Un instrument pour chercher « en privé », mais sans renoncer en rien à la tradition collective, le sens du lien social avec ses semblables. Quelque chose que l'Église – n'importe quelle Église je suppose – en tant qu'institution hiérarchisée, dotée d'une équipe spécialisée dans l'établissement des récits acceptables face à ceux qui ne le sont pas, rejettera par simple instinct de conservation ; mais cet instrument permet à l'individu libéral que nous sommes d'assumer l'essentiel de la croyance chrétienne (en tant que croyance en ce qu'il croit croire, et non simplement en tant que « croyance qui crée ce en quoi elle croit », comme le dirait Miguel de Unamuno) sans pour autant être soumis à la contrainte que représentent les restrictions dogmatiques en matière de sexualité, de biogénétique, etc.

Quel est l'avantage du christianisme converti en un mythe qui conserverait le commandement de charité par rapport, par exemple, à la simple raison moderne – disons de type spinoziste – qui elle aussi prône la « *philia* » et les rapports harmonieux, et non purement stratégiques, comme voie vers la réconciliation sociale ? La suppression de *l'arbitraire* cosmique, probablement, comme l'a établi Blumenberg dans sa monumentale *Raison du mythe* : « Le mythe fonctionne dans sa réception comme un lien contraignant à quelque chose d'objectif ; en posant des

1. Gianni Vattimo, *Espérer croire, op. cit.*, p. 70.

limites à l'arbitraire illimité grâce à la typique d'un horizon prédonné, il donne l'impression qu'en lui, c'est "la chose elle-même" qui se fait valoir[1]. La raison qui cherche et a besoin de la vérité pour donner un sens à son effort ne peut ni écarter ni rejeter l'arbitraire : elle prétend seulement le pallier à l'échelle de la coexistence humaine, ébauchant les échanges adéquats qui provisoirement nous en protègent. Le mythe, en revanche, promet quelque chose de plus : il aspire à doter cet effort d'un « supplément d'âme » qui procure une sorte de destin favorable à la liberté et ne se contente pas de la liberté comme unique et triste horizon. L'intronisation définitive de la charité comme disque dur du christianisme – contre laquelle évidemment je n'ai rien – prétend je suppose réconcilier l'autonomie de la personne et la reconnaissance de l'humain par l'humain avec une espèce de dessein cosmique dont la filiation herméneutique ne me semble décidément pas claire.

À la fin du dix-neuvième siècle, Jean-Marie Guyau (auteur dont injustement on se souvient peu aujourd'hui, une espèce de précurseur aimable de Nietzsche, moins effrayant dans sa manière de poser les problèmes mais non moins audacieux sur le fond) a écrit un livre intitulé *L'Irréligion de l'avenir*, qu'il a publié avant de mourir, peu après ses trente ans. Même si, comme il est naturel, le livre souffre de ce qu'aujourd'hui nous considérons comme certaines des limitations et des étroitesses de l'esprit scientiste de l'époque, je crois qu'il constitue encore une des meilleures et des plus complètes descriptions philosophiques du phénomène religieux. Sa thèse de départ est que la religion (quelle qu'elle soit) « est une explication physique, métaphysique et morale de toutes choses par analogie avec la société humaine sous une forme imaginative et symbolique. Elle est, en deux mots, une explication sociologique universelle

1. Hans Blumenberg, *La Raison du mythe*, trad. de l'allemand par Stéphane Dirschauer, Paris, Gallimard, 2005, p. 72.

à forme mythique[1]. » Dans le cas du christianisme, Guyau note aussi que l'amour, comme axe doctrinal de cette lecture « sociologique » du monde, a ce caractère social qui fait que nous nous sentons mieux accueillis par l'étrangeté du cosmos. Pour cet auteur, « l'irréligion de l'avenir » consistera en une espèce de prise en charge non mythique mais bien scientifique de ce postulat qui fait de l'harmonie sociale le centre significatif de la vie humaine. Il est certain que Nietzsche a connu cette œuvre et l'a probablement étudiée avec autant d'attention que le livre précédent de Guyau (*Esquisse d'une morale sans obligation ni sanction*), qu'il a abondamment annoté. La manière dont Guyau pose le problème débouche sur une vision « progressiste » du sens profond de la religion chrétienne, contrastant avec d'autres lectures qui ne sont en fin de compte ni moins sociales ni moins politiques, mais qui défendent le droit divin des monarques ou la nature hiérarchique de l'ordre. Je me permets donc, d'une certaine manière, de supposer que la manière dont Gianni Vattimo pose le problème pourrait être quelque chose comme une lecture annotée à son tour de la lecture qu'a faite Nietzsche de l'œuvre de Guyau… progressiste en politique, libérale en matière de mœurs, individualiste et compatible avec les avancées scientifiques sur le plan herméneutique. Rien qui ne puisse être regardé avec un sourire bienveillant par nous qui sommes moins croyants que Gianni Vattimo (encore que non moins chrétiens que lui sur le plan culturel) si nous partageons ses postulats progressistes, même s'il convient de se demander si ce christianisme *business class* répond d'une manière plus que purement intellectuelle aux demandes de *salut* qui continuent d'être, encore aujourd'hui, très importantes pour la plupart de ceux qui professent cette doctrine avec moins de sophistication.

1. Jean-Marie Guyau, *L'Irréligion de l'avenir. Étude sociologique*, Paris, Félix Alcan, 1925, p. 3.

5

Vie bonne ou vie éternelle ?

> – Mais toi, tu crois, vraiment, implora Rose, tu as la foi ?
> – Bien sûr que j'ai la foi. Il ne manquerait plus que ça.
> Il allait de mot en mot, se faisant méprisant.
> – C'est la seule chose raisonnable. Ces athées, ils ne savent rien. Bien sûr que l'enfer existe. Les flammes et la damnation ! […] Les tourments !
> – Et le Ciel aussi, déclara Rose avec inquiétude tandis que la pluie tombait, implacable.
> – Oh, peut-être, répondit Pinkie, peut-être. »
>
> Graham Greene, *Le Rocher de Brighton*

Les premiers chrétiens, les Pères de l'Église, et même saint Augustin, étaient scandalisés par la profonde immoralité des dieux païens : ils étaient – ils sont ? – luxurieux, vindicatifs, cruels, pleins de vanité et de caprices. Leur comportement manque d'éthique non seulement quand ils entrent en relation avec les humains, mais aussi dans les rapports qu'ils ont entre eux. Leurs mythologiques biographies sont ce que l'on peut imaginer de plus opposé aux « vies exemplaires » des saints chrétiens ou de n'importe quelle catégorie d'humains vertueux : aucune morale raisonnable ne peut *s'inspirer* d'eux, ni les prendre comme modèles. Et pourtant, au-delà de ce que sont capables de concevoir le puritanisme dogmatique et les bonnes intentions qui régulent le sens commun, même ces surnaturels indécents peuvent participer de notre projet moral, ne serait-ce qu'*a contrario*. Avec leur amoralité triomphale et outrageante, ils nous révèlent l'envers de nos préceptes et de nos règles : ces dieux manquent d'éthique simplement parce qu'ils sont immortels, parce qu'ils ne comprennent, ni ne respectent, ni ne partagent la conscience de la mort toujours imminente qui définit l'être humain. Les *ambrotoï*, ceux qui se nourrissent de cette ambroisie qui rend immortel, ne sont pas assimilables, s'agissant des égards ou des scrupules, à nous autres *brotoï*, les mortels qui mangeons ce qu'André Gide a appelé les *nourritures terrestres**. Nous autres humains, qui nous définissons fondamentalement par la conscience de notre mortalité, nous avons besoin de règles de conduite qui n'*aggravent* pas notre condition, mais contribuent à l'adoucir. Nous autres mortels avons besoin de l'aide de nos semblables pour ne pas mourir trop vite, pour retarder et alléger autant que possible l'inévitable. Nous sommes fabriqués avec une date de péremption non négociable et dont nous ignorons le terme exact, même si nous pouvons l'imaginer dans les grandes lignes. C'est précisément ce venin mortel présent en chacun de nous qui nous rend si précieux aux yeux des autres et si attentionnés. Pour un être humain, tous ses semblables doivent avoir écrit sur le front cet avertissement : « Très fragile, manipuler avec soin. » Les règles pour la manipulation précautionneuse de cette fragilité sont précisément ce que nous appelons la « morale », règles dont la prégnance s'impose d'autant plus que notre semblable est faible de par son âge ou sa condition, ou d'autant plus qu'il se présente à nous comme plus fragile et évidemment mortel. Si nous n'étions pas ainsi, si nous nous savions tous invulnérables et faits pour durer toujours, comme les dieux se reconnaissaient entre eux, qui se préoccuperait de la manière de traiter les autres ? Abandonnant tout soin et toute restriction, nous donnerions libre cours à nos caprices, agréables ou singuliers… comme le faisaient précisément les anciens dieux, selon ce que racontent ceux qui les ont connus de plus près.

Ce qui fait que la préoccupation éthique ne s'est fondée à l'origine ni plus ni moins que sur notre condition mortelle, sur notre contingence. Comme nous sommes mortels, nous avons besoin de la complicité et de l'appui de nos semblables ; comme nous sommes mortels nous reconnaissons comme frères en fatalité, en besoins et en carences ceux qui le sont aussi, et parce que nous sommes mortels et que nous nous reconnaissons entre nous comme tels, nous établissons des règles et des valeurs pour régir notre comportement en société. Bien entendu, être mortel est une angoisse spécifiquement humaine : cela ne renvoie pas seulement au fait que nous mourrons (comme le reste des animaux et des plantes et, à une autre échelle, comme tout ce qui existe, depuis la vague qui se brise sur la rive jusqu'aux constellations du ciel) mais au fait que nous *savons* avec une totale certitude que nous allons mourir, que nous sommes programmés pour mourir ; nous anticipons donc de manière imaginaire et imaginative ce malheureux corollaire de notre vie. N'est pas mortel celui qui meurt, mais celui qui *voit venir* la mort… sans cesse. Au point que nous pourrions définir la mort de l'homme comme le moment ou il cesse enfin de se voir mourir. Les considérations morales, qu'il s'agisse de celles qui sont positives et nous exhortent à la solidarité ou de celles qui sont négatives et interdisent de nuire aux autres, proviennent de la même source : la fraternité prudente et compatissante entre mortels (quc certains, exigeants, étendent aux êtres vivants dont on ne peut dire qu'ils sont mortels au sens propre du terme, parce qu'ils ignorent l'inexorabilité de leur destin, mais qui en subissent néanmoins les douleurs, comme certains animaux).

Notre condition mortelle n'est pourtant pas seulement le fondement de notre moralité ; elle est aussi – peut-être moins paradoxalement que cela ne semble à première vue – celui de notre immoralité. Parce que nous comprenons et connaissons le prix qu'implique la mortalité, nous nous donnons des impératifs moraux pour régler nos relations avec nos semblables, c'est-à-dire avec nos associés dans la vie. Mais parce que nous ressentons à l'intérieur de chacun de nous la panique pressante de la mort qui menace, nous subissons également la tentation désespérée d'abuser de nos avantages individuels, de maltraiter notre prochain chaque fois que cela semblera différer notre destruction certaine ou pourra nous renforcer provisoirement contre elle. Nous mourrons tous, rien à faire, mais chacun meurt seul et à son heure : pourquoi alors ne pas vivre dès à présent avec la solitude finale pour seule compagne, profitant à notre bénéfice exclusif de tout ce que nous pouvons ou saisissons, sans rien attendre des autres si ce n'est l'avantage occasionnel qui nous permettra de durer, de demeurer et de nous renforcer… tant que cela sera possible. Chez les mortels, le plaisir de vivre est toujours contaminé par la peur de la mort imminente. Et là où prévaut la peur, il est difficile de voir prospérer la solidarité, la compassion, et même la prudence bien comprise. Si je ne me trompe pas, le premier qui a signalé l'angoisse de la mort comme cause principale des abus et des comportements méchants a été Lucrèce. Ainsi nous pouvons lire dans le *De rerum natura* : « Enfin l'amour des richesses, l'aveugle désir des honneurs qui poussent les misérables hommes à transgresser les limites du droit, parfois même à se faire les complices et les serviteurs du crime, et nuit et jour s'efforcer par un labeur sans égal d'émerger jusqu'au faîte de la fortune : toutes ces plaies de la vie, c'est pour la plus grande part la crainte de la mort qui les nourrit. En effet, dans l'opinion commune, le mépris infamant et la poignante pauvreté paraissent incompatibles avec une existence douce et stable, et, dans cette vie même, semblent pour ainsi dire séjourner aux portes mêmes de la mort. Aussi les hommes, sous la contrainte de leur vaine terreur, veulent fuir loin de ces maux et les écarter loin d'eux : ils versent alors le sang de leurs concitoyens pour enfler leurs richesses ; ils doublent leur fortune avec avidité, accumulant meurtre sur meurtre ; cruellement ils se réjouissent des tristes funérailles d'un frère, et la table de leurs proches est un objet de haine et d'effroi. D'une manière toute semblable, c'est souvent cette même crainte qui fait naître au cœur des hommes la desséchante envie : sous leurs yeux, se plaignent-ils, celui-là a la puissance, celui-là attire tous les regards, il marche dans l'éclat des honneurs, tandis qu'eux-mêmes se roulent dans les ténèbres et dans la fange. Les uns périssent pour des statues, pour la gloire du nom. Et souvent même la crainte de la mort pénètre les humains d'une telle haine de la vie et de la vue de la lumière qu'ils se donnent volontairement la mort dans l'excès de leur détresse, oubliant que la source de leurs peines est cette crainte elle-même, que c'est elle qui persécute la vertu, qui rompt les liens de l'amitié, qui, en un mot, détruit toute piété par ses conseils[1]. » Épictète enseignait à ses disciples une leçon comparable : « As-tu présent à l'esprit que l'origine de tous les maux de l'homme, de sa bassesse et de sa lâcheté, n'est pas la mort mais la crainte qu'il a de la mort ? »

Selon Lucrèce, la certitude de la mort et de son imminence corrompt notre amour de la vie et par conséquent la possible solidarité avec ceux qui la partagent avec nous. La présence de la mort qui semble nous surveiller nous indispose mais, surtout, elle nous *isole* : comme nous mourons dans la solitude, nous ressentons la tentation de vivre solitaires aussi, c'est-à-dire en ne pensant qu'à nous-mêmes, à notre survie immédiate. Il devient évident pour nous que les restrictions morales sont élaborées pour faire perdurer la société, qui de toute façon durera beaucoup plus que nous-mêmes : n'est-il pas dans notre

1. Lucrèce, *De rerum natura*, Livre III, v. 59-85, trad. du latin par Alfred Ernout, Paris, Les Belles Lettres, 1990.

intérêt de nous occuper de ce qui nous profite personnellement, ici et maintenant, au lieu de nous sacrifier pour l'harmonie d'une collectivité moins vulnérable qu'aucun individu mortel ? Et ainsi rien ne nous paraît trop beau pour nous défendre de la mort qui rôde autour de nous : possessions, honneurs, suzeraineté, toute forme de prééminence qui nous fait passer devant les autres et au-dessus d'eux. Que les autres meurent d'abord, eux qui sont *en dessous* ! Tout un chacun essaie donc d'éviter ces aspects de la vie qui rappellent trop l'imminence de la mort et qui nous abandonnent, pour ainsi dire, entre ses griffes : la pauvreté, la faiblesse, l'absence de reconnaissance et de prestige, la maladie, la servitude. Comme l'explique une penseuse contemporaine, Agnes Heller : « En général nous agissons contre la raison non pas à cause de la peur de la souffrance, mais à cause de la peur de rester les mains vides, de perdre nos chances, de rester impotents, pauvres, inconnus, sans reconnaissance, de perdre cette "chance" qu'on appelle vie sans en faire le plein usage[1]. » Rejetons les restrictions et les précautions morales pour nous en remettre, terrorisés, au sauve qui peut ! Tout en sachant parfaitement qu'en fin de compte personne ne peut se sauver de la sorte et qu'il n'est même pas certain que nous retardions ainsi notre perte.

Comment peut-on contrecarrer du point de vue de l'orthodoxie morale cette source majeure d'immoralité qu'est la terreur face à la mort ? Une première solution consiste précisément à *l'aggraver*, à augmenter son influence et à la transformer en une contrainte édifiante. Disons solennellement à celui qui maltraite les autres et les abuse : « En vérité, la mort peut être encore pire que tu ne le penses. Le plus grave n'est pas que tout finit avec elle, mais qu'avec elle précisément tout ne finit pas. Dans l'au-delà tu seras seul, oui, mais pas complètement : tu auras face à toi un Juge. Si dans ta vie tu t'es inconsi-

1. Agnes Heller, *General Ethics*, Oxford, Blackwell, 1988, p. 177.

dérément préféré à tous les autres, tu seras condamné et tu souffriras sans trêve, pour l'éternité. Toi qui as tant craint d'être oublié et négligé, tu te transformeras en centre de l'attention éternelle de Quelqu'un qui détient le pouvoir de te châtier. Au contraire, si tu as respecté les lois et pratiqué la pitié, la mort te sera encore plus favorable que ne te l'a jamais été la vie : tu revivras mais cette fois ce sera sans la peur, en sécurité pour toujours et heureux. » Ainsi la terreur de la mort sûre et certaine prétend-elle agir au bénéfice des normes morales : pour l'imagination enflammée des hommes concupiscents, la mort en tant que jugement peut se révéler encore plus redoutable que la mort en tant qu'anéantissement. Pour avoir tenté, dans la vie, d'éviter aux dépens des autres les infortunes qu'on assimile à la mort, tu transformeras ta mort en une infortune irrémédiable et sempiternelle. Mais il est par contre en notre pouvoir de retourner cette mort irrémédiable à notre profit en vivant en accord avec la morale pour profiter plus tard d'une vie à l'abri des préoccupations qui nous ont tant affligés dans ce monde. Au fond, croire (en Dieu, en le Jugement Dernier, en l'au-delà avec son enfer et son ciel) implique de cesser de croire réellement en la mort (comme annihilation finale, c'est-à-dire comme mort *véritable*). La seule chose en laquelle ne croit pas le croyant authentique est celle qui est la plus certaine pour les autres... Pour cesser de craindre la mort et ne pas tomber dans l'immoralité des désirs incontrôlés, le plus efficace est de déclarer que la mort est un passage, si ce n'est pas un simple mirage, après lequel arrive ce qui est véritablement redoutable ou réellement désirable. La mort perd son abominable prestige, mais cette perte dévalorise aussi la vie dont les travaux et les récompenses sont de simples répétitions pour l'authentique existence qui viendra *après*...

Parvenir à surmonter la crainte de la mort au prix du sacrifice de l'amour viscéral que nous avons pour la vie (étant donné qu'aussi bien l'une que l'autre perdent de leur substance face à la réalité éternelle de l'au-delà), c'est peut-être payer un prix trop fort pour entretenir le respect des préceptes moraux. Mais cela implique aussi d'autres contre-indications. Comme nous l'avons déjà dit, la morale terrestre naît du besoin que nous autres mortels avons du soutien et de l'attention bienveillante de nos semblables, ceux qui peuvent le mieux comprendre les carences de notre condition, puisqu'ils la partagent. Son unique objectif est de parvenir à une vie meilleure pour nous qui subissons les contingences propres à notre espèce périssable. Non seulement la morale n'est pas dévalorisée parce que nous sommes mortels mais c'est de cette nécessaire circonstance qu'elle tire son caractère catégorique. Steven Pinker l'a signalé ainsi dans *Comprendre la nature humaine* : la vie perdrait-elle son but si nous cessions d'exister lorsque meurt notre cerveau ? Au contraire, rien ne donne plus de sens à la vie que de s'apercevoir que chaque moment de sensibilité est un don précieux. Combien de bagarres ont été évitées, combien d'amitiés ont ressuscité, combien d'heures ont été gagnées, combien de gestes d'affection ont été faits parce que nous nous souvenons parfois que « la vie est brève »[1] ? Mais la morale fondée sur la croyance religieuse en l'au-delà, avec ses châtiments et ses récompenses, ne se satisfait pas d'une vie meilleure dans ce monde, elle aspire à quelque chose de meilleur que la vie dans l'autre. Et c'est pourquoi les commandements qu'elle impose ne sont pas simplement justifiés par nos besoins naturels et qu'elle les bouscule parfois au nom des exigences des dogmes surnaturels. Ce qui fait qu'il arrive que ce soit précisément ceux qui recherchent l'Absolu, ceux qui déprécient la mort au nom de l'au-delà, qui tombent aussi dans un nihilisme terrifiant et méprisent la vie que mènent les autres

1. Steven Pinker, *Comprendre la nature humaine*, trad. de l'anglais par Marie-France Desjeux, Paris, Odile Jacob, 2005 [*The Blank Slate. The Modern Denial of Human Nature*, Penguin Putman, 2002].

comme de naïfs égoïstes bourgeois, peccamineux et présomptueux. Il est peu de romans contemporains qui ont présenté cette posture avec autant d'éloquence que *La Montagne magique* de Thomas Mann. Le jésuite Naphta, qui dispute à Settembrini – le lettré – l'éducation de Hans Castorp, se moque des normes démocratiques et progressistes, avec leur pacifisme et leur désir d'améliorations tangibles dans le domaine matériel : « La morale bourgeoise ne sait pas ce qu'elle veut ! » s'exclame Naphta. Plus loin, d'une voix aux accents apocalyptiques que les sanglants attentats récents nous rendent effroyablement proche, il décrète : « Ce ne sont pas la libération et l'expansion du moi qui constituent le secret et l'exigence de notre temps. Ce dont il a besoin, ce qu'il réclame, ce qu'il aura, c'est... la terreur. » Si la peur de la mort a toujours été à l'origine de violences immorales, la tentation de la corriger par une croyance dogmatique en l'au-delà peut déboucher à son tour sur une nouvelle terreur qui réduit à rien une vie terrestre déjà insignifiante au nom de l'ascèse nécessaire pour atteindre la vie surnaturelle. À l'époque où Thomas Mann a écrit son grand roman (la fin des années vingt du siècle passé), le représentant de cette inquisition intransigeante et suicidaire était le catholique Naphta ; ce pourrait être aujourd'hui quelque fanatique du terrorisme islamiste.

Récapitulons. Les dieux mythologiques ne connaissaient pas de devoirs éthiques les uns envers les autres étant donné que leur immortalité les mettait à l'abri de toute fragilité et de tout dommage. Les hommes en revanche, parce qu'ils sont mortels, ont besoin de règles morales qui interdisent de causer intentionnellement des dommages à leur prochain et recommandent de l'aider, voire d'être son complice quand il est dans le besoin ou que surviennent des mésaventures. La réflexion sur notre condition mortelle et la compréhension solidaire de ceux qui la partagent avec nous sont suffisantes pour justifier le plus élémentaire des codes moraux, celui qui nous recommande de ne pas faire aux autres ce qu'on ne désire pas qu'ils nous fassent et d'aider les autres comme nous voudrions qu'ils le fassent lorsque nous en avons besoin. Pourtant, ces utiles et méritoires directives morales butent sur notre immense terreur face à la mort, qui nous pousse à supposer que nous devons ignorer ou piétiner les autres pour retarder notre fin inévitable. En tentant de conjurer cette panique destructrice face à la mort, les religions qui parlent de châtiments et de récompenses dans l'autre monde dévalorisent conjointement la mort – en la réduisant à un passage – et la vie terrestre – conçue comme simple terrain d'essai – afin d'exalter un au-delà où notre comportement sera jugé en fonction de certaines lois établies. Mais ces lois, qui émanent de dogmes surnaturels, peuvent être aussi inappropriées pour le bonheur terrestre que les commandements de la panique athée face à la mort inévitable. Un personnage de Dostoïevski résume bien le dilemme en affirmant : « Si Dieu n'existe pas, tout est permis[1] ». Ce qui ne veut pas seulement dire que les humains n'accepteront aucune restriction morale, si ce n'est par peur des châtiments éternels (ce qui est déjà passablement abject), mais également que les normes en question n'ont pas d'autre fondement que la volonté divine et qu'il est sans importance qu'elles concourent ou non à notre bien-être dans ce monde. Avec cette manière de poser la question, les préceptes moraux ne sont valides qu'en tant que preuves de notre soumission à l'Absolu, mais pas en tant qu'émanations rationnelles de ce qui, socialement et individuellement, peut nous sembler meilleur. Ils ont beaucoup à voir avec l'obéissance et un peu avec la peur, mais rien, absolument rien, avec la compréhension de ce dont nous avons réellement besoin et de ce que nous voulons.

Pourtant la vie moralement bonne n'est pas la même chose, loin de là, que la vie éternelle, considérée par la religion

1. Dostoïevski, *Les Frères Karamazov*, XI, 4.

comme une récompense ou comme une punition. On dit d'une vie qu'elle est « bonne » quand elle comprend et respecte ce que la mort signifie pour ceux qui y sont assujettis : elle est la forme la plus intense du compagnonnage. En revanche, l'éternité n'ajoute rien à la vie en tant que telle, mais elle en retranche ce qui justifie réellement la légitimation rationnelle des préceptes moraux. Si notre existence véritable devait être infinie (c'est-à-dire si elle se poursuivait après la mort) comme celle des dieux légendaires (tout en étant privée de leur insouciante nature divine : nous serions des immortels *créés* par un Être éternel *ante* et *post factum*, de rang supérieur), les préceptes moraux ne seraient que les énoncés d'une marque d'obéissance, destinée non à améliorer notre passage sur terre mais à asseoir le pouvoir universel du Maître de l'univers : « De cet arbre vous ne mangerez pas »… pour ne pas être comme des dieux. On a presque honte de parler de cette hypothèse comme si elle était sérieuse. Je crois que même pour un croyant – s'il a une authentique rectitude de conscience – ces paroles prononcées par la protagoniste de *Major Barbara*, une pièce dramatique de Bernard Shaw, doivent provoquer sympathie et réconfort : « Je me suis libérée de la subordination au ciel. Accomplissons l'œuvre de Dieu pour elle-même ; l'œuvre pour l'exécution de laquelle il nous a créés, parce que seuls des hommes et des femmes vivants peuvent l'accomplir. Quand je mourrai, que ce soit Dieu qui soit débiteur et non pas moi. » D'un point de vue éthique, la vie bonne exprime une autonomie courageuse qui est ce que l'on peut imaginer de plus opposé à la vie éternelle selon les critères religieux, hétéronome par définition et par nécessité : je me réfère, naturellement, au plan théorétique, parce que pour ce qui est de la pratique, il se pourrait bien que l'on voie coïncider les comportements moraux de celui qui comprend ce qu'implique l'indépassable compagnonnage de la mortalité avec ceux de celui qui espère être récompensé – ou redoute d'être châtié – dans l'au-delà, pour faire ici et maintenant ce qui est un devoir humain. Cette coïncidence se perçoit parfois dans les descriptions les plus crédibles qui nous parviennent de l'autre monde : les châtiments des condamnés, dans l'enfer de Dante par exemple, peuvent être compris comme une copie stylisée des maux que certains vices occasionnent dans la vie terrestre de ceux qui les ont pratiqués. Selon George Santayana, Dante, « comme beaucoup d'autres visionnaires chrétiens, laisse apparaître de temps en temps une conception ésotérique des récompenses et des châtiments qui les transforme en simples symboles de la nature intrinsèque du bien et du mal. Le châtiment, semble-t-il alors dire, n'est pas une chose qui est associée au mal : il est ce que la passion même poursuit. Il est l'accomplissement de quelque chose qui horrifie l'âme qui l'a désiré[1]. » Le problème de fond reste pourtant lancinant : quelle doit être la position de la personne moralement droite, qui cherche à mener une vie bonne jusqu'à sa mort, mais qui est soumise à la panique et à la pression essentielles que provoque l'idée de celle-ci ? Sa conviction devra être au minimum *utilitaire* : elle devra comprendre que son projet éthique se révèle en général favorable à sa vie, qu'il la dote de plus d'harmonie et de moins d'incertitude, et même d'une valeur esthétique empreinte de noblesse. Une notion générique qui peut-être ne suffit pas à déterminer notre conduite concrète dans l'urgence. Nous devrions en fin de compte être capables d'adopter le point de vue de l'immortalité en sachant bien que notre lot est précisément la mort. Pour Agnes Heller, dans l'œuvre citée plus haut, cette attitude est concevable et possible : « Chaque fois que nous choisissons de subir une action indue au lieu de la commettre, nous agissons *comme si nous étions immortels* même si nous savons que nous ne le sommes pas. On n'a pas besoin de croire à l'immortalité de

1. George Santayana, *Three Philosophical Poets. Lucretius, Dante and Goethe* [1910].

l'âme ou à la résurrection pour se sentir familier de cette attitude. Pour agir comme si nous étions immortels, nous n'avons pas besoin de l'être[1]. » Cette conviction coïncide d'une certaine manière avec l'opinion de Spinoza, selon laquelle toutes les choses que les hommes font lorsqu'ils sont poussés par des passions – si elles sont conformes à leur condition – pourraient aussi bien être faites s'ils étaient dirigés par la raison. Agir comme si nous étions immortels, c'est-à-dire sans la peur ni le souci qu'impose la mort, mais en sachant que nous sommes mortels et que pour cela, et seulement pour cela, nous devons nous comporter moralement envers ceux qui partagent avec nous ce destin. Kant a dit que ce qui était éthiquement important pour les mortels n'était pas de parvenir à être heureux, mais de se rendre dignes du bonheur ; Nietzsche a recommandé d'aimer la fugacité de l'instant et notre façon de le vivre comme s'il devait recommencer encore et encore, éternellement. Dans tous ces cas semble se faire jour un idéal de vie face à la mort, qui se situe au-dessus de notre conditionnement biologique et qui par moment le contredit. Cette forme laïque de sainteté résignée est-elle possible ?

1. Agnes Heller, *General Ethics*, *op. cit.*

6

La politique des prophètes

> Imagine un monde sans paradis, [...]
> avec seul le firmament au-dessus de nous, [...]
> sans aucune raison de tuer ou d'être tué...
>
> John Lennon, *Imagine*

Quand j'avais vingt ans, à peu près à la veille de Mai 68, la passion tyrannique qui nous absorbait était la politique : nous discutions à tout moment pour savoir comment en finir avec le Pouvoir et établir une Liberté spontanée et maîtrisée, nous cherchions des maîtres qui briseraient la cuirasse de conformisme et d'orthodoxie qui tenaillait nos aînés (Bakounine pour corriger Marx, Adorno et Marcuse pour lutter contre les hommes unidimensionnels, Gustav Landauer, les Situationnistes, Norman O. Brown) ; la libido qui s'étale au grand jour, la fin des hiérarchies et des partis, le début de l'Assemblée définitive, l'Assemblée éternelle et égalitaire devant laquelle tous les problèmes seraient posés, débattus, et même résolus... il était question de tout cela. Notre génération – ce concept vaut le peu qu'il vaut – manifestait à Berkeley contre la guerre au Viêtnam, à Paris contre la société-spectacle et le pouvoir sans imagination, à Madrid contre la dictature de Franco et à Prague ou Varsovie contre la tyrannie et la bureaucratie staliniennes, etc. Nous prévoyions et même désirions toutes les luttes finales, toutes les grandes batailles : contre l'impérialisme, contre le capitalisme, contre la bureaucratie, contre la répression de l'hédonisme joyeux, contre l'interdiction hystérique des drogues, contre la routine du travail... et en fin de compte, je suppose, aussi contre la vieillesse et même contre la mort. Les seules guerres que nous n'apercevions pas à l'horizon, les seules pour lesquelles nous n'étions ni préparés ni organisés, celles dont nous aurions ri si quelqu'un nous les avait prédites... ont été précisément celles qui sont survenues, destructrices et inexplicables, presque quatre décennies plus tard : les guerres de religion !

Pourtant, d'une certaine manière, nous les avions pressenties. Plus encore : nous faisions déjà partie du tourbillon idéologique dans lequel elles seraient enveloppées. Nous autres, les jeunes révoltés d'alors, n'étions ni ne voulions être des politiques (c'est-à-dire des transformateurs graduels et raisonnables de ce qui existait), mais nous voulions révolutionner absolument et instantanément tout ce qui serait et avait été : nous étions millénaristes, messianiques... concepts effrayants qui appartiennent au domaine religieux davantage qu'au séculier. Nous croyions être des radicaux et nous étions en réalité des intégristes de la pureté, des croyants *possédés* par des dogmatismes verbeux dont nous n'étions ni maîtres ni même responsables. Il y avait des clercs de vocation infiltrés dans nos rangs, c'est certain : Guy Debord n'était-il pas un imitateur appliqué du Grand Inquisiteur de Dostoïevski ? Bien entendu, aucun d'entre nous n'était véritablement « progressiste » : nous attendions la fin explosive des temps mauvais, non leur progression vers une amélioration. Rien n'est plus opposé à l'attitude progressiste que l'attitude messianique ou millénariste (et ce que les clercs actuels d'un certain âge s'entêtent encore à vendre, marchandise avariée, comme un authentique « progressisme », trahi selon eux par les égoïsmes et les ambitions sociales). Hannah Arendt a signalé, avec sa lucidité habituelle, qu'une grande partie de la philosophie politique occidentale – à commencer par Platon – était fort peu politique parce qu'en réalité elle proposait des utopies ou des solutions idéales destinées à *figer* le flux changeant de la politique dans une situation parfaite qui nous dispensait, à partir de là, de continuer à faire des projets et à établir des compromis entre des intérêts opposés. L'attitude messianique n'aspire pas au triomphe d'une ligne politique qui serait préférable à celles en vigueur, mais à la fin du trouble social et à l'établissement définitif d'une justice indiscutable : la Jérusalem enfin libérée, le royaume de Dieu sur terre. Cette attente impatiente n'appartient pas à l'ordre du politique, ni même à celui de la philosophie (même si Kojève et d'autres ont voulu en trouver la trace chez Hegel), mais à celui de la prophétie religieuse.

Dans tout cela, même les plus fervents d'entre nous voyaient ce millénaire enveloppé de vêtements séculiers, matérialiste même dans la majorité des cas. Si Ernst Bloch a étudié la genèse du principe révolutionnaire – censé mettre le monde sens dessus dessous – dans les discours spiritualistes de divers hérétiques, c'était comme avant-goût d'une reconversion qui pour les contemporains devait alors se lire en termes économiques et sociaux. Personne ne croyait que le principe des affrontements à venir revêtirait, comme dans des époques révolues, le langage clairement fidéiste des anciennes guerres de religion. La démythification weberienne du monde moderne était une chose admise et sur laquelle on ne reviendrait pas, même si elle donnait subrepticement naissance à de nouveaux mythes – parfois dangereusement sanguinaires – se dissimulant sous des raisonnements prétendument scientifiques et se réclamant de l'économie ou de la biologie. Mais la sécularisation se présentait surtout comme irréversible dans les sociétés démocratiques développées d'Europe et d'Amérique. L'affirmation que Marcel Gauchet maintient aujourd'hui inchangée contre vents et marées était alors considérée comme irréfutable : « Nul parmi nous ne peut plus se concevoir, en tant que citoyen, commandé par l'au-delà. La Cité de l'homme est l'œuvre de l'homme, à tel point que c'est impiété, désormais, aux yeux du croyant le plus zélé de nos contrées, que de mêler l'idée de Dieu à l'ordre qui nous lie et aux désordres qui nous divisent. Nous sommes devenus, en un mot, métaphysiquement démocrates[1]. »

Je ne discute pas le fait que cette manière de poser le problème continue d'être majoritairement partagée en Europe, mais ceux qui y adhèrent semblent avoir actuellement perdu une partie de leur influence. Les évidences, même si c'est de manière superficielle, sont contre eux. Sans doute a-t-on pris un virage idéologique, selon lequel les raisonnements politiques s'affaiblissent ou deviennent confus tandis que les croyances religieuses se renforcent politiquement. J'insiste : le point important n'est pas que chaque individu, personnellement, revienne à la religion parce qu'il est à la recherche d'explications ou de consolations métaphysiques, mais que les collectivités socialement les plus influentes ou intimidantes récupèrent la voix théologique pour justifier leurs interventions sur la place publique. Gilles Kepel l'a très bien exposé au début de son livre prémonitoire *La Revanche de Dieu* – dont la première édition date de 1991 – qu'il a sous-titré avec un bonheur qui n'est pas seulement commercial : *Chrétiens, juifs et musulmans à la reconquête du monde.* Kepel écrit dans son introduction : « Un nouveau discours religieux prend forme, non plus pour s'adapter aux valeurs séculières, mais pour redonner un fondement sacré à l'organisation de la société – en la changeant si nécessaire. Ce discours, à travers ses multiples expressions, prône le dépassement d'une modernité déficiente dont il attribue les échecs et les impasses à l'éloignement de Dieu. Il ne s'agit plus d'*aggiornamento*, mais de "seconde évangélisation

1. Marcel Gauchet, *La Religion dans la démocratie. Parcours de la laïcité*, Paris, Gallimard, « Folio », 1998, p. 11.

de l'Europe". Non plus de moderniser l'islam, mais d'"islamiser" la modernité[1]. » Aux conséquences sur la géopolitique des années quatre-vingt de ce réarmement théologique analysé par Gilles Kepel dans son livre (avec des exemples remarquables empruntés à l'intifada et à l'islamisme révolutionnaire, au retour du christianisme version catholique en Europe de l'Est et version fondamentalisme protestant en Amérique, et à la résurrection du judaïsme orthodoxe en Israël), à ces conséquences se sont ajoutés – après des confirmations aussi vigoureuses que l'apparition dévastatrice du terrorisme islamique d'Al-Qaida, que les affrontements dans l'ancienne Yougoslavie entre catholiques croates, orthodoxes serbes et musulmans de Bosnie et du Kosovo, que les guerres permanentes du Soudan ou du Nigéria entre les musulmans du nord et les chrétiens et animistes du sud, que la poursuite des conflits entre hindouistes et musulmans en Inde, entre bouddhistes et hindouistes au Sri Lanka, entre chiites et sunnites en Irak à la suite de l'invasion américaine – se sont donc ajoutés des conflits internationaux causés par les réactions de l'intégrisme islamique face aux expressions européennes jugées agressives envers leur foi et qui ont conduit à prendre des mesures qui restreignent les libertés religieuses, artistiques ou festives dans nos pays, etc.[2]

On peut raisonnablement supposer qu'en grande partie ces conflits ne sont pas « réellement » motivés par des questions religieuses, et que l'on utilise plutôt cette couverture pour dissimuler une volonté de pouvoir politique ou d'hégémonie sociale. Mais on pourrait dire la même chose des guerres de religion européennes des seizième et dix-septième siècles… et, même si cela m'attriste, des croisades ! L'important n'est pas qu'un type supplémentaire de motivations favorise à chaque

1. Gilles Kepel, *La Revanche de Dieu*, *op. cit.*, p. 14.

2. Nous trouverons une chronique succincte mais exacte des principaux affrontements belliqueux pour raisons religieuses dans *Tuez-les tous ! La guerre de religion à travers l'histoire, VIIe-XXIe siècle*, de Elie Barnavi et Anthony Rowley, Paris, Perrin, 2006.

fois le déploiement belliqueux, mais que l'on préfère que ses causes effectives soient, pour être plus intelligibles à la majorité (ou plus enthousiasmantes pour les masses), présentées et argumentées du point de vue du dogmatisme théologique, c'est-à-dire à partir de problématiques irréfutables par définition et antimodernes par vocation. Mais il est aussi évident qu'en certaines occasions le poids de l'exhortation religieuse est bien plus fort que dans d'autres. Par exemple, bien que le président George W. Bush aime célébrer par de brèves et ferventes prières publiques l'indiscutable soutien que Dieu apporte selon lui aux États-Unis et la bienveillance avec laquelle il considère leurs opérations militaires, il serait assez naïf de considérer comme théologiques les principales lignes directrices de la politique extérieure américaine, aussi nombreux que soient les *théocons* qui conseillent le mandataire fourvoyé de la Maison Blanche ! (N'oublions pas également que ce président a été élu grâce à l'appui d'électeurs qui ont été en grande partie mobilisés au moyen de raisonnements religieux, axés sur trois sujets qui sont au centre des soucis moraux aux États-Unis : *God, arms and gays*, la foi, le droit de posséder des armes et le scandale des revendications homosexuelles.) En revanche, malgré tout le ressentiment anticolonialiste accumulé et la grande indignation contre Israël qu'on peut leur prêter, il est évident que les terroristes suicidaires qui ont démoli les tours new-yorkaises sont difficilement compréhensibles sans prendre en compte le fanatisme religieux dans leur magma idéologique. Ce type de croyance modèle chez ceux qui en sont imprégnés une identité fermée, quelque chose comme une personnalité inaccessible à la persuasion et dotée de devoirs absolus qui remplacent avantageusement n'importe lequel des droits relatifs et circonstanciels de nos démocraties : comme l'a bien signalé Amartya Sen dans son livre consacré à l'étude du lien entre identité et violence, cette dernière leur procure « l'illusion d'un destin »... la plus dangereuse de toutes parce qu'elle est *consolatrice* pour les âmes errantes en ces temps de mondialisation. Face à un discours politique discrédité aux yeux des impatients et des ignorants à cause de ses ambiguïtés, de ses contradictions et de ses promesses à moitié tenues, la clameur des prophètes convoque les fidèles à une mission sans tiédeur et dont rien ne peut venir démentir le résultat glorieux parce qu'il appartient à l'ordre du surnaturel. Combien paraissent mesquins les intérêts des hommes et leurs arrangements quand on leur oppose les sublimes affaires de Dieu !

Certains refusent d'accepter que les grandes religions, sources réputées de concorde et d'humanitarisme désintéressé, puissent faciliter des affrontements implacables et sanglants. Mais ils ne doivent pas oublier deux choses. En premier lieu, les religions fonctionnent comme des éléments de cohésion *à l'intérieur* des sociétés où elles sont hégémoniques, mais elles ont en revanche généré au cours de l'histoire de l'hostilité *envers l'extérieur*, à l'encontre des autres communautés religieuses. Cela se vérifie particulièrement avec les monothéismes, qui ont introduit une exigence de vérité exclusive que les paganismes polythéistes n'ont pas connue. Les monothéismes ne cohabitent pas pacifiquement avec d'autres formes de culte, ils les considèrent comme fausses et idolâtres et imposent leur éradication, si besoin est par la force, comme un pieux devoir pour leurs fidèles. Dans l'Ancien Testament, on témoigne et célèbre de nombreux massacres d'infidèles sur l'exhortation de prophètes juifs, au motif que Jéhovah est « un Dieu jaloux » qui n'admet pas que l'on élève des autels à d'autres divinités, chose que les fidèles de Baal et compagnie ont expérimentée dans leur chair. Comme l'Être suprême du monothéisme n'est installé sur aucun territoire concret, mais dans la conscience humaine, son culte a donné lieu aux premières persécutions idéologiques de l'histoire : l'Inquisition a inauguré des procédés d'investigation dans l'intimité des esprits et de châtiment des dissidents, qui plus tard ont culminé avec la Terreur révolutionnaire, le Goulag et autres abus totalitaires que certains hagiographes ont récemment imputés rien de moins... qu'aux Lumières ! Bien sûr, l'*apostasie* et l'hérésie ont été punies de mort tant par les juifs et les chrétiens que par les musulmans, même si aujourd'hui elles ne restent des crimes capitaux que dans certains régimes islamiques. Ce qui ne doit pas nous faire oublier l'extermination des cathares par les catholiques (avec sa terrible consigne : « Tuez-les tous, Dieu reconnaîtra les siens ! ») ou les opérations punitives contre les hérétiques des campagnes provoquées par la véhémence de Luther. Un des penseurs religieux les plus intéressants de la seconde moitié du vingtième siècle, René Girard, a interprété (avec des raisons peut-être plus ingénieuses que convaincantes) le christianisme comme l'effort sacré pour purger la société de la violence qu'instaure en elle le désir mimétique. Mais l'histoire démontre avec obstination que cette doctrine a servi de justification à de longues orgies de sang.

En second lieu, les religions ne sont pas des systèmes philosophiques dont les contradictions et les perplexités n'occupent que les loisirs érudits de certains intellectuels. Ce sont des amalgames de diverses croyances invérifiables, de superstitions, de légendes, de règles morales, d'histoires édifiantes, de tabous et de prophéties qui imprègnent le quotidien de personnes de toutes classes sociales, instruites ou pas, cultivées ou ignorantes, etc. La même foi, qui est pour certains une stimulation poétique qui spiritualise leur vie vers plus d'humanité et de compréhension, fonctionne dans d'autres cas comme un obscurantisme fanatique poussant à l'extermination et à la persécution implacables de ses semblables. Quand ils observent les effets criminogènes du si redouté *odium theologicum*, les croyants les plus modérés et bienveillants nous assurent que leurs coreligionnaires les plus féroces n'ont pas compris le véritable message du Christ, de Mahomet ou de Moïse. Mais comment déterminer sans équivoque quel est ce message authentique ? Dans les livres sacrés il y a de tout, comme au marché, et à côté de préceptes de solidarité et de fraternité ils en proposent beaucoup d'autres qui transpirent la cruauté punitive : le choix des uns ou des autres dépend de circonstances politiques et sociales étrangères à la religion elle-même, laquelle – comme la lance du héros grec – sert aussi bien à infliger des blessures fatales qu'à les guérir. Par exemple : il est sûr que le Coran abonde en sourates mortifères (« quand vous rencontrerez les infidèles, tuez-les jusqu'à en faire un grand carnage », sourate 47, verset 14) et à la vue des tragiques événements récents il est difficile pour la majorité d'entre nous d'admettre que les appels au *djihad*, ou guerre sainte, se réfèrent uniquement, pour ce qui est de leur origine orthodoxe, au combat spirituel de l'âme du croyant contre ses mauvais penchants. Mais les paroles qui suivent ne tranquillisent pas non plus, elles qui sortent de la bouche du prophète que l'on dit le plus doux, surtout quand on connaît l'histoire du christianisme : « Ne croyez pas que je sois venu apporter la paix sur terre : je ne suis pas venu apporter la paix, mais le glaive. Car je suis venu séparer et dresser l'homme contre son père, et la fille contre sa mère, et la bru contre sa belle-mère ; et l'homme aura pour ennemis les gens de sa maison » (Mt 10,34-36). Les descriptions, dans les Nombres ou le Deutéronome, du destructeur *herem* juif, selon lequel aussi bien l'homme que la femme, l'enfant que le vieillard, doivent être égorgés (Nomb 31,17 : « Maintenant donc, tuez tout enfant mâle, tuez aussi toute femme ayant partagé la couche d'un homme » ; Jos 6,21 : « Ils vouèrent à l'anathème tout ce qui se trouvait dans la ville, hommes et femmes, enfants et vieillards, jusqu'aux bœufs, au menu bétail et aux ânes, frappant tout du tranchant du glaive. » etc.), trouvent actuellement un écho dévastateur dans les événements du Proche-Orient. Dans l'Ancien Testament les exhortations au génocide sont tellement fréquentes qu'elles lassent plus qu'elles ne scandalisent.

Évidemment, chacune de ces doctrines monothéistes regorge aussi de recommandations généreuses envers son prochain, surtout s'il partage notre foi ; mais les propositions belliqueuses et exterminatrices ne sont pas pour cela moins présentes dans toutes trois. Le message *authentique* de l'Évangile, de la Torah ou du Coran est à double visage, comme Janus : tolérant et intransigeant, cordial et exclusif, fraternel et belliqueux, criminel et pacifique... Que la prédication prenne un chemin ou un autre dépend des circonstances historiques, des différents jeux politiques de pouvoir qui agissent dans chaque cas, et surtout de l'influence des prédicateurs eux-mêmes. Sur l'existence de Dieu il convient d'avoir des doutes raisonnables et beaucoup regretteront une telle incertitude ; mais personne ne peut douter du fait que dans toutes les religions monothéistes il existe des clercs très actifs et entreprenants, et pour beaucoup d'entre nous cette certitude paraît encore plus regrettable. La transcription de la parole divine présente des aspects contradictoires : que l'accent soit mis sur les exhortations à persécuter ou sur les recommandations fraternelles dépend en grande partie des intermédiaires qui se portent volontaires pour l'interpréter. Ce que la leçon de l'histoire démontre est qu'aucune des trois grandes confessions ne s'est ouvert la voie uniquement à force de mansuétude, parce que cette vertu admirable est très peu compétitive dans le champ idéologique. Ainsi par exemple Jean-Paul Gouteux assure-t-il : « Le succès évolutif d'un système idéologique quelconque dépend de sa capacité à générer du prosélytisme, à combattre, exclure et remplacer les systèmes concurrents... La nature totalitaire des systèmes religieux et idéologiques à succès est liée à cette impitoyable sélection. Les religions douces, tolérantes, humanistes, pacifiques n'ont aucune chance de se maintenir. Insistons sur cette évidence qu'on ne veut pas voir : seuls se reproduisent les systèmes développant d'efficaces moyens de reproduction ; le prosélytisme, le totalitarisme intellectuel, l'intolérance, l'absolutisme des convictions[1]. »

Évidemment, une fois consolidées, les Églises peuvent stratégiquement modérer leurs soucis d'influence terrestre, surtout si le pouvoir civil établi ne leur est pas totalement favorable. Il n'y a pas de circonstance qui adoucisse davantage l'intransigeance théologique que la faiblesse politique de ceux qui l'exercent. Il existe un grand contraste entre les clercs qui ont l'autorité régnante à leur service et ceux à qui elle est opposée, ou qui est simplement dans une disposition neutre. Très vite ils adoptent les revendications libératrices qu'ils ont combattues quand ils étaient en position dominante, selon la célèbre formule de Montalembert : « Quand je suis faible, je vous réclame la liberté au nom de vos principes ; quand je suis fort, je vous la refuse au nom des miens. » C'est une citation que jamais je n'oublie quand j'entends l'Église espagnole ex-franquiste réclamer aujourd'hui à la démocratie la liberté d'enseignement à laquelle elle a si efficacement fait obstacle durant la dictature. Sans doute certains clercs ont-ils lutté pacifiquement et avec un courage évident pour défendre les droits de l'homme bafoués, en Alabama ou en Afrique du Sud, ainsi que dans divers pays d'Amérique latine. Ils ont rendu des services inoubliables… et pas seulement aux croyants. Dans d'autres cas en revanche, ils ont revendiqué les libertés démocratiques, mais dans la seule mesure où elles favorisaient l'exercice de leur culte : même s'ils ont sans doute contribué au renversement souhaitable du régime communiste, les prêtres polonais – avec en ce temps-là, depuis Rome, Jean-Paul II à leur tête – ne se sont réellement préoccupés que de la liberté religieuse dans leur pays et ont peu fait en faveur des autres franchises de la démocratie, au libéralisme de laquelle ils se sont plutôt bruyamment opposés.

1. Jean-Paul Gouteux, *Apologie du blasphème*, Paris, Syllepse, 2006, p. 220.

Dans la majorité des pays développés d'Europe, avec plus ou moins de réticences, l'Église catholique accepte – on ne fait pas toujours ce que l'on veut – la coexistence laïque indispensable au fonctionnement de l'État démocratique. Mais ce qui semblait devoir devenir la tendance générale du monde, la voie que devraient suivre tôt ou tard tous les États – laïcité, libéralisme, l'éthique universaliste en tant que « code génétique de la société moderne » comme l'avait annoncé Gilles Lipovetsky – s'est trouvé réduit à une variété européenne particulière de coexistence, une originalité mise en question aussi bien de l'extérieur par le fanatisme des croyants (y compris par les fondamentalistes chrétiens aux États-Unis) que de l'intérieur par les mises en question permanentes des adversaires du rationalisme et des Lumières. De plus, l'ombre portée de l'islam, immense et parfois caricaturée, est devenue la grande menace qui compromet notre sécurité et nos libertés. Il est indubitable que le terrorisme islamiste d'Al-Qaïda (« marque déposée » qui opère aussi comme une « franchise » pour d'autres groupes de fanatiques qui, en multipliant les victimes, ont pris la relève des nihilistes du dix-neuvième siècle) compromet la sécurité de beaucoup d'êtres humains dans les pays occidentaux et orientaux. Il a en revanche très peu de pouvoir sur notre système de libertés démocratiques, sauf indirectement : il contribue à les réduire, en donnant des arguments aux politiciens autoritaires qui sont toujours à la recherche de bonnes raisons pour augmenter leur contrôle sur la population civile indisciplinée. Et cela préoccupe par conséquent le citoyen jaloux de ses droits, tout autant que de voir certaines autorités politiques et culturelles se soumettre avec une craintive docilité aux vociférations intégristes de ceux qui se prétendent offensés par des caricatures, des déclarations papales ou même – en Espagne – par les fêtes « de Maures et Chrétiens ». Nous parlerons de cela plus loin. Mais les attentats d'Al-Qaïda sont surtout dirigés, et ce de manière démonstrative (la propagande par l'action, c'est ce que disaient les nihilistes mentionnés plus haut), contre les musulmans qui, dans leurs pays d'origine ou leurs pays occidentaux d'adoption, semblent avoir tendance à adopter les coutumes de coexistence et de représentation propres à la démocratie. Les terroristes islamistes veulent décourager et éliminer tous ceux qui entendent prouver par leur propre exemple que ni en Orient ni en Occident il n'est obligatoire pour les citoyens – laïcs ou religieux, mais inscrits dans l'aire culturelle musulmane – de se soumettre à la *charia* théologiquement révélée et instituée comme unique légalité structurante de la communauté.

Nombreux sont ceux qui soutiennent que l'islam est intrinsèquement incompatible avec la vie démocratique et avec ses usages politiques et sociaux. Cette opinion serait recevable s'il existait une doctrine islamique authentique – celle que défendent les plus intégristes de ces croyants – et si l'islam se révélait être la seule religion incapable d'évoluer pour s'adapter à la réalité historique. Ces deux hypothèses me paraissent erronées. En premier lieu, il existe différentes manières également « orthodoxes » ou valables selon un large consensus religieux d'interpréter les enseignements du Coran ainsi que des autres textes sacrés musulmans… comme cela arrive pour toute religion basée sur un Livre saint. Les attitudes les plus radicalement et belliqueusement anti-occidentales ne sont probablement pas majoritaires, et c'est précisément pour cela qu'elles ont besoin de recourir à la violence pour s'affirmer. En second lieu, au fil des siècles, on trouve des types d'islam très divers (tolérant, intransigeant, scientifique, irrationaliste, etc.), et aujourd'hui encore les habits d'une femme musulmane en Turquie ou en Tunisie ne sont pas les mêmes que ceux de ses coreligionnaires d'Arabie Saoudite. Pour ne pas parler des croyants des deux sexes qui vivent aux États-Unis ou dans les pays européens, ni surtout de ceux, pratiquants ou non, qui tout en appartenant à l'aire culturelle islamique vivent de manière semi-clandestine dans des États théocratiques, ou partiellement déracinés de leur communauté d'origine dans les nôtres. Et il se trouve qu'on peut être musulman (ou dissident de la croyance majoritaire) de différentes manières. Le problème réside dans le fait qu'il existe des pays musulmans où l'athéisme ou l'apostasie sont punis aujourd'hui de manière aussi rigoureuse qu'ils l'étaient hier dans la Genève de Calvin ou dans l'Espagne de l'Inquisition (imaginez la liberté religieuse qui régnerait en Europe si toutes les nations étaient soumises à un régime politico-théocratique semblable à celui qui prévaut aujourd'hui au Vatican !). Il n'est pas question de subtilités théologiques mais d'institutions civiles : ce dont a besoin la majorité des musulmans n'est pas d'une religion meilleure mais d'un meilleur gouvernement, plus indépendant des directives religieuses et davantage préoccupé des libertés civiles. De plus, l'essence de l'islam n'implique pas qu'il soit plus réfractaire à la démocratie libérale que le catholicisme ou, le cas échéant, que le communisme ou le socialisme (à la fin des années soixante-dix du siècle dernier, les jeunesses socialistes espagnoles se posaient encore, lors de leurs congrès, le problème de l'opportunité de la lutte armée !). De sorte que si l'on prétend retrouver un relatif optimisme à constater qu'il est toujours possible de faire fléchir les plus fanatiques et de faire sortir les hommes des chemins idéologiques les plus asphyxiants, il n'est pas nécessaire de se plonger dans l'histoire de l'islam, celle de l'Occident chrétien suffit…

Bien entendu, je ne prétends pas minimiser la distance qui sépare aujourd'hui les libertés individuelles dont jouit n'importe quelle personne assujettie aux lois démocratiques occidentales de celles qui restent à ceux qui sont obligés de se soumettre à la *charia*. C'est surtout vrai pour les femmes, comme l'a montré Ayaan Hersi Ali, la députée néerlandaise née dans une famille d'origine musulmane, qui a finalement dû abandonner son pays après l'assassinat du cinéaste Theo Van Gogh – au film le plus polémique duquel elle avait participé –, qui a expliqué avec éloquence les mécanismes de type esclavagiste qui découlent d'une certaine interprétation du Coran. Un historien conservateur a cru stigmatiser Hersi Ali avec l'éloge suivant : « C'est une héritière de Spinoza. » Bravo à elle ! Ayaan Hersi Ali et Theo Van Gogh lui-même avaient aussi été discrédités en étant présentés comme des personnes « de droite ou d'extrême droite » (ce qui transformait évidemment les agressions qu'ils avaient subies en simple réponse à une provocation préalable) par certains « multiculturalistes » obtus, de ceux qui font aux musulmans démocrates plus de tort que leurs pires ennemis. Le philosophe iranien Daryush Shayegan nous a très bien mis en garde contre ces « orientalistes par sectarisme », lui dont l'opinion est que l'islam, ou toute autre religion qui tient l'État et la société sous le joug de sa loi, fonctionne de manière rétrograde. Dans les pays de culture islamique, un État de droit démocratique aurait tout aussi bien pu s'implanter, mais un ensemble de circonstances historiques favorables a fait défaut : « Pour qu'il y ait démocratie, il eût fallu qu'il y eût préalablement une sécularisation des esprits et des institutions, que l'individu en tant que tel fût un sujet autonome de droit et non une âme anonyme fondue dans la masse gélatineuse de la *Umma* (communauté islamique) ; que le droit eût été une base contractuelle et qu'enfin la souveraineté nationale eût primé par sa légitimité impérative sur la répression coercitive des dictateurs et celle non moins étouffante des instances religieuses[1]. » Ces carences favorisent le fait que l'islam soit devenu partout une formule idéologique imprévisible et potentiellement explosive, comme Shayegan nous en avait avertis dans ces lignes prophétiques écrites plus d'une décennie avant l'attentat contre les Tours Jumelles : « Le grand danger de

1. Daryush Shayegan, *Le Regard mutilé. Schizophrénie culturelle, pays traditionnels face à la modernité*, Paris, Albin Michel, 1989, p. 46.

l'islamisation n'est pas seulement dans ses excès, ses volte-face, ses tâtonnements, son anachronisme, mais dans ce que, n'étant pas en mesure d'implanter un ordre historique structuré, elle suscite le chaos, et le chaos profite aux éléments les plus subversifs qui attendent leur heure dans les coulisses du pouvoir. Tout peut sortir de cette boîte de Pandore : les chimères les plus invraisemblables, les monstres les plus terribles de la ménagerie politique : de Khadafi à Pol Pot en passant par les illuminés de toute espèce, car le culte de la révolution devient une fin en soi et met en place sa propre démonologie[1]. » C'est à ce moment-là qu'Al-Qaïda entre en scène…

La menace parfaitement réelle de l'intégrisme islamiste contre nos pays démocratiques a éveillé des terreurs et des prises de position apocalyptiques opposées. Certains responsables culturels anticipent même les protestations des intransigeants réellement redoutés et suppriment de leurs spectacles toute chose dont ils supposent qu'elle pourrait les offenser (ce qui est extrêmement difficile à évaluer, parce que chacun s'offense de ce qu'il veut et qu'il n'existe pratiquement pas de geste public, ou même privé, qui ne puisse blesser la susceptibilité d'un névrosé ou d'un fanatique). Un des derniers faits en date, et des plus ridicules, est d'avoir évacué les « maures » des Fêtes de Maures et Chrétiens dans diverses localités espagnoles pour ne pas outrager les musulmans, chose aussi « compréhensible » d'un point de vue politiquement correct que de supprimer Pilate et ses centurions des représentations de la semaine sainte pour ne pas offenser le gouvernement italien. Les attentats et les polémiques (caricatures de Mahomet, référence de Benoît XVI à une opinion de Manuel Paléologue, etc.) ont créé un climat de suspicion et un fracas médiatique que certains se sont empressés de qualifier d'« islamophobie » et qu'ils ont dénoncés comme étant une position d'extrême

1. *Ibid.*, p. 135-136.

droite. Ce que l'on détecte en réalité dans la société est davantage un rejet de l'intransigeance et des comportements violents de certains musulmans qu'une xénophobie généralisée contre les membres de quelque ethnie ou groupe culturel. Et aussi le rejet de certaines pratiques incompatibles avec l'égalité des sexes dans les sociétés démocratiques. Dire que les femmes – à quelque culture ou tradition familiale qu'elles appartiennent – ne peuvent être ni mutilées ni obligées à porter des tenues humiliantes n'est pas une forme de discrimination mais bien au contraire la revendication d'un traitement égal pour tous les citoyens. Même remarque lorsqu'il s'agit de lutter pour créer un cadre laïc leur permettant de choisir librement leur mode de vie, sans coercition venant des mâles de leur famille ou d'un environnement traditionaliste secondé par des « orientalistes » stupides qui affirment avec triomphalisme que l'évidente soumission des femmes est volontaire et assumée.

Il est vrai qu'actuellement beaucoup de conservateurs défendent face aux islamistes les valeurs des Lumières – qu'ils exécraient hier pour leur caractère impie – non pas tant parce qu'elles sont universelles que parce que ce sont « les nôtres », celles de chez nous. Sur ce point, il s'est produit un curieux virage socio-politique que résume avec succès Ian Buruma dans *On a tué Theo Van Gogh*, l'excellent essai-reportage qu'il consacre à l'assassinat du cinéaste néerlandais : « La gauche était du côté de l'universalisme, du socialisme scientifique, et ainsi de suite, tandis que la droite croyait en la culture, dans le sens de "notre culture", "nos traditions". Au cours de l'époque multiculturelle des années 1970 et 1980, ce débat commença à se déplacer. C'était désormais la gauche qui mettait en avant la culture et les traditions, surtout "leurs" traditions, celles des immigrés, tandis que la droite se mettait à revendiquer les valeurs des Lumières. Le problème dans ce débat était la douteuse frontière existant entre ce qui était effectivement universel, et ce qui n'appartenait qu'à "nous"[1]. » Soit dit en passant, dans le panorama de la politique espagnole, nous avons connu le même virage de la gauche, déconcertant et pathétique, avec son récent enthousiasme pour le séparatisme nationaliste et ethnique au Pays basque, en Catalogne, etc.

Ce qui est sûr, c'est qu'en trop d'occasions, ceux qui dénoncent les « islamophobes » d'extrême droite agissent en réalité comme des alliés de l'extrême droite rétrograde du conservatisme islamique. Une chose est de garantir le droit de chacun à choisir sa manière de vivre, une autre de décider que certaines traditions religieuses contraires aux droits fondamentaux de l'individu inscrits dans les constitutions démocratiques ne peuvent pas être combattues par la législation d'un État démocratique. En réalité, cette attitude comporte un racisme à rebours basé de manière erronée sur l'altérité multiculturelle. Rien n'est plus suspect que de déterminer l'existence d'« altérités humaines » qui refusent au nom de la Diversité Sacrée la protection de droits de l'homme « eurocentristes » (?) – peut-être n'en ont-ils pas besoin. Face à ces manipulations sectaires, il est bon de rappeler le salutaire égalitarisme humaniste : « Notre commune nature humaine nous fait partager des valeurs essentielles. Liberté, altruisme, tolérance, égalité, fraternité sont des valeurs que l'on trouve à un degré plus ou moins grand dans toutes les cultures, et qui ne sont en rien exclusives de notre "civilisation occidentale". Ces valeurs fondamentales (qu'il serait nécessaire de définir plus clairement dans les grandes déclarations internationales) sont sous-jacentes dans l'existence de droits : droits aux soins, à l'éducation, au choix politique, à des conditions de vie décentes et, parfois, simple droit à l'existence. Et c'est là que se révèle dangereuse la vision d'une altérité radicale, lorsqu'on construit un dis-

1. Ian Buruma, *On a tué Theo Van Gogh. Enquête sur la fin de l'Europe des Lumières*, trad. de l'anglais par Jean Vaché, Paris, Flammarion, 2006, p. 38.

cours qui finit par exclure l'Autre de ces valeurs fondamentales. Ce comble de la différence rejoint ainsi le pire des racismes[1]. »

Poussé à ses extrémités les plus sanguinaires, l'islamisme intégriste nous rappelle sans doute – à cause de son imperméabilité à la pensée critique, de son mépris de la vie des autres, de ses prétentions à exterminer ceux qu'il hait, de son culte de la mort et même du suicide – les pires traits des totalitarismes qui ont ravagé l'Europe au siècle dernier. L'excellent portrait que fait Ian Buruma, dans son livre cité plus haut, de Mohammed Bouyeri, le jeune assassin de Theo Van Gogh, dont le ressentiment n'est pas tout à fait injustifié mais qui, délibérément, se marginalise de plus en plus et s'abandonne au rêve d'une glorieuse immolation, pourrait être celui d'un des personnages de *L'Agent secret* de Joseph Conrad ou de *Adieu à Berlin* de Christopher Isherwood. Pourtant, je ne crois pas non plus que seraient complètement dans le vrai ceux qui dénoncent la croissance mondiale d'un « islamofascisme » (comme si tout extrémisme idéologiquement nuisible devait correspondre au paradigme du fascisme, et non à celui du bolchevisme ou de l'inquisition papale, par exemple) et pronostiquent un « choc des civilisations ». Il s'agit en premier lieu d'un usage abusif du mot « civilisation » parce qu'à notre époque il n'en existe qu'une, la civilisation scientifico-technique, à laquelle recourent également Bush et Ben Laden quand ils essaient de se procurer des armes efficaces, de conserver leur santé ou de communiquer avec le reste du monde. Mais si nous comprenons « civilisation » comme une espèce d'équivalent symbolique d'« identité culturelle », il reste peu convaincant de la focaliser sur la question religieuse. Outre les croyances religieuses, ou leur absence, chaque personne a beaucoup de traits identitaires fondés sur d'autres particularismes. Et cela est une objection

1. Jean-Paul Gouteux, *Apologie du blasphème*, *op. cit.*, p. 140.

valable tout autant pour les catastrophistes du choc des civilisations que pour les bigots ignorants qui préconisent leur alliance. C'est un point de vue argumenté de manière convaincante par Amartya Sen dans son dernier livre : « Quand les relations entre personnes sont considérées en termes de relations singulières entre groupes, comme "amitié" ou "dialogue" entre civilisations et ethnicismes religieux, tout en ignorant les groupes auxquels ces mêmes personnes appartiennent par ailleurs (impliquant des connexions économiques, politiques, sociales ou culturelles), alors une grande partie de ce qui a de l'importance dans la vie humaine est perdue de vue et les individus sont placés dans d'étroits compartiments étanches[1]. » Transformer le facteur religieux – surtout compris en tant que foi et non comme simple « milieu » auquel on appartient par tradition ou par commodité – en condition prédominante qui configure l'identité personnelle suppose un déterminisme culturel inacceptable. Si nous, qui appartenons à la supposée « civilisation chrétienne », nous pouvons énumérer sans effort particulier une demi-douzaine – si peu ! – de traits diacritiques plus ou moins caractéristiques qui nous définissent mieux que la religion majoritaire du pays où nous habitons, nous n'avons pas de raison valable pour dénier ce même privilège à ceux qui vivent à l'intérieur de l'aire culturelle mahométane. Je ne suis pas disposé à me heurter ni à m'allier avec quiconque à cause de ses croyances religieuses, ni bien entendu à supposer que celles de mon environnement doivent compter davantage pour moi que pour lui les siennes : ce serait plutôt le contraire, je crois que nous nous comprendrons mieux si nous confessons tous deux, avec une certaine gêne résignée, que nous sommes victimes de nos prêtres respectifs.

Ceux qui heurtent sur le plan religieux dans le monde où nous vivons, parfois avec de terribles résultats, ce sont préci-

1. Amartya Sen, *Identity and Violence*, Londres, Allen Lane, 2006, p. XVI.

sément ceux-là mêmes qui ne trouvent de motifs d'« alliance » que dans la bataille contre les sceptiques rationalistes qui aspirent à vivre dans des sociétés démocratiques où les croyances transcendantes seraient un droit pour tout un chacun mais non une obligation pour tous. Il s'agit des fanatiques dont la devise est : « Pense comme moi ou meurs », déjà dénoncée il y a des siècles par Voltaire. Dans les États de droit occidentaux, ils sont actuellement radicalement minoritaires, ce qui ne les empêche pas de temps en temps de menacer de leurs féroces débordements – qui parfois recouvrent des problèmes sociaux moins spirituels – la cohabitation libérale toujours fragile. L'absence de grandes passions politiques et la pression sans solidarité des intérêts privés caractérisent les nations modernes dans le monde développé… et dans d'autres nations qui essaient de s'élever au même niveau que lui sur le plan social et économique. Dans cette ambiance désenchantée, les débordements incontrôlables des croyances millénaristes ont un attrait certain pour beaucoup d'esprits naïfs, maltraités ou trop généreux. Comme l'a dit Dominique Colas, « le fanatisme est le refus délirant d'accepter la finitude terrestre de l'homme[1] ». Beaucoup de jeunes gens ont ressenti cela à la fin des années soixante, mêlé à des revendications plus sensées et nécessaires, tout comme cela en fascine d'autres aujourd'hui, qui par ailleurs ne manquent pas de bonnes raisons pour être non-conformistes. Mais le fanatisme religieux de certains ne fait qu'en susciter d'autres, non moins aveugles quoique d'orientation opposée, qui ne proposent jamais un programme d'améliorations viable pour la société du vingt et unième siècle. Le retour au souci idéologique de participer à des transformations politiques allant vers plus de justice, dans un ordre mondial soumis à la routine spoliatrice de la maximisation des bénéfices

1. Dominique Colas, « Le fanatisme, histoire d'un mot », *Le Genre humain*, n° 23, « Le religieux dans le politique », Paris, Seuil, 1991, p. 43.

et de la minimisation des droits sociaux, constitue une solution erronée à une question nécessaire et opportune : « Indicateur privilégié de tensions à l'œuvre dans les sociétés, et qui ne peuvent se dire qu'en se cachant, le religieux apparaît aujourd'hui comme un formidable vecteur de ré-idéologisation, dont l'objectif majeur serait de questionner les catégories du relatif et donc de la démocratie. Le problème serait donc de retrouver, dans le relatif, un langage permettant de rendre compte du réel et de le décrire, de penser et de dire un rapport au sens[1]. »

Au motif de la polémique qui a suivi les mots prononcés par Benoît XVI à Ratisbonne et de cas similaires, certains rigoristes catholiques revendiquent la nécessité de revenir à « nos valeurs » face à l'intransigeance agressive des musulmans les plus radicaux. Mais il s'agit d'un malentendu parce que « nos valeurs » démocratiques et occidentales ne sont pas celles que soutient la théocratie vaticane, mais celles que résume le concept de laïcité des institutions. Ceux qui prétendent théocratiser « à la catholique » nos sociétés pour les protéger de la théocratie islamiste, sont en réalité en train d'islamiser le christianisme : comme tant d'autres avant-gardes au cours de l'histoire, ils foncent tête baissée avec tant de décision qu'ils finissent par passer à l'ennemi qui fondait sur nous… Pour que puisse réellement advenir une société laïque qui soit en même temps soudée et active dans la recherche d'améliorations sociales, il doit être bien clair qu'à l'époque actuelle – peut-être précisément grâce à l'évolution historique du christianisme, « la religion de la sortie de la religion », comme l'a expliqué Marcel Gauchet – le pouvoir unificateur et vecteur de justice de la religion n'est plus indispensable pour légitimer ces buts. Cette constatation n'annule pourtant

1. Patrick Michel, « L'Église entre Gdansk et Varsovie », *Le Genre humain*, n° 23, « Le religieux dans le politique », Paris, Seuil, 1991, p. 57.

pas la dette culturelle de nos valeurs laïques envers leurs origines religieuses. Arrivés là, on a l'habitude de confondre les choses de manière un peu grotesque : comme une parodie du « si Dieu n'existe pas, tout est permis » du personnage de Dostoïevski, certains croyants ou anciens croyants somment ceux qui ont quitté la religion dogmatique de restituer le butin volé, comme c'est le cas pour les droits de l'homme. Leur oukase est le suivant : « Ou vous croyez en Dieu ou vous vous rangez du côté des dévoreurs d'êtres humains. »

Examinons la position polémique de Reyes Mate dans « Retarder ou accélérer la fin. L'Occident et ses théologies politiques[1] », qui me met personnellement en cause. Cet auteur commente les opinions de Sloterdijk et surtout de Enzensberger, qui lient selon lui de manière indissoluble le sort de la religion chrétienne à celui des droits de l'homme. Pour Enzensberger, il présente une citation où le penseur allemand signale que les droits en question présupposent une obligation sans limites envers les autres et une quête infinie qui dévoile son noyau d'origine théologique, pour conclure ensuite que le moment est venu de se libérer de tous les fantasmes moraux d'omnipotence. Reyes Mate fait alors cette remarque : « Comparons maintenant cette manière de poser les problèmes avec la théorie de Savater selon laquelle l'origine chrétienne des droits de l'homme réside dans le fait qu'"on leur refuse la sanction divine parce qu'ils ont été, à l'origine, condamnés par la papauté" (la citation provient de « Nos racines chrétiennes », un article publié dans *El País* le 4 juillet 2004, et que le lecteur trouvera dans les annexes de ce livre [*N.d.A.*]). Savater, avec une posture très conventionnelle, s'en tient aux droits de l'homme – qu'il veut attribuer à la raison des Lumières – et

1. Reyes Mate, « Retrasar o accelerar el final. Occidente y sus teologías políticas » (Retarder ou accélérer la fin. L'Occident et ses théologies politiques), *Nuevas teologías políticas*, Madrid, Anthropos, 2006.

ironise sur leur provenance religieuse. Ce qu'il ne voit pas, à la différence des Allemands, c'est que ces droits de l'homme ont autant d'avenir que la raison religieuse dont ils procèdent. Ce qui serait cohérent, si on leur dénie leur caractère de sécularisation, serait de s'en désintéresser, comme le proposent les auteurs cités. Savater veut être en même temps du côté de Dionysos et de celui du Christ[1]. » Me voilà bien ambitieux, mais ce qu'en l'occurrence je signalais dans mon article est une chose assez évidente et guère originale : la promulgation des droits de l'homme est une réalisation laïque de la raison des Lumières (plus irréligieuse encore dans le cas des pères fondateurs de Philadelphie que dans celui des constituants français) qui précisément hérite du christianisme primitif sa capacité à se soulever au nom de la vérité contre l'autorité ecclésiastique établie. Les droits de l'homme proviennent de la culture chrétienne, mais dans leur formulation institutionnelle révolutionnaire, ils poussent ce qu'il y a de plus humaniste et moderne dans ce message jusqu'à la rupture avec l'absence de sens critique de la foi et avec la soumission à la hiérarchie, parvenant à une autonomie idéologique et morale que le pape – moins distrait sur la question que Reyes Mate – a immédiatement condamnée. Les droits de l'homme conservent l'égalité des hommes, la liberté de conscience et la fraternité universaliste en tant que contenu éthico-politique obligatoire de quelques pieuses légendes dont ils abandonnent la littéralité au jugement personnel de chacun. Bien entendu, il n'y a aucune raison de lire les droits de l'homme de manière fanatique, c'est-à-dire comme une quête infinie : ceux qui les ont le mieux analysés – je pense à Norberto Bobbio – les comprennent plutôt comme un engagement solidaire à long terme, et comme un ensemble de limites auto-imposées face au caractère péremptoire des utopies et des transformations politiques. De plus, décider

1. *Ibid.*, p. 35.

qu'il faut abandonner le christianisme (en tant que croyance, car Nietzsche pas plus que quiconque ne prétend y renoncer en tant que tradition culturelle) ou bien renoncer aux droits de l'homme est aussi convaincant que de demander aux athées de ne célébrer aucun jour de repos hebdomadaire, au motif qu'ils ont tous, à l'origine, une légitimation religieuse[1]...

Pour mieux comprendre le hiatus entre les droits de l'homme, tels qu'ils se sont établis traditionnellement, et la croyance religieuse chrétienne *actuelle*, il n'est que de les comparer avec l'alternative élaborée par un groupe de théologiens représentatifs des entités musulmanes à la fin des années soixante du siècle dernier. Cette « Charte islamique des droits de l'homme » prétendait dénoncer le caractère eurocentriste et pro-occidental de l'actuelle Déclaration des droits de l'homme. Dans l'alternative en question, on commençait par affirmer qu'Allah est l'auteur de la loi et la source de tous les droits humains, de sorte que ces derniers, pour être viables, exigent qu'on croie en Dieu et qu'on se soumette à l'islam. En partant de là, ils admettent en cas de vol les châtiments qui consistent en diverses amputations... parce qu'ils figurent tels quels dans le Coran. Et, bien entendu, ils condamnent comme des crimes capitaux l'incroyance et l'apostasie. Cette manière fidéiste de poser le problème a peu à voir avec les droits de l'homme laïcs et universalistes que nous connaissons : ils en sont plutôt

1. Nous avons même un penseur qui se déclare à la fois radicalement chrétien et nietzschéen : Gianni Vattimo. Dans son œuvre la plus récente, autobiographique, il soutient : « La modernité interprète le christianisme en termes de droits individuels, de liberté de conscience, toutes ces choses contre lesquelles l'Église a toujours milité à fond. Comme cela continue aujourd'hui de se passer. Ce qui pour moi n'empêche pas que l'authenticité du christianisme soit la pensée moderne-libérale-socialiste-démocratique, bien que cela dérange tous les papes et tous les cardinaux. Le nihilisme post-moderne est la forme mise au goût du jour du christianisme. » (G. Vattimo et P. Paterlini, *Non essere Dio*, Reggio Emilia, Aliberti, 2006, p. 182).

l'envers, comme le serait aussi une série d'engagements qui dépendraient de l'appartenance à la foi chrétienne et de la soumission aux autorités ecclésiastiques.

La laïcité de l'État démocratique se fonde sur le principe que la légitimation des institutions ne nécessite ni n'accepte aucune justification théocratique, mais qu'elle est basée sur un fondement civique, la volonté librement exprimée, diverse et mesurée des citoyens. Ceux qui déplorent – presque tous des clercs d'un rang plus ou moins élevé – le « silence de Dieu » imposé ou la prétention blasphématoire de se dispenser de sa tutelle, ont en partie raison, sans cesser pour autant de se tromper sur l'ensemble. Effectivement, s'agissant des questions de politique ou de législation, Dieu doit garder un silence institutionnel, ce qui ne peut représenter une perte véritablement sérieuse pour Quelqu'un qui est capable de parler directement au cœur des hommes et d'illuminer leur esprit (en revanche les évêques, oulémas et rabbins regretteront probablement une plus grande audience publique). Quant à la présence tutélaire de la divinité, il n'est pas question que les citoyens s'en passent mais qu'ils profitent de ses bienfaits sans qu'une reconnaissance explicite dans les lois soit nécessaire : étant donné que Dieu est présent partout, et pas moins dans les chancelleries que chez les menuisiers et les épiciers, il est inutile – autant pour le croyant que pour l'incroyant – de prendre officiellement acte de sa paternelle bienveillance au-dessus d'une assemblée humaine particulière. L'important est qu'il soit clair que la structuration de la communauté démocratique n'est due à aucun principe religieux et ne peut être le résultat d'une offrande à quelque autel que ce soit... pas même celui de la patrie : elle est une création de l'ensemble des citoyens. Comme l'établit Jürgen Habermas, « le processus démocratique doit la force qui génère sa légitimation à deux composantes : d'une part la participation politique égalitaire des citoyens qui garantit que les destinataires des lois puissent se ressentir eux-mêmes en même temps comme les auteurs de ces lois, et, d'autre part, à la dimension épistémique des formes de discussion et d'accord orientées vers la délibération, et qui justifient la présomption de résultats rationnellement acceptables[1] ». Ceci, bien entendu, doit être suffisant.

Habermas est peut-être précisément le penseur actuel qui a consacré le plus d'efforts à chercher un équivalent laïc au pouvoir unificateur qu'avait autrefois la religion. Et pas, bien entendu, en raison d'un penchant dionysiaque antichrétien ! La première question que nous devons nous poser selon lui, c'est en quoi consiste la laïcité, ou mieux – tenant pour acquis qu'elle consiste en la séparation du domaine de la politique de celui de la religion – ce qu'elle vise et quel doit être son aboutissement concret. Arrivés là, on peut dire qu'il existe des versions plus radicales et d'autres plus modérées, différence que l'on tente confusément de rendre en utilisant divers mots tels que « laïcité », « laïcisme » ou « aconfessionnalité ». Bien que je sois de ceux qui accordent de l'importance au nom des choses (parce que, comme l'a bien signalé Bertrand Russell, on commence par se tromper de mot et on finit par faire erreur sur le concept), dans ce cas, le hic ne me paraît pas être un problème de vocabulaire. Un certain préjugé répandu a trait au mot « laïcité » (qui ne figure pas dans le dictionnaire de l'Académie espagnole) comme définissant une position modérée et acceptable, tandis que le « laïcisme » désignerait l'extrémisme anticlérical et ennemi de la religion. Le laïc, selon cette distinction, est le partisan modéré de la séparation du civil et du religieux, tandis que le « laïciste » est l'excité qui prétend combattre le religieux au moyen du civil. Il me semble plus conforme à la sémantique de parler de « laïcité » et de « laïc » pour désigner un état de fait, une situation (celle qui est en

1. Jürgen Habermas, *Zwischen Naturalismus und Religion. Philosophische Aufsätze*, Francfort/Main, Suhrkamp, 2005.

vigueur dans les pays européens démocratiques par exemple), et de « laïcisme » pour qualifier l'attitude de celui qui est conscient de la situation institutionnelle précitée et qui la défend ou la pratique dans des situations concrètes. C'est à peu près comme cela que l'explique Carlo Augusto Viano : « Avec le mot “laïc” on exprime de fait une *condition* que tous identifient de la même manière, tandis que “laïcisme” désigne la *disposition* de celui qui approuve la séparation des domaines religieux et politique, et entend que le pouvoir politique protège les citoyens de l'ingérence du clergé qui ne devrait pas disposer de pouvoir de coercition, ni direct ni indirect[1]. » En Espagne, il est encore fréquent d'utiliser le mot « laïc » (ne disons même pas « laïcisme ») dans le sens d'« anti-chrétien », « athée », « mangeur de curés », etc., ce qui – outre une triste ignorance – dénote une mauvaise foi injuste à l'endroit des nombreux catholiques et croyants d'une autre confession qui défendent la laïcité dans notre pays. Certains, demi-savants (qui sont pires que les ignorants complets), présentent le terme « aconfessionnalité », qui est celui qui figure dans la Constitution, comme quelque chose de différent de « laïc » et de presque opposé à cette posture impie. D'après eux, l'aconfessionnalité réside dans le fait que l'État ne représente aucune religion en particulier mais doit les favoriser toutes ; naturellement, comme l'Espagne est par culture et par tradition principalement catholique (pour ne pas parler du concordat signé pour la première fois avec le Saint-Siège à l'époque de Franco et qui a des effets importants, surtout pour l'éducation), l'aconfessionnalité, entendue de cette manière si particulière, nécessiterait en fin de compte une tutelle marquée de « notre sainte mère l'Église ». La vérité c'est que l'aconfessionnalité représente quelque chose de parfaitement équivalent à la laï-

1. Carlo Augusto Viano, *Laici in ginocchio* (Laïcs agenouillés), Rome, Bari, Laterza, 2006, p. 26.

cité (comme l'a clairement établi un arrêt du Tribunal Constitutionnel en 2001) : il s'agit de la neutralité de l'État envers les diverses confessions religieuses… et bien entendu face à la position sur la religion de ceux qui nient la vérité des dogmes sacrés et dénoncent les préjudices civils ou les immoralités que promeuvent les diverses orthodoxies[1].

Pourtant, il est certain que le laïcisme – appelons les choses par leur nom académique – peut reposer sur différentes conceptions du rôle des religions dans l'État démocratique, sans pour autant cesser d'être rigoureux au moment d'exiger la séparation nette et bien définie entre le pouvoir politique et les groupes de pression cléricaux. Habermas, exemple remarqué, est très favorable au fait de concéder une importance publique au langage religieux comme expression d'un besoin de vie en commun et d'avenir : « En principe, les citoyens sécularisés, dans la mesure où ils agissent dans leur rôle de citoyens d'un État, ne doivent pas refuser aux figurations religieuses du monde un potentiel de vérité ni mettre en question le droit des citoyens croyants à transposer le langage religieux dans les discussions publiques. Une culture politique libérale peut même attendre des citoyens sécularisés qu'ils participent aux efforts pour traduire les contributions importantes d'un langage religieux vers un langage publiquement accessible[2]. » Habermas met aussi en garde contre l'arrogance rationaliste qui s'octroie le droit de décider de ce qui est rationnel et irrationnel à l'intérieur des croyances religieuses. Et il mentionne quelque chose qui est peut-être encore plus polémique : comme la laïcité protège également toutes les formes de religiosité, l'État « doit exempter les citoyens religieux de l'exigence excessive de faire, dans leur propre sphère publico-politique,

1. Pour connaître l'historique de cette affaire, il faut lire : *España : de la intolerancia al laicismo* (Espagne : de l'intolérance à la laïcité) de Victorio Mayoral, Madrid, Ediciones del Laberinto, 2006.

2. Jürgen Habermas, *Zwischen Naturalismus und Religion*, *op. cit.*

une stricte séparation entre les raisons séculières et les raisons religieuses, si toutefois ces citoyens la perçoivent comme une agression de leur identité personnelle[1] ».

Il me semble difficile de discuter le fait que les religions soient avant tout des *manières d'exprimer* des valeurs, des expériences et des aspirations humaines et qu'en tant que telles elles doivent être assumées comme une partie précieuse de l'effort humain pour communiquer et partager l'étrange aventure de se savoir mortel dans un monde énigmatiquement transitoire. Mépriser radicalement de telles formulations en raison de leur caractère nullement « scientifique » n'est pas tant une démonstration d'impiété qu'un signe non équivoque d'inculture, parce que les traditions religieuses appartiennent à l'interprétation et à la valorisation de l'existence humaine dans le monde, et non à la description du fonctionnement de ce dernier, qui revient à la science (bien que les croyants qui opposent la Bible à *L'Origine des espèces* encouragent des malentendus puérils). Pourtant, comme nous l'avons indiqué plus haut, l'orientation morale et sociale que dispensent les textes sacrés est extrêmement ambiguë, pour dire les choses au mieux. Comme leur origine date en général d'époques très anciennes et de circonstances historiques différentes de celles d'aujourd'hui, leurs préceptes – pris au pied de la lettre – sont fréquemment opposés aux valeurs civiques de l'époque moderne et en viennent parfois à soutenir des recommandations monstrueuses. Bien sûr, on trouve toujours des passages pour alléger ou tempérer l'intransigeance de certains autres, mais pour choisir entre ceux-ci et ceux-là, il est précisément indispensable d'utiliser le discernement rationnel laïc (qui à mon sens, même dans ses moments de plus grande arrogance, est toujours dans le fond plus modeste que l'orgueil irascible de la foi). Sans la médiation ponctuelle de régulations laïques pour

1. *Ibid.*

écarter les aspects aujourd'hui inacceptables des religions et donner en revanche de la force à leurs valeurs de tolérance ou de solidarité, les révélations séculaires des Livres saints seraient parfaitement incompatibles avec la modernité démocratique.

En de nombreuses occasions (à l'inverse de ce que dit Habermas), on va à bon droit exiger du croyant qu'il sépare les raisons religieuses et les raisons séculières et, plus encore, qu'il subordonne les premières aux secondes. C'est ce que soutient José Antonio Marina dans son livre *Pourquoi je suis chrétien*, significativement sous-titré *Théorie de la double vérité* : « À ce que je sais, les évidences religieuses – comme les évidences esthétiques – ne peuvent se faire universelles. Elles sont basées sur des expériences privées, qui peuvent être assimilées et répétées par d'autres personnes, mais sans que nous puissions trouver des critères objectifs pour justifier leur véracité. [...] Affirmer le caractère privé de l'expérience religieuse ne signifie pas expulser les religions de la vie publique, mais seulement reconnaître que lorsqu'elles entrent en conflit avec des valeurs universelles, elles doivent revenir à leur domaine privé[1]. » Tariq Ramadan, théoricien musulman controversé, pose que lorsque la lecture littérale du Coran entre en conflit avec la législation des sociétés démocratiques modernes, ce sont les valeurs instituées dans ces dernières qui doivent prévaloir (interview publiée dans la revue britannique *Prospect*, juillet 2006). Lors de ces heurts, il est non seulement possible mais très probable que la séparation entre vérité religieuse et légalité civile, surtout quand elle doit se solder par la soumission de la première à la seconde, sera vécue par bien des dogmatiques comme une agression contre leur identité personnelle. Si l'on tenait compte de cette susceptibilité plus que de n'importe quelle autre – comme on pourrait le déduire d'une

1. José Antonio Marina, *Por qué soy cristiano* (Pourquoi je suis chrétien), Barcelone, Anagrama, 2005, p. 64.

lecture décontextualisée de l'opinion de Habermas – l'harmonie sociale dans les communautés contemporaines qui hébergent divers credo sous une constitution démocratique libérale faisant prévaloir les droits individuels, cette harmonie serait pratiquement impossible. Par chance, je crois que l'opinion de Habermas doit se comprendre à partir de sa manière éclairante mais quelque peu compliquée de poser le problème du pluralisme culturel – principalement religieux – dans nos pays : « Un multiculturalisme bien compris n'est pas une *rue à sens unique* qui conduirait à l'affirmation culturelle de groupes, chacun avec son identité propre. La coexistence de droits à vivre de différentes manières et l'importance égale qui leur est donnée ne doivent pas conduire à la segmentation. Cette coexistence requiert au contraire l'intégration des citoyens et la reconnaissance réciproque de leurs appartenances culturelles – dans le cadre d'une culture politique partagée. Les membres de la société sont habilités à donner forme à leur singularité culturelle uniquement à la condition que – dépassant les frontières entre les différentes cultures – tous se considèrent comme des citoyens de la même communauté politique. Les divers titres et pouvoirs trouvent leurs limites dans les normes de base de la constitution dont découle leur propre légitimité[1]. »

La version de la laïcité que propose Jürgen Habermas est particulièrement attentive à ne pas limiter les manifestations religieuses de valeurs collectives, par l'application étroite des normes rationalistes. En revanche, Carlo Augusto Viano défend un laïcisme qui met en avant le droit des non-croyants à manifester librement leurs critiques antireligieuses et anticléricales. Après tout, la liberté d'être un antireligieux convaincu fait aussi partie de la « liberté religieuse » bien comprise. Dans nos sociétés démocratiques, où l'on peut dénigrer et se moquer de pratiquement tout (même du football ! même de la télévi-

1. Jürgen Habermas, *Zwischen Naturalismus und Religion*, *op. cit.*

sion, cette « boîte à sottises » !), les croyances et les traditions religieuses ne devraient pas jouir d'une dispense spéciale, comme tant de fois on le réclame. Viano critique sévèrement les religions telles qu'elles existent dans la réalité, qui sont largement pires que leurs idéalisations poétiques : « Aujourd'hui pourtant peu pratiquées, les religions, comme l'a signalé une littérature fournie, engendrent des superstitions, des peurs, la soumission intellectuelle, tendent à couvrir des conduites négatives et se fient à des impostures et à des promesses impossibles à tenir. Dans la société contemporaine, elles établissent des liens très forts à l'intérieur des communautés qu'elles animent, mais elles engendrent des ruptures avec les autres communautés de la même société, et émettent des réticences sur l'exigence de réciprocité qui maintient la société unie[1]. » Ce dernier point est important dans la mesure où l'on affirme explicitement que son propre credo est plus important pour le croyant que les obligations de la citoyenneté qu'il partage avec tous. Par conséquent, le laïcisme de Viano se fonde sur une composante critique antireligieuse : « Le noyau central du laïcisme devrait consister en la capacité de promouvoir une critique de l'autorité ecclésiastique et une attention vigilante à propos de ses prétentions au pouvoir et de ses enseignements. Les discours des religieux sont pleins de mensonges, de distorsions, d'impostures et de propagande, tout comme celui des autres officines de consensus : la culture laïque doit promouvoir la critique de tout cela. Une société laïque est celle où il est possible de démasquer les impostures du clergé et des prophètes religieux en général, et celle où l'on munit les citoyens des instruments nécessaires pour s'émanciper des enseignements religieux[2]. »

À mon avis, les caractéristiques principales de la laïcité – condition indispensable de tout véritable système

1. Carlo Augusto Viano, *Laici in ginocchio*, *op. cit.*, p. 105.
2. *Ibid.*, p. 107.

démocratique – sont au nombre de deux : en premier lieu, l'État doit veiller à ce que l'on n'impose d'affiliation religieuse à aucun citoyen, et à ce qu'il ne soit pas empêché de pratiquer la religion qu'il a choisie ; en second lieu, le respect des lois du pays doit être placé au-dessus des préceptes particuliers de chaque religion. Les Églises peuvent faire des recommandations morales à leurs fidèles, mais non imposer au reste de la communauté de les suivre. Les abus ne viennent pourtant pas toujours du clergé. Il y a aussi aujourd'hui abondance de politiques qui transforment en programme ce qui devrait appartenir au domaine de la conscience de chacun. C'est une chose que l'on voit beaucoup ces derniers temps chez les conservateurs nord-américains, tout au long de la malheureuse époque de Bush Jr. (et dans le même genre, hélas, chez la préhistorique droite espagnole, si maigrement libérale). Mais il n'en a pas toujours été ainsi. Même si les prétentions des fondamentalistes chrétiens aux États-Unis sont très anciennes, elles ont à une autre époque rencontré une ferme opposition chez les conservateurs eux-mêmes. En voici une démonstration : « Cela me rend franchement malade et j'en ai assez des prédicateurs qui pullulent dans ce pays et qui me disent que, comme citoyen, si je veux être une personne morale, je dois croire en A, B, C et D. Pour qui se prennent-ils ? Et d'où leur viendrait le droit de me dicter leurs croyances sur la morale ? Et je suis encore plus indigné en tant que législateur de devoir supporter les menaces de chaque groupe religieux pensant détenir le droit, octroyé par Dieu, de contrôler mon vote sur chaque sujet débattu au sénat. Aujourd'hui je les avertis, je les combattrai pas à pas s'ils tentent d'imposer leurs convictions morales au nom du conservatisme[1]. » Ces paroles admirables ont été prononcées en 1981 par le sénateur Barry Goldwater,

1. Cité par Richard Dawkins dans *The God Delusion*, Londres, Bantam Press, 2006, p. 39. Édition française, *Pour en finir avec Dieu*, trad. de l'anglais par Marie-France Desjeux-Lefort, Paris, Robert Laffont, 2008.

chef de file réputé des républicains conservateurs, qui a perdu l'élection présidentielle face à Lyndon B. Johnson. Dans l'actuel paradis des *theocons*, il est difficile de les imaginer non seulement dans la bouche d'un des membres de son parti mais même dans celle de la plupart des sénateurs démocrates.

La question la plus sensible en ce qui concerne la nécessaire laïcité de l'État démocratique est celle de l'éducation. D'une part, les parents ont le droit d'élever leurs enfants dans la religion qu'ils pratiquent ; et, d'autre part, la société doit garantir à chaque néophyte les instruments intellectuels nécessaires à une information suffisante sur les autres choix possibles, de manière à ce que chacun puisse décider librement et de façon responsable de ses croyances quand il aura atteint la maturité nécessaire pour le faire. En un mot, personne ne doit être déterminé depuis le berceau à suivre telle croyance ou telle autre, pour respectable qu'elle soit. Les parents ont le droit de transmettre aux enfants leurs valeurs et leur vision spirituelle de la vie (comme ils ne manqueront pas de le faire par le canal de la famille ou en utilisant les intermédiaires qu'ils croiront adéquats), mais cette perspective ne doit en aucun cas être la seule que reçoivent les enfants, qui seraient ainsi « prémunis » contre toute autre manière de penser. Il est évident que l'éducation morale – et encore moins la formation intellectuelle – ne peuvent être de la compétence exclusive des parents, même s'ils se consacrent noblement à cette tâche. On n'éduque pas les enfants pour l'harmonie familiale mais pour l'harmonie sociale : la responsabilité de l'enseignement concerne donc la société tout entière. Si l'enfant ou l'adolescent, quand il grandit, se comporte en accord avec ce que désirent ses parents mais de telle façon que la communauté démocratique s'en trouve blessée, son éducation aura causé plus de dommages que de bienfaits. Actuellement c'est souvent le cas. Dans son dernier livre, déjà évoqué, Ian Buruma s'entretient avec plusieurs jeunes musulmans sur leur difficile intégration aux

Pays-Bas, et l'un d'eux explique : « Ce qui complique mon intégration, ce n'est pas la société hollandaise, ce sont mes parents. » Bien entendu, il ne s'agit pas d'un cas unique : dans les épisodes de violence scolaire qui préoccupent tant en ce moment en Espagne, la plus grande menace pour les maîtres ne vient la plupart du temps pas des élèves mais de leurs parents.

Il est abusif de tenir pour acquis que les enfants, avant de pouvoir choisir, sont obligatoirement soumis à la religion familiale. Les anciens chrétiens, qui attendaient l'âge adulte pour donner le baptême, se comportaient de manière plus libérale que leurs successeurs ecclésiastiques d'aujourd'hui. En diverses occasions[1], Richard Dawkins a écrit combien il est absurde de croire à la filiation religieuse des enfants par voie héréditaire : parfois nous parlons d'enfants juifs, musulmans, catholiques ou protestants mais jamais d'enfants néolibéraux, keynésiens ou marxistes, démocrates ou républicains. Pourtant l'un est aussi absurde que l'autre. En réalité, en employant ces qualifications, nous ne pouvons nous référer qu'à ce que pensent les parents de ces enfants et non pas à l'option choisie par ces jeunes. C'est précisément pour qu'ils soient capables de choisir qu'il faut les éduquer : comme le dit Dawkins, il ne s'agit pas tant de leur apprendre *quoi* penser que *comment* le faire. On a l'impression d'une démonstration de cynisme quand on voit que ce sont ceux qui prônent le plus l'enfermement idéologique des enfants dans l'orthodoxie familiale, en leur refusant toute « contagion » extérieure, qui protestent le plus fort contre la prétention « totalitaire » de l'État laïc d'« endoctriner » les élèves au moyen de valeurs confessionnellement neutres. La situation démocratiquement inadmissible atteint son maximum dans des pays comme l'Espagne où le gouvernement – socialiste, pour notre plus grande honte – admet l'instruction religieuse comme une discipline prise en

1. Particulièrement dans *The God Delusion*, *op. cit.*, p. 337 *sq.*

compte dans les moyennes et dispensée par des professeurs choisis et révoqués (souvent à cause de prétendues raisons morales : divorce, etc.) par l'évêché... bien qu'ils soient payés par des fonds publics. Parfois, pour briser le monopole des Églises majoritaires à l'école (catholiques ou protestantes dans les pays d'Europe), on propose comme solution d'assumer officiellement le coût de la formation à d'autres croyances. Amartya Sen a bien signalé ce qu'il y a d'insatisfaisant dans cette mesure, appliquée en Angleterre par Tony Blair. « Au lieu de diminuer le nombre d'écoles financées par l'État et fondées sur des croyances religieuses, en *ajouter* d'autres – écoles musulmanes, écoles hindoues ou écoles chiites – aux écoles chrétiennes préexistantes, peut avoir pour effet de réduire le rôle du raisonnement alors que les enfants doivent avoir l'opportunité de le cultiver et de l'utiliser. Et ceci se passe à l'époque où l'on a le plus besoin d'élargir sa compréhension d'autres gens et d'autres groupes, et au moment où la compétence nécessaire pour prendre des décisions raisonnées revêt une importance particulière[1]. » Nous n'avons pas besoin d'écoles pour former des croyants : elles fleurissent presque spontanément et il y en aura toujours plus que ne le voudrait le bon sens ; nous en avons besoin pour former des êtres pensants, autonomes et critiques, ce dont il y a pénurie permanente.

Comme sur tant d'autres sujets, c'est Spinoza qui a exposé avec le plus de lucidité et une sereine combativité la relation entre liberté religieuse et pouvoir politique. Dans son *Traité des autorités théologique et politique* il défend la liberté de pensée et d'expression comme garantie indispensable du plein épanouissement des êtres humains. Mais il signale clairement la différence entre la libre discussion rationnelle et les prédications religieuses ou prophétiques à partir de textes sacrés : la première recherche l'autonomie de l'homme en accord

1. Amartya Sen, *Identity and Violence*, *op. cit.*, p. 117.

avec la nature, la seconde tente d'assurer l'obéissance en s'appuyant sur ce qui est établi par les gardiens de l'orthodoxie. Cette volonté de lier l'obéissance à des préceptes socialement utiles peut être une bonne chose (elle l'a été à de nombreuses époques, parce que tout le monde n'est pas libre, c'est-à-dire que tout le monde n'est pas guidé par la seule raison), mais elle implique aussi aujourd'hui – dans l'« aujourd'hui » de Spinoza comme dans le nôtre – un grand risque d'abus. « Seule une ambition criminelle a pu faire que la religion consistât moins à obéir aux enseignements de l'Esprit saint qu'à défendre des inventions humaines, bien plus, qu'elle s'employât à répandre parmi les hommes non pas la charité, mais la lutte et la haine la plus cruelle sous un déguisement de zèle divin et de ferveur ardente. À ces maux se joignit la superstition qui enseigne à mépriser la nature et la raison, à admirer et à vénérer cela seulement qui les contredit[1]. » Ce danger se concrétise quand des clercs ou des personnages « inspirés » de style prophétique tentent d'arracher aux autorités civiles le pouvoir de décider de ce qui est le meilleur pour la conservation de l'État, interférant ainsi dans leurs fonctions : « En effet, quel rôle resterait-il au chef de l'État, si on lui refusait tout droit dans le domaine sacré ? Il ne pourrait plus prendre aucune décision concernant la guerre, la paix, ni la moindre affaire, s'il lui fallait au préalable s'informer auprès d'une autre puissance de la valeur religieuse des mesures – selon lui urgentes. En réalité le cours des événements se conformerait exclusivement au vouloir de cette autre personne, qualifiée pour juger et décréter qu'une action quelconque est fervente ou impie, c'est-à-dire légitime ou illégitime[2]. » La théocratie – explicite ou cachée – est non seulement incompatible avec la démocratie mais aussi et plus simplement

1. Baruch Spinoza, *Traité des autorités théologique et politique*, trad. du latin par Madeleine Francès, Paris, Gallimard, 1954, p. 125.
2. *Ibid.*, p. 304.

avec toute forme d'autorité humaine fondée sur des raisons intelligibles et non sur une révélation arbitraire et ineffable.

L'idéal politique progressiste tente d'améliorer le monde, tandis que les messianistes ou les millénaristes prétendent atteindre « un autre monde » en rupture *mortelle* suppose-t-on avec le monde actuel. Ce sont des attitudes opposées et d'une certaine manière la seconde est une radicalisation « généreuse et audacieuse » de la première. Le thème « un autre monde est possible » peut évidemment se comprendre de manière raisonnable et non fanatique, mais il renferme dans sa formulation une composante religieuse qui a peu à voir avec la politique en tant qu'art de promouvoir le possible face à un simple probable de routine. Cette contradiction apparaît dans chacun des rassemblements internationaux anti-globalisation ou « altermondialistes ». Par ailleurs, dans les sociétés démocratiques, il est bien sûr nécessaire de défendre la liberté de conscience mais sans transformer l'affiliation religieuse volontaire – celle qui est obligatoire ou héréditaire ne saurait être « religieuse » au sens propre du terme – en affiliation unique et hégémonique par rapport à une quelconque autre détermination civile. Disons que dans chacun de nos pays il faut être attentif, avec les garanties nécessaires, aussi bien à l'*être* qu'à la *manière d'être* des citoyens. L'être renvoie aux choix de chaque individu qui décide d'opter pour un éventail d'identités et de les pratiquer, favorisant les unes au détriment des autres en fonction de ses propres critères d'excellence. La manière d'être, en revanche, concerne les conditions nécessaires à la coexistence harmonieuse de tous et doit donc établir des règles démocratiques institutionnelles qui prévaudront, en cas de conflit, sur les exigences de quiconque et sur les identités privées. L'être est une recherche personnelle mais la manière d'être est une exigence commune, fondatrice des libertés qui permettent la pluralité des identités. Le laïcisme démocratique, indispensable et controversé, n'a pas au fond d'autre sens que l'accomplissement de ces objectifs.

7

De la vie à l'esprit

> Quelle intime fidélité, quelle religion
> ultime sera la plus appropriée à un
> esprit déjà entièrement libre et sans illusions ?
>
> George Santayana, *La Religion ultime*

Les religions et les Églises qui les administrent ont rempli au cours des siècles des fonctions cruciales de cohésion et de structuration sociales. Dans la plupart des cas, grâce à elles ou à leurs dérivés sécularisés, ce qui était un simple « agrégat » de gens s'est transformé en une communauté, comme l'a montré avec talent Régis Debray. Comment s'est réalisée cette fonction sociopolitique et quels en ont été les avatars et les métamorphoses dans l'histoire, c'est une question qui doit être traitée par les spécialistes des collectivités humaines : sociologues, anthropologues, historiens... Sans récuser globalement cette manière de poser le problème, que je considère comme fondamentalement convaincante, j'ai quelquefois l'inconfortable sensation – par exemple en lisant Durkheim et surtout certains de ses héritiers plus ou moins fidèles, voire Debray lui-même – d'une certaine pétition de principe. En fin de compte, le concept de « religion » (qui évidemment n'existe pas à proprement parler dans toutes les cultures) devient tellement vaste qu'on l'utilise pour désigner n'importe quel grand principe abstrait, idéal et unificateur, auquel on peut reconnaître le rôle de donner une dimension sociale à l'interaction humaine. Autrement dit : la religion accomplit des fonctions indispensables de cohésion et d'organisation sociales… parce que nous sommes disposés à appeler « religion » tout ce qui est susceptible de donner une cohérence aux communautés humaines et à les structurer.

Régis Debray est bien entendu conscient du risque de circularité que présente ce raisonnement, et c'est pour cela que dans son dernier livre – comme d'habitude novateur et bien écrit – il préfère recourir au terme de « communions » humaines pour remplacer le mot « religion » et en finir avec lui, mot tellement équivoque et cerné de préjugés[1]. En quoi consistent ces « communions » ? Nous pouvons bien, nous les hommes, être parents des animaux, et nous le sommes sans doute, mais nous avons nos bizarreries… desquelles on ne peut rendre compte en répétant mille fois les principes généraux de la théorie de l'évolution. Il y a un point d'inflexion qui explique qu'il y ait un « Projet grand singe » chez les hommes mais pas un « Projet grand homme » chez les singes. C'est un de ces problèmes qui ne peut évidemment pas s'expliquer par le faible pourcentage des différences génétiques. Comme le dit bien Debray : « Un spermatozoïde et un ovule suffisent à faire un fœtus. Il faut beaucoup plus pour faire un petit d'homme : des prohibitions, des lois, des mythes, bref, du fantastique[2]. » Les religions traditionnelles sont issues de ces éléments intangibles, dans les sociétés recensées par l'histoire, mais depuis deux cents ans peut-être en Occident – comprenons à partir des Lumières –, elles proviennent d'autres sources. « Notre texte sacré n'est plus la Révélation divine, mais la Déclaration des droits de l'homme. La démocratie représentative nous est taboue. Il serait puéril d'imaginer qu'elle le restera *ad vitam*

1. Régis Debray, *Les Communions humaines*, Paris, Fayard, 2005.
2. *Ibid.*, p. 108.

aeternam. Il faut beaucoup moins de temps pour remplacer un tabou que pour l'abattre (puisque la contrainte symbolique interdit de ne pas interdire)[1]. »

Régis Debray pose avec raison que les nécessaires « communions » humaines ne méritent leur nom que si elles rendent des services en unifiant les volontés collectives. Peut-être l'humanitarisme (comme le montrent certaines ONG remarquables) pourrait-il être un autre exemple acceptable dans les pays européens. Et aussi la respectabilité presque indiscutée du développement technologique : tandis que la notion de « progrès » est à juste titre devenue suspecte (beaucoup la considèrent simplement comme un truc du capitalisme international pour écraser dans nos sociétés, et surtout dans celles qu'on appelle le tiers monde, les obstacles traditionalistes ou sociaux à son développement), l'*avancement* des techniques continue de jouir d'un respect universel. Il est même considéré comme un principe dynamique plus puissant dans le domaine axiologique qu'une quelconque autre considération valorisante, comme le prouve l'affirmation habituelle que « tout ce qui est scientifiquement possible arrivera tôt ou tard à terme, que la morale traditionnelle l'approuve ou non ». C'est-à-dire que tout ce qui est techniquement possible sera un jour ou l'autre socialement *licite*... Plus que tous les autres, le culte de l'argent est l'élément de communion le plus solide et le plus respecté dans les sociétés occidentalisées : se le procurer, le conserver, le faire croître, le multiplier, l'investir judicieusement sont les tâches qui ont la meilleure réputation, celles qui requièrent le moins d'explications ou de justifications. Élément fantasmatique et efficace par excellence, basé sur la confiance, c'est-à-dire sur le crédit, il définit la « calculabilité » rationnelle de la vie moderne et sert de référence peu ou pas discutable à presque toutes les valeurs, tant celles de l'accumulation égoïste que

1. *Ibid.*, p. 143.

de la générosité altruiste. Le langage du profit économique est le plus international de tous, celui que n'importe qui comprend quelle que soit son identité culturelle. C'est une « communion » qui ne connaît ni athées ni incroyants, tout juste quelques hérétiques...

Je ne discute pas le fait qu'existent de tels éléments de communion sociale, à côté d'autres que des sociologues plus perspicaces pourraient détecter. Ni qu'ils soient les héritiers contemporains et éclairés des fonctions qu'accomplissaient autrefois les grandes doctrines religieuses institutionnalisées, (lesquelles peuvent être aujourd'hui davantage un facteur de discorde civile que quoi que ce soit d'autre dans les nations européennes). Mais il me semble très peu convaincant de les accueillir simplement comme des variantes actuelles de ce qui était hier la foi des croyants. Dire que les droits de l'homme ou l'argent sont quelque chose comme une religion est une simple analogie, encore que pas très exacte ; mais il ne s'agit en aucun cas d'une description précise. C'est-à-dire : il se peut que *socialement* ils fonctionnent comme des semi-religions, mais ils ne jouent pas dans la vie de ceux qui les respectent le rôle qu'avaient autrefois Dieu, les dogmes des Églises ou la vénération du surnaturel. Les religions n'ont pas seulement été des idéologies de structuration sociale : elles ont apporté quelque chose de plus *personnel* à leurs fidèles, une protection et un espoir transcendantaux qu'aucun principe éthique, légal ou politique – si judicieux soit-il – n'est capable d'offrir par lui-même. Un des éléments essentiels des religions – au moins de celles qui sont majoritaires dans les grandes communautés d'Occident et d'Orient – est leur dimension de *salut* ou de *rédemption*. Pour dire la chose brièvement : la religion nous met à l'abri ou nous sauve de la fuite du temps et du harcèlement irrémédiable de la mort, nous élève d'une manière ou d'une autre à la sublime garantie de l'éternité (sur ce point, chacun à sa manière, le paradis personnel et le nirvana impersonnel sont en accord avec leurs promesses). C'est cela, ce que les grandes religions et les Églises qui les ont administrées sur terre ont offert à ces êtres humains éphémères et obscurs : « Le culte socialement établi de la réalité éternelle » selon la formule brève et savoureuse de Leszek Kolakowski[1]. Grâce à ce culte, les mortels se sont sentis réellement *significatifs*, faisant partie d'une trame de sens permanente et inviolable que rien ne limite ni ne conditionne, dont la puissance dépasse largement aussi bien les arrangements de la nécessité, les raffinements de l'esthétique que la législation morale. Et cet océan nous accueille pour nous éviter la noyade et la perte dans le temps...

Certes, les grandes « technologies du salut » sont en crise (l'intégrisme islamique, théocratique ou terroriste, participe de cette crise de la foi, pas de son démenti) et les succédanés bon marché ou extravagants, ce que nous pourrions appeler la petite monnaie du grand capital religieux traditionnel, prolifèrent en conséquence. Le menu de type mystique du *New Age* propose non seulement une grande quantité de plats mais la possibilité de les panacher selon nos caprices jusqu'à ce que chaque amateur des remèdes de l'invisible parvienne à son propre cocktail personnel pétri de tantra, de runes, de signes astrologiques, de naturisme surnaturel, de templiers, d'alchimistes de pacotille et de vierges folles étourdiment fécondées par un Jésus Christ de second ordre. Il est impossible de tenir une liste complète de tous ces feux d'artifice, même si les tentatives pleines de bonne volonté n'ont pas manqué[2]. Déjà Chesterton annonçait que, loin de ne croire en rien, ceux qui abandonnaient la foi orthodoxe en Dieu se mettaient à croire à n'importe quoi ; ce qu'il ne signalait pas, peut-être le tenait-il pour sous-entendu,

1. Leszek Kolakowski, *Religion. If There Is No God. On God, the Devil, Sin, and Other Worries of the So-Called Philosophy of Religion*, Oxford, Oxford University Press, 1982.

2. Frédéric Lenoir, *Les Métamorphoses de Dieu*, Paris, Plon, 2003.

c'est que ces croyances alternatives et variables conservaient l'arbitraire énigmatique du culte traditionnel sans proposer pour autant ses orientations socialisatrices. Timothy Leary a fait référence à l'occasion à l'idéologie psychédélique née autour du LSD comme à un « Disneyland spirituel ». Nous pourrions dire qu'aujourd'hui le parc thématique des massages de l'âme s'est agrandi de nombreuses attractions nouvelles mais sans en améliorer la qualité de façon substantielle. Cette prolifération de sornettes édifiantes peut néanmoins suggérer une question plus intéressante. Laissons de côté les éléments intangibles qui d'une manière ou d'une autre sont nécessaires pour structurer notre vie en commun toujours compromise par de nouvelles formes de barbarie, les « communions » (selon la terminologie de Régis Debray) qui tentent d'affermir nos ancrages sociaux. La question est de savoir si un individu concret d'aujourd'hui, éclairé, philosophiquement intéressé par les vastes inquiétudes métaphysiques qui motivent aussi en fin de compte les formes de la piété religieuse, peut aspirer à quelque espèce de croyance raisonnable qui se trouverait plus proche de son humanité – et par cela plus vraisemblable – que les desseins opaques de l'égoïsme génétique, mais en même temps plus objective – ou moins intéressée de manière sectaire et éhontée – que les recommandations accompagnées d'interdits des Églises actuellement établies. J'avance que je n'ai pas, et qu'aujourd'hui je ne prétends même pas avoir, de réponse satisfaisante à une telle question, même si je crois opportun de tenter d'élucider ses termes le mieux possible et de prendre le risque de proposer (sans me réfugier comme on le fait d'habitude dans le sublime sentencieux postheideggerien qui est le rempart le plus prestigieux de ceux qui craignent les objections embarrassantes : l'équivalent philosophique des défilés de haute couture où l'on exhibe les vêtements les plus chers mais que personne ne porte) les voies par lesquelles nous pourrions chercher la manière d'y répondre.

Le thème est le suivant : chacun de nous vit soumis aux urgences du quotidien, à l'interminable bataille pour survivre et croître, accablé par les préoccupations de la famille et du travail, cherchant le petit plaisir pour le jour et le petit plaisir pour la nuit qui sont le propre du dernier homme, comme l'a reproché le Zarathoustra de Nietzsche. Mais nous sommes aussi des créatures métaphysiques et de temps en temps, passant outre la routine, des questions nous assaillent au sujet de l'infini ou de l'absence de justice, et nous nous demandons ce qu'il adviendra de nous. Le pragmatisme ordinaire et les stratégies de la psychologie de comptoir nous suffisent pour assumer au jour le jour le nécessaire, sans lever le nez du sillon que nous sommes machinalement en train de creuser, mais il y a quelque chose en nous – ce quelque chose en l'homme qui, selon sir Thomas Browne, « ne se reconnaît pas comme vassal du soleil » – qui réclame des idées ou des légendes de dimension cosmique, des explications d'une taille aussi ambitieuse que nos aspirations ou que nos perplexités. Nous utilisons les premières, ne serait-ce que pour réaliser les objectifs qui nous font rentrer dans le rang sans nous ouvrir d'horizons ; nous nous mettons au service des secondes, subjugués par leur immensité et, en fin de compte, sans défense. La question est de savoir si l'on peut rompre cet enserrement par l'un des deux côtés ou, pour le dire avec Kolakowski : « Est-il possible d'éviter simultanément une vie anesthésiée par la quotidienneté, qui est insensible à l'attrait des abîmes mythiques, et une vie rendue sourde par la certitude mythique de la mort et plongée dans sa bienfaisante stérilité[1] ? » Ce même auteur qui a étudié dans plusieurs livres et de façon très intéressante les questions que nous sommes en train de traiter, condense de manière suggestive le débat que nous proposons : « La légitime nécessité du mythe face à la légitime autodéfense devant

1. Leszek Kolakowski, *Obecność mitu* (La présence du mythe), 1966.

le danger du mythe, ce choc constitue le point névralgique de notre civilisation[1]. » Autrement dit, nous avons besoin d'un mythe (compris comme ce que Platon nommait ainsi, une idée incorporée à la trame du réel, ou peut-être ce que Rousseau appelait une « religion civile ») qui corresponde à nos appétits métaphysiques sans nous soumettre à des dogmes oppressants administrés par des professionnels de la manipulation des consciences. L'ennui est que – comme le même Kolakowski le signale – il est impossible de programmer un mythe ou de décréter qu'il est valable uniquement parce que nous le considérons comme suprêmement utile et satisfaisant...

Le problème est très complexe et englobe – du moins sur le plan personnel – de délicates questions d'honnêteté intellectuelle. « Entre le point de vue selon lequel les choses sensibles constituent la seule réalité tangible, tout le reste relevant des vapeurs de l'imagination, et cet autre d'après lequel la réalité authentique réside au contraire "ailleurs", le monde changeant des phénomènes n'étant plus alors que le miroitement d'une "surface" sans importance : entre ces deux points de vue, il est impossible de choisir en faisant appel à des bases considérées de part et d'autre comme légitimes. En effet, pour chacune de ces positions contradictoires, la légitimité des arguments apportés par l'autre suppose des critères de valeur, qui se trouvent enracinés dans des décisions arbitraires de l'adversaire[2]. » C'est-à-dire que nous ressentons la nécessité de ces deux manières de connaître et d'interpréter le réel – ce monde duel, physique et symbolique, de l'humain – mais nous subissons leur affrontement comme une exclusion mutilante qui nous condamne à nous enliser dans des mensonges intéressés. En réalité, cette nature à deux visages constitue l'essence même de notre condi-

1. *Ibid.*
2. *Ibid.*

tion. Le visible est complété par l'invisible et s'appuie sur lui ; l'invisible n'est rien d'autre qu'une manière de lire et de reformuler le visible. Les choses sont ainsi dès l'enfance : depuis l'origine se combattent l'exigence de clarté *au-dehors* et le tourbillon des ombres *au-dedans*, la délimitation civilisatrice de l'identité et la prolifération incontrôlable des destins. « L'enfant – dit Ernest Becker – surgit avec un nom, une famille, un monde de jeux dans un environnement, tout cela clairement délimité pour lui. Mais à l'intérieur de lui il est plein de souvenirs cauchemardesques où il est question d'impossibles batailles, d'écrasantes angoisses qui concernent le sang, la douleur, la solitude, les ténèbres ; mélangés avec des désirs infinis, des sensations de beauté indicible, de majesté, de menace, de mystère, et des fantaisies et des hallucinations de fusion de tout cela, impossible tentative d'un compromis entre les corps et les symboles[1]. » À mesure que nous grandissons, nous comprenons la nécessité de connaissances vérifiables et démontrables pour nous confronter à l'extériorité diurne du réel ; mais en même temps grandit en nous la conviction qu'un tel entrecroisement d'arguments esquive ou minimise ce qui constitue le plus intime et le plus essentiel de ce que nous sommes. Les mythes et les légendes du religieux concernent au contraire le bouillonnement haletant de nos rêves mais ils échouent lorsqu'on tente de les faire passer par les sévères contrôles d'une recherche de vérité à laquelle nous ne pouvons renoncer sans trahir ce que notre honnêteté a de meilleur. Comme le signale Roger Scruton, quand il commente la pensée de T. S. Eliot, « Le paradoxe est donc celui-ci : les faussetés de la foi religieuse nous permettent de percevoir les vérités qu'elles racontent. Les vérités de la science, appuyées sur une autorité absolue,

1. Ernest Becker, *The Denial of Death*, *op. cit.*, p. 29.

occultent les vérités qu'elles racontent et rendent incompréhensible la réalité humaine[1]. »

Nous nous méfions des mythes parce qu'ils nous trompent, mais en même temps nous avons besoin de quelque chose qui ressemble à un mythe acceptable, un mythe qui nous concerne et dont la « tromperie » soit tolérable pour celui qui préfère, tout compte fait, vivre rationnellement désabusé. On a considéré autrefois que cultiver les valeurs esthétiques pouvait apporter cette dimension mythique (mais acceptée comme telle, c'est-à-dire n'entrant pas en compétition avec la vérité scientifique) capable de rendre compte de notre condition la plus intime et la moins « fonctionnelle », et, conjointement, de nous en offrir des interprétations. Ceci est sans doute ce à quoi faisait allusion Goethe quand il disait : « Celui qui est privé de l'art et de la science, qu'il ait la religion ; celui qui a l'art et la science, il a déjà la religion. » Les arts, la littérature, la musique... sont des expéditions vers ces dimensions humaines que nous ne pouvons pas nous contenter d'expliquer de manière réductrice comme des stratégies évolutives. Nous cherchons avec l'art à mieux comprendre ce que nous sommes et à trouver une signification à ce que signifie, au moins *pour nous-mêmes*, le fait d'être ainsi, au-delà de la description pourtant convaincante de nos mécanismes. L'art a l'avantage de nous proposer des légendes et des images dont le caractère fabuleux, stimulant pour les sentiments, est *consenti* et ne prétend pas entrer directement en concurrence avec nos habituels instruments rationnels pour comprendre et utiliser la réalité. L'art coexiste avec elle, la complète, la conforte avec ce que l'on pourrait appeler un « supplément d'âme ». Mais peut-être aujourd'hui la massification des arts et la perte de leur aura révérencielle compromettent-elles l'efficacité de ce mythe. Le rôle de l'art

1. Roger Scruton, *A Political Philosophy*, Londres, New York, Continuum, 2006, p. 203.

paraît glisser plutôt vers le divertissement que vers le discernement, davantage vers la décoration que vers l'intime compréhension de ce qui est important. Surtout, il concorde mal avec notre quête d'un soutien moral, tellement remis en cause par les horreurs totalitaires du siècle passé et par les irresponsables frivolités de celui d'aujourd'hui. L'attitude purement esthétique ne vient pas épauler nos élans éthiques : parfois elle les écarte et s'y oppose. Au lieu d'approfondir notre morale de l'humanité, une grande partie de l'art semble, de manière séduisante, nous pousser à y renoncer... au point qu'en comparaison l'objectivité scientifique elle-même se révèle parfois plus grosse de racines humanistes[1].

Notre époque paraît soumise à une excessive et accablante *disponibilité* universelle. Tout est sous la main, manipulable. Tout ce qui existe est offert pour ce que nous déciderons d'en faire. Rien n'est à l'abri ; si une chose résiste ou ne se laisse pas faire, elle n'est que provisoirement protégée : nous y reviendrons afin de connaître le pourquoi de cette possible désobéissance. De plus, nous tenons pour vrai ce que nous voulons bien croire, pour bon ce dont nous avons envie, c'est-à-dire ce dont la majorité a envie ou dont a envie le plus fort. Tout ce qui est matériel se conformera à notre goût, se soumettra ou sera détruit pour laisser place à ce qui est le plus docile. Cet élan irrésistible, Nietzsche l'a appelé « volonté de puissance » et Heidegger lui a opportunément donné le nom de « technique ». Ce n'est pas que notre civilisation soit technologique, c'est

1. Comme le résume très bien Marcel Gauchet : « L'espérance de l'art a cessé d'être croyable. Il ne nous met pas au contact de l'absolu ; il ne nous fournit pas l'intuition de l'être ; il ne nous révèle pas une réalité plus réelle que le réel. S'il nous ouvre sur l'Autre, c'est celui qui hante notre imaginaire d'humains. S'il a des choses essentielles à nous apprendre, elles rentrent dans les limites subjectives de nos facultés. C'est encore beaucoup, mais c'est peu au regard des attentes hyperboliques placées depuis deux siècles dans le pouvoir transcendant du signe esthétique. » (*La Religion dans la démocratie*, *op. cit.*, p. 35.)

que la technologie *est* notre civilisation. Ce qui fait qu'il est pour le moins équivoque et au fond dangereusement naïf de parler de « conflit de civilisations » ou d'« alliance de civilisations », comme s'il y en avait deux ou plus, antagonistes ou conciliables. Tous, incrédules et pratiquants, chrétiens et musulmans, orientaux ou occidentaux, nous vivons dans l'unique civilisation existante, la civilisation technico-scientifique. Certains occupent la cabine de pilotage ou voyagent en *business class*, d'autres sont là comme touristes ou passagers clandestins, d'autres encore se suspendent au train d'atterrissage et sont congelés par les basses températures… Mais nous sommes tous dans le même avion, du moins jusqu'à ce qu'apparaissent les extraterrestres dans leur soucoupe volante. S'agissant de la direction de l'avion et des améliorations à apporter pour le rendre plus accueillant ou confortable, il existe, bien entendu, de nombreuses doctrines opposées. Mais, en fin de compte, c'est l'avion technico-scientifique qui impose les conditions de base que personne ne peut rejeter. C'est là le danger qui nous accable : ne plus connaître de meilleure raison commune que ce qui est calculable en vue de son efficacité technique, avoir perdu le sens profond du non-calculable en tant qu'emblème moral de ce qui est proprement humain.

La disponibilité universelle à la manipulation technico-scientifique, jointe à la réduction de toutes les valeurs au prix chiffrable des services et des affects (autrement dit de nouveau au calculable), définit la *désacralisation* radicale du monde où nous vivons. Le sens du sacré n'a pas été « perdu », comme nous l'entendons souvent dire, il a bel et bien été *extirpé*. Il n'est pas besoin d'entendre par sacré quoi que ce soit qui appartienne au surnaturel ou à l'autre monde, bien que sans doute il ne s'agisse pas non plus de quelque chose de simplement naturel, d'une chose parmi toutes celles qui constituent le monde. Si le naturel n'est rien de plus que ce qui se présente à nous comme utilisable et disponible, le sacré, parce qu'il est inutilisable, se trouvera hors du naturel : il est ce dont on ne peut pas disposer, sans plus. Nous sacralisons quelque chose quand nous le mettons *à part*, quand ce quelque chose reste à l'abri des techniques générales de transformation de ce qui est donné : cela a de la valeur mais aucune utilité. La perspective technico-scientifique valorise tout en fonction d'une utilité présente ou future, d'une rentabilité calculable : les réalités sont plus ou moins importantes en fonction d'une échelle qui va de l'indispensable au convenable, au gratifiant, etc., et qui se termine par ce dont on peut se passer ou qui est banal. Ce barème écarte la reconnaissance du sacré parce que contradictoire, puisqu'il est en même temps important et inutile, indispensable mais sans que l'on puisse calculer ses bienfaits de manière intelligible. Dans une perspective où l'on est prêt à l'assumer, le sacré est totalement opposé au banal ; du point de vue de la valorisation qui se sert de ce qui est utilisable et disponible, il coïncide pleinement avec cette perspective.

À de nombreuses occasions, à des époques et dans des cultures diverses, on a couvert le sacré de substantifs qui l'entourent d'obscurité, d'énigmes, de mystère, d'ésotérisme, etc. Mais peut-être ce vernis ténébreux (qui fait que tant de contemporains qui comptent s'insurgent contre cette notion) n'est-il pas indispensable. Indubitablement, nous ne pouvons pas *connaître* le sacré comme nous connaissons ce qui est naturel, mais nous pouvons le *reconnaître*. En quoi consiste la différence ? Dans le fait que la connaissance s'opère à partir de ce dont nous avons besoin ou de ce à quoi nous prétendons, tandis que la reconnaissance se fait à partir de ce que nous sommes. Reconnaître quelque chose comme sacré – c'est-à-dire le séparer du manipulable et le mettre à l'abri de l'utile et du calculable, en l'assumant néanmoins comme extrêmement précieux – implique de s'appuyer sur ce qui en nous n'est ni manipulable, ni calculable, ni utilitaire. Nous connaissons ce qui est naturel et nous y appartenons en tant que part du monde, mais nous sommes aussi quelque chose de conscient, c'est-à-dire que nous avons intimement conscience d'un destin qui implique aspirations, emportements et perdition. Destin, aspirations, emportement, perdition… constituent la clé de tout ce que nous considérons comme sacré : dans ce qui nous expose et nous met en danger, dans la conscience irrémédiable de la mort, nous prétendons trouver le symbole de l'invulnérabilité qui jamais ne nous appartiendra tout à fait. Personne ne connaît un humain en tant qu'humain s'il le connaît uniquement comme humain, s'il ne se reconnaît pas en lui : c'est le sacré qui scelle ce pacte de mutuelle reconnaissance. Ce qui nous rend humains est le fait de reconnaître en nous, en même temps que d'autres humains, quelque chose qui représente et qui manifeste ce que signifie profondément pour chacun notre destin mortel, bien que ce soit quelque chose de terrestre qui nous accompagne et participe comme nous de la nature du monde. Ce qui précisément caractérise le sacré est d'être pleinement dans le monde sans pouvoir être reconnu comme purement naturel. Ce qui ne le condamne pas à figurer dans la cohorte trompeuse de la superstition et de l'occultisme.

C'est pourtant là qu'il figure habituellement. Dans le monde complètement désacralisé de la technoscience, le sacré sous n'importe laquelle de ses formes se trouve relégué sur la poussiéreuse et stérile scène vaticane, dans le vaudou, dans les déclarations particulièrement sanguinaires de Mahomet et dans les formules similaires de la nécromancie. L'ennui c'est qu'une aussi dégradante affiliation nous oblige non seulement, nous les rationalistes, à méconnaître aujourd'hui le sacré, mais nous empêche aussi de le reconnaître jamais. Et dans le monde de l'universelle disponibilité et du calculable comme seule source de valeurs, méconnaître toute forme de sacré c'est aussi renoncer à nous connaître nous-mêmes *de l'intérieur*, chose à laquelle on ne peut jamais parvenir de manière satisfaisante en s'appuyant uniquement sur la plus objective doctrine explicative, en partant de l'évolution et de l'égoïsme des gènes. Le concept même d'humanité, qui n'est évidemment pas simplement descriptif mais qui fait aussi appel à la valeur, à l'idéal, perd pied et perd de son poids en tant qu'argument dès que la notion de « sacré » passe dans le domaine du facultatif. C'est la reconnaissance du sacré qui nous définit en tant qu'humains : à la différence de ce que croit un certain « naturalisme » naïf, le sacré n'est pas la préoccupation ni l'exigence des dieux, mais la préoccupation et l'exigence des humains. C'est là que réside le point symbolique où les instincts sociaux, le mimétisme et les recommandations hygiéniques se transforment en *morale*. Et c'est aussi pour cela que le revers funeste du sacré, le *sacrilège*, est pour nous éthiquement indispensable comme horizon.

L'acte sacrilège ne porte pas atteinte à la loi, mais au sujet qui lui est socialement soumis en tant que tel : plus qu'un péché, c'est un suicide. Il ne nous rend pas seulement plus mauvais, il détruit ce que nous sommes. Dans son livre bouleversant, *Au fond des ténèbres*, la journaliste Gitta Sereny rapporte la confession que lui a faite l'un des « juifs travailleurs » du camp d'extermination de Treblinka, prisonniers gardés en vie par les nazis pour se charger de récolter et d'empaqueter en vue de leur envoi en Allemagne les possessions des milliers d'autres juifs qui arrivaient à l'abattoir et y étaient immédiatement gazés. Vers la fin de la guerre, les trains chargés de victimes cessèrent d'arriver à Treblinka. Le prisonnier a raconté son désespoir à la journaliste : s'il n'y avait plus d'effets des victimes dont s'occuper (« vêtements, montres, instruments de cuisine, linge de table et même nourriture »), il n'y avait plus de raison de leur permettre de rester en vie, leur tour était donc arrivé. Alors… « Un jour de la fin de mars, Kurt Frantz (le commandant adjoint du camp) a pénétré dans nos baraques, le visage tout réjoui : “À partir de demain les convois recommencent.” Et vous savez ce que nous avons fait ? Nous avons crié : "Hourra ! Hourra !" Ça semble incroyable aujourd'hui. Chaque fois que j'y pense j'éprouve comme une petite mort, mais c'est la vérité. C'est ce que nous avons fait, nous en étions là...[1] » Le protagoniste de cet événement a conscience non seulement d'être coupable, mais aussi de quelque chose de plus, d'avoir attenté, et même intimement, à ce fond d'autoaffirmation de soi que l'obstination coupable n'abandonne jamais : cela peut s'appeler un sacrilège. Et au travers du sacrilège, on découvre aussi – comme en filigrane – la consistance du sacré. Sa version la plus simpliste est celle d'une force irrésistible qui nous sauve de la finitude et de la mortalité : « Lève-toi et marche ! » Mais la plus profonde, la plus incroyable et aussi la plus nécessaire est celle qui restaure le lien dissous sans remède ni pardon avec les semblables, ceux dont l'humanité fonde la nôtre : « Tes péchés t'ont été pardonnés. »

Le sacré et sa transgression sacrilège ont souvent été reliés à ces croyances superstitieuses sans autre possibilité de vérification que l'obéissance à l'autorité ecclésiastique, celle que l'honnêteté intellectuelle du rationalisme critique ne peut assumer. Mais cette parenté dérogatoire est-elle inévitable ? Ne peut-on pas reconnaître une autre forme du sacré qui caractériserait l'humain, même si c'est de manière conflictuelle, sans faire appel à des instances divines ou surnaturelles ? Une reconnaissance *matérialiste* du sacré – excusez cette dérive – ne serait-elle pas possible ? S'il est certain du moins que la matière – *stuff* – dont nous sommes faits est identique à celle de nos rêves, comme l'a noté Shakespeare dans le dernier acte de *La Tempête*. Un sacré *immanent* à l'existence humaine, qui transcenderait l'utilitaire et le calculable, mais pas le terrestre. La recherche – ou la revendication – de ce cœur irréductible

1. Gitta Sereny, *Au fond des ténèbres. Un bourreau parle. Franz Stangl, commandant de Treblinka*, trad. de l'anglais par Colette Audry, Paris, Denoël, 2007, p. 227.

n'a rien d'incompatible avec le maintien du rationalisme le plus exigeant, bien au contraire, parce qu'une raison purement instrumentale (efficace pour les moyens mais incapable d'englober ou de définir des fins) est une raison mutilée et dont l'exercice irresponsable débouche sur la plus menaçante des irrationalités, comme l'ont signalé les représentants de l'École de Francfort à partir des tragiques expériences historiques du siècle passé. Dans notre présent où s'affrontent fanatiques et pragmatiques sans frontières – ni grands scrupules –, la principale entreprise d'une incrédulité réellement éclairée n'est pas de se contenter de la simple incrédulité : à partir de cette dernière, mais au-delà, il faudrait chercher le concept intelligible du non-utilitaire qui nous assimile et nous caractérise de l'intérieur, quoique aussi face au reste du réel. Je ne propose bien entendu aucune de ces trouvailles fabuleuses et inédites qui flattent tant la mégalomanie des philosophes : il s'agit de prolonger et d'affiner les recherches les plus fécondes de l'époque contemporaine. Dans ce qui suit, je vais pointer certaines de ces voies.

Proposée pour la première fois par Nietzsche (même si déjà Hegel avait dit « penser la vie pure, telle est la tâche »), mise en forme ensuite par Bergson et de manière plus convaincante encore par Ortega y Gasset, la question de la *vie humaine* constitue le centre de la réflexion philosophique contemporaine la moins formaliste et académique. Bien entendu, conceptualisée en tant qu'*existence*, elle occupe aussi le centre de la pensée de Heidegger et de Sartre. Mais la vic humaine, non pas en tant que fonctionnement vu de l'extérieur mais en tant qu'expérience dont on souffre et dont on jouit de l'intérieur, déborde du domaine philosophique et fait aussi l'objet des études de la psychanalyse : chez Freud bien entendu, mais peut-être aussi de manière plus déterminée chez ses adeptes comme Otto Rank, Carl Gustav Jung, Alfred Adler, Sándor Ferenczi, Géza Róheim ou Erich Fromm. Indépassable comme point de départ, la vie humaine est aussi incontournable comme point d'arrivée. Pour le dire comme Ortega y Gasset : « La réalité primordiale, le fait de tous les faits, le donné pour l'univers, ce qui m'est donné est… "ma vie" – non pas mon moi seul, non pas ma conscience hermétique, ces choses qui sont déjà mes interprétations, l'interprétation idéaliste. M'est donnée "ma vie", et ma vie consiste avant tout à me trouver, moi, dans le monde ; encore est-ce trop vague : dans ce monde-ci, dans celui de maintenant ; et non pas ainsi vaguement dans ce théâtre, mais bien plutôt, dans cet instant-ci, faisant ce que je suis en train d'y faire, dans ce morceau théâtral de mon monde vital où je suis en train de philosopher[1]. » Et il ajoute, décidé et triomphal : « Finies les abstractions. » C'est une déclaration qui ne peut être prise que de manière ironique. Parce que c'est précisément à partir du fait de tous les faits, de la donnée irréfutable et primordiale dans tous les sens du terme que constitue la vie, ma vie aujourd'hui, ici et maintenant, dans ce monde et non dans l'autre, etc., que commencent toutes les abstractions. C'est de là qu'elles partent, comme de bien entendu.

Disons que l'expérience de la vie – la seule qui compte vraiment pour chacun de nous, celle qui englobe et rend possibles toutes les autres – possède deux niveaux, deux étages, deux registres et deux plans de lecture. C'est dans une telle dualité que réside le fait qu'elle n'est pas seulement « vie », résultat du processus évolutif de combinaisons chimiques déterminées, mais « vie humaine » : biographie, histoire, aventure, rêve et frustration. Sur le premier de ces deux plans, le plus évident et biologique, la vie humaine (je me réfère à elle à la troisième personne, même s'il serait peut-être mieux, comme le fait Ortega y Gasset, de dire toujours « ma vie »)

1. José Ortega y Gasset, *Qu'est-ce que la philosophie ?*, in *Œuvres complètes*, trad. de l'espagnol par Yves Lorvellec et Christian Pierre, Paris, Klincksieck, vol. 1, 1988, p. 157.

consiste en notre implantation physique et génésique dans une réalité naturelle (c'est-à-dire organisée selon des règles que nous ne pouvons ni prévoir ni à peine comprendre) dont de nombreux agents hostiles tentent intentionnellement ou accidentellement de nous expulser avec une alarmante persévérance. Nous naissons par hasard et nous continuons de vivre par miracle et avec toujours de notre part un notable déploiement d'efforts. Les mécanismes qui nous font naître au monde, ceux qui nous nourrissent, nous y font croître et perdurer, ceux qui nous menacent constamment comme ceux qui nous permettent de nous reproduire, tous sont *corporels*. Sur ce registre vital, être vivant c'est être un corps, souffrir et jouir de ce que nos corps subissent, avoir besoin de ce dont nos corps ont besoin et être finalement détruits par ce qui menace tous les corps vivants. La joie, l'effroi et les travaux de la vie sont essentiellement corporels. Les premiers maîtres de notre conduite – déjà signalés par Platon dans *Les Lois* – la douleur et le plaisir, tous deux exigeants et peu portés aux nuances, sont de nature corporelle. Et aussi, par conséquent, toutes nos valeurs, à leur origine, c'est-à-dire tout ce qui nous est nécessaire et que nous recherchons en tant que « bon », et que nous évitons ou fuyons en tant que « mauvais », proviennent de notre condition corporelle. L'éthique est précédée par l'hygiène et aussi, probablement, par la diététique. Comme l'a écrit Norman O. Brown dans son œuvre admirable et aujourd'hui trop souvent oubliée : « Ce que l'enfant sait consciemment et l'adulte inconsciemment, c'est que nous ne sommes rien de plus qu'un corps. Pour autant que le refoulé et le sublimé adulte puissent le nier consciemment, le fait demeure que la vie appartient au corps et que seule la vie crée des valeurs ; c'est corporellement que toutes les valeurs sont des valeurs[1]. »

1. Norman O. Brown, *Life Against Death*, Middeltown, Wesleyan University Press, 1959, p. 293.

Mais même l'enfant, à partir du moment où il parle et dans son monde intérieur – et plus encore après, à mesure qu'il mûrit en traversant répressions et sublimations – pratique un second niveau de conscience de la vie, parallèle à celui qui est biologique et corporel. Il s'agit de l'ordre symbolique, de la représentation de la vie comme un ensemble de significations culturellement partagées, que nous appelons pour être brefs « esprit ». Il existe une corrélation permanente, un constant *feed back* entre l'un et l'autre plan : chacune des aspirations, des nécessités, des menaces et des frustrations du premier sont enregistrées dans le second et se répercutent sur le premier au moyen de la coordination psychique. Ensemble, ils composent la vie humaine : dans ce cocktail, le premier apporte la vie et le second l'humanité. Vie et esprit, ou corps et âme (comme le disaient les classiques, Spinoza par exemple) sont les deux visages inséparables de la même réalité, qu'il nous faut représenter à la première personne à travers nos actes et nos passions. Il existe pourtant d'importantes différences entre ces deux visages. Sur le plan biologique, corporel, est précieux tout ce qui nous défend et nous protège de la mort, par ailleurs inévitable. Vivre c'est lutter pour survivre, retarder l'irrémédiable : comme l'a dit Lord Salisbury, « *the delay is life* ». Toute chose a une date de péremption, même si nous ne la connaissons pas et que nous supposons qu'il dépend de notre persévérance de l'éloigner le plus possible. Au contraire, sur le plan spirituel, la mort peut elle aussi avoir un sens ou une valeur vitale comme fin des fonctions corporelles : c'est-à-dire que la mort elle-même peut se vivre, s'assumer et ainsi se surmonter. À ses débuts, dans un texte où il commente l'écriture de Pío Baroja, Ortega y Gasset l'exprime ainsi : « L'homme ne peut vivre pleinement s'il n'existe pas quelque chose qui soit capable d'emplir son esprit au point qu'il désire mourir pour cela. Qui ne découvre en lui-même l'évidence de ce paradoxe ? Ce qui ne nous incite pas à mourir ne nous pousse pas à vivre. Ces deux résultats, contradictoires en apparence, sont en fait les deux faces d'un même état d'esprit. Seul nous pousse irrésistiblement vers la vie ce qui emplit entièrement notre coquille intérieure. Renoncer à cela serait pour nous une mort plus grande que de périr[1]. » Sur le plan corporel, la vie s'oppose à la mort et combat – à mort – avec elle ; mais pour l'esprit, l'intensité signifiante de la vie inclut la mort et la dépasse.

Dirons-nous que celui qui s'en tient fondamentalement au corporel est réaliste tandis que le fait de se laisser guider avant tout par l'esprit est de l'idéalisme ou du rêve ? De manière générale rien n'est moins sûr. Pour un animal qui ignore la certitude inévitable de sa mort, s'attacher strictement à la lutte pour la survie est la meilleure stratégie évolutive d'« immortalité » possible. La mort de ses congénères n'emplit pas son passé, pas plus que sa propre mort n'apparaît fermement installée dans le futur : de sorte que l'individu (qui dans le cas des espèces animales n'est pas réellement individuel, mais est un simple *exemplaire*) vit le présent comme une immortalité... provisoire. Mais l'être qui prévoit ce que sa mort a d'inévitable et qui considère celle de tous ses prédécesseurs, est non seulement réaliste mais aussi *prudent* quand il cherche, sur le plan spirituel, un rôle à attribuer à la mort qui lui servirait à consolider sa vie. Celui qui doit tenir la mort pour certaine et qui lutte pourtant jour après jour pour sa survie ne surmontera jamais le poids du deuil qu'il supporte en permanence à cause de sa propre mort : il est raisonnable qu'il lui soit plus tonique de se voir lui-même symboliquement comme possédé par une forme de vie qui lui permette de supporter même le fait d'être mort. Pour le vitaliste authentique, ce qui est grave n'est pas de devoir mourir mais d'être obligé de supporter la vie uniquement comme quelque chose d'insignifiant par crainte de la mort. Bien entendu, la qualité du niveau spirituel de la vie qui

1. José Ortega y Gasset, *Idées sur Pío Baroja*, chap. X.

inclut et surmonte la mort varie beaucoup d'un homme à un autre ; elle va d'une armature névrotique instable et douloureusement entravée qui nous enferme en nous-mêmes jusqu'à une forme de sublimation basée sur le consensus symbolique avec le groupe auquel nous appartenons. « La différence entre une névrose et une sublimation est constituée, évidemment, par l'aspect social de ce dernier processus – explique Géza Róheim. Une névrose isole ; une sublimation unit. Dans une sublimation, quelque chose de nouveau est créé – une maison, ou une communauté, ou un instrument – et il est créé au sein d'un groupe ou pour l'usage d'un groupe[1]. » L'assimilation par Freud de toute religion à une névrose infantile « collectivisée » est évidemment abusive : dans les religions, outre les aspects névrotiques, il y a bien autre chose, ce sont des sublimations qui jouent le rôle de prothèses sociales de l'immortalité. Elles apportent une aide symbolique pour supporter et surmonter nos déprimantes certitudes physiologiques.

Le problème est le suivant : comment résister symboliquement au péril assuré que constitue la mort alors que notre corps est menacé par un univers écrasant de « mauvaises rencontres » possibles et même probables, comme le suppose Spinoza. Sur le plan spirituel, certaines solutions obligent l'individu à se soumettre aux instances tyranniques du groupe, qui subjuguent et mutilent sa capacité critique intellectuelle. Si nous appelons « religion » – au sens large – de tels palliatifs, Erich Fromm a raison : « La question n'est pas "religion ou non ?", mais "quelle sorte de religion ?", si donc elle favorise le développement de l'homme, le déploiement de ses virtualités spécifiquement humaines, ou si elle les paralyse[2]. » Rien ne

1. Géza Róheim, *The Origin and Function of Cultura, Nervous and Mental Disease Monographs*, New York, 1943, p. 74 [trad. française : *Origine et fonction de la culture*, Paris, Gallimard, 1972].

2. Erich Fromm, *Psychanalyse et Religion*, trad. de l'anglais par D. Merllié, Éd. de l'Épi, 1968, p. 50.

peut nous affranchir de l'horreur métaphysique de notre condition, nous ne pouvons en aucune façon *faire l'économie* de la peur, mais nous pouvons inventer quelque prothèse de routine qui nous la dissimule le mieux possible. De mille manières, nous pouvons développer la consolante conviction que nous mourrons, d'accord, *mais pour un bien*. Les esprits les plus remarquables de l'humanité ont apporté des formules plus ou moins imaginatives qui transforment notre panique en quelque chose qui est en fin de compte illusoire (« Mort, où est ta victoire ? ») ou qui relève d'une esthétique précieuse et distinguée. « La personne créatrice en vient à être, dans l'art, la littérature et la religion, le médiateur de la terreur naturelle et celui qui montre une nouvelle manière d'en triompher. Elle révèle l'obscurité et l'angoisse de la condition humaine et construit à partir d'elle une nouvelle transcendance symbolique. Telle a été la fonction des créateurs hors du commun depuis les chamanes jusqu'à Shakespeare[1]. »

La solution culturellement la plus fréquentée pour atteindre l'immortalité symbolique est de chercher la protection vivifiante du groupe auquel on appartient. En tant qu'individualités, nous ne sommes pas indispensables, mais secondaires, et pourtant nous faisons partie de quelque chose qui ne meurt pas et avec laquelle nous partageons une forme de pérennité glorieuse : tribu, nation, empire… Selon les anciens mythes fondateurs, les ancêtres, dieux ou héros, ont créé le groupe à partir de ce néant et le soutiendront éternellement au-dessus du néant aussi longtemps que nous autres particuliers (les particules qui vont et viennent, éparpillées) demeureront fidèles aux rites essentiels qui conjurent le danger de corruption et de décadence. Changer, c'est périr : nous ne mourrons pas en tant que collectivité tant que nous continuerons d'être comme nous avons été auparavant, comme nous devons toujours être. L'identique

1. Ernest Becker, *The Denial of Death*, *op cit.*, p. 220.

dure tant qu'il continue d'être identique. La forme de perpétuation première et primordiale est la répétition compulsive, la reproduction du même avec le même pour que jamais ne survienne le différent : *l'inceste*. Être *causa sui* suppose que le même provienne du même, qu'il n'ait besoin de rien hors de lui-même, qu'il ne comporte en lui ni mélange ni combinaison aucune : la pureté doit être incorruptible et par conséquent demeure éternelle. Bien entendu, tout ce qui peut s'appeler avancée ou progrès humain a dès le début été une bataille contre la puissante séduction de l'inceste. Le fait qu'il soit le tabou originel, le sacrilège primordial, démontre à quel point sa tentation immortalisante est – parmi toutes les autres – la plus difficile à vaincre. L'inceste tend à nier l'indice le moins équivoque de la mortalité que constitue la reproduction sexuée, dans laquelle interviennent deux êtres de genre différent, suffisamment semblables pour pouvoir s'accoupler et assez distincts pour donner lieu à quelque chose de génétiquement nouveau. Plus les géniteurs seront identiques, plus ils auront des liens familiaux, moins il y aura de reproduction : et moins de troubles dans la pureté, moins d'interstices par où pourrait pénétrer la mort ! C'est pour cela que le sacrilège le plus moderne et le plus tentateur est le *clonage*, qui constitue l'inceste parfait. L'aboutissement de ce rêve d'être la cause unique et identique de nous-mêmes.

Bien que culturellement la dimension strictement biologique et corporelle de l'inceste ait pu être mise en déroute par l'instinct le plus hygiénique de la morale humaine, ce qui est incestueux continue sur le plan spirituel d'être installé de manière plus difficilement « éradiquable ». Comme l'a signalé avec une éloquente vigueur Erich Fromm, l'attachement aux parents et aux frères, à l'hypertrophie du familial, est remplacé dans la collectivité par l'adhésion aveugle et névrotique à la nation, à l'État ou au groupe religieux auquel on appartient. « L'homme dont l'orientation est incestueuse est à même de se sentir proche de ceux qui lui sont familiers ; mais il est incapable d'entrer dans une relation étroite avec "l'étranger", c'est-à-dire avec un autre être humain comme tel. Dans cette perspective, sentiments et idées ne sont pas jugés en termes de bien ou de mal, ou de vrai et de faux, mais de familier et de non familier. Quand Jésus a dit : "Car je suis venu séparer et dresser l'homme contre son père, et la fille contre sa mère, et la bru contre sa belle-mère" (Mt 10,35), il ne voulait pas enseigner la haine aux parents mais exprimer sous la forme la moins équivoque et la plus exigeante le fait que l'homme doit rompre les liens incestueux et devenir libre pour devenir humain[1]. » Dans la famille on prétend perpétuer la vie en la couvant, mais l'esprit naît de la recherche incessante de manières différentes d'être semblables. Sans doute la richesse fondamentale des êtres humains est-elle leur ressemblance, le fait qu'ils partagent leur condition symbolique et la terreur métaphysique de leur destin mortel dans l'univers qui les engendre et les écrase. Le fait d'être semblables leur permet de se comprendre, de collaborer, de traduire leurs messages et leurs poèmes, de tisser entre eux des liens toujours indispensables à la communauté civilisée. Mais cette ressemblance se trouve mutilée si elle se limite à la répétition incessante de l'identique à l'intérieur de chaque groupe historique occasionnel (rien de plus perversement inhumain que d'ériger en absolu n'importe quelle « identité culturelle[2] ») au lieu de

1. Erich Fromm, *Psychanalyse et Religion*, *op. cit.*, p. 106-107.

2. Les termes « identité » et « culture » fonctionnent en opposition : plus on est « identique » à son propre groupe, à ses goûts, à ses jugements et à ses préjugés, moins il y a de « culture », au sens le plus large et libérateur du terme. Par son expérience culturelle, l'individu se *désidentifie* de son troupeau d'origine. Dans son excellent essai intitulé *Les Identités meurtrières*, Amin Maalouf note : « L'humanité entière n'est faite que de cas particuliers, si la vie est créatrice de différences, et s'il y a « reproduction », ce n'est jamais à l'identique. Chaque personne, sans exception aucune, est dotée d'une identité composite ; il lui suffirait de se poser quelques questions pour débusquer des fractures oubliées, des ramifications insoupçonnées, et pour se

chercher la combinaison avec le différent, avec l'apport insolite découvert par celui qui, subissant nos propres besoins et partageant nos aspirations, a su leur donner une autre perspective. La raison humaine – avec bien entendu l'imagination – se déploie en rupture avec le familial à la recherche de critères de morale et de véracité plus vastes. « On peut considérer que le développement de l'humanité va de l'inceste à la liberté[1]. »

Même l'homme le moins sensible aux suggestions du surnaturel peut découvrir une certaine forme « matérielle » du sacré dans la vie humaine, c'est-à-dire dans notre réalité corporelle telle que nous la symbolisons sur le plan de l'esprit. La pensée classique, grecque et romaine, subissant des influences orientales venues avec l'orphisme, a parfois opposé de manière radicale les deux niveaux biologique et symbolique de la vie, le corps et l'âme : le premier est le tombeau et la prison de la seconde. La vie en tant que telle, notre bref passage par le monde, méritait une mince considération, parfois méprisante : on prouvait la force de son esprit par la facilité de ce dernier à renoncer le moment venu à son enveloppe physique comme on se sépare d'un manteau inconfortable. La renommée et le nom honorable que vous octroyait le service de la collectivité étaient le plus important de la vie, comme le parfum peut être ce qu'il y a de plus précieux dans la fleur éphémère. Bien entendu, beaucoup des premiers penseurs chrétiens ont aussi partagé ce mépris de l'existence terrestre, simple passage et mise à l'épreuve en vue de l'existence authentique qui commence au-delà de la mort (on trouve encore un écho de

---

découvrir complexe, unique, irremplaçable. » (Paris, LGF, 2007, p. 28.) Sur la question a été publié récemment un autre essai très intéressant du prix Nobel d'économie Amartya Sen, intitulé *Identity and Violence, The Illusion of Destiny*, avec de savoureux commentaires sur le « choc des civilisations » et l'« alliance des civilisations » en tant qu'erreurs évidentes et complémentaires.

1. Erich Fromm, *Psychanalyse et Religion*, *op. cit.*, p. 107.

cette attitude dans le fameux « pari » de Pascal). Mais avec le christianisme apparaît aussi une nouvelle appréciation de la vie, non plus comme un simple service que l'on doit au groupe ou à la patrie, mais comme une aventure personnelle, unique et irremplaçable. Hannah Arendt l'a très bien signalé à la fin de *La Condition humaine*, dans les pages consacrées à l'action. Le christianisme élève la vie terrestre de chaque humain jusqu'à quelque chose d'infiniment précieux parce qu'avec son caractère éphémère elle est aussi le *commencement absolu* d'une aventure qui jamais ne finira, le début significatif de l'éternité individuelle. Selon Arendt, le caractère originaire d'une entreprise dont les effets perdurent appose aussi sa marque de création indélébile à l'action humaine. Chacun devrait être capable de voir ses actions comme valables *pour toujours* : peut-être est-ce précisément le plus féroce des critiques du christianisme, Nietzsche, qui a le mieux profité de cette leçon chrétienne dans sa doctrine de l'éternel retour.

Et c'est sans doute Hannah Arendt qui, répliquant ainsi à la doctrine de l'être-pour-la-mort de son maître et amant Heidegger, a offert l'alternative la plus crédible et dynamique – mais dépourvue d'idéalisme surhumain ou surnaturel – à l'accablement stérile du nihilisme : « Le cycle vital de l'homme s'écoulant vers la mort mènerait inévitablement tout ce qui est humain à la ruine et à la destruction si n'existait pas la faculté de l'interrompre et de commencer quelque chose de nouveau, une faculté qui est inhérente à l'action comme un rappel permanent que les hommes, même s'ils doivent mourir, ne sont pas nés pour mourir mais pour commencer[1]. » Ici, le mot crucial, si simple et émouvant, si frappant, est *naître*. Peut-être seule une femme réfléchie pouvait-elle l'apporter à la philosophie contemporaine, traditionnellement fort peu accueillante

1. Hannah Arendt, « La condition humaine », in *Condition de l'homme moderne*, trad. de l'allemand par Angèle Kremer Marinetti, Paris, Nathan, 2006.

envers les meilleures intuitions du sens commun : « Le miracle qui sauve le monde, dans le royaume des affaires des hommes, de sa ruine normale et “naturelle”, est en dernière extrémité le fait de la naissance, dans lequel est ontologiquement enracinée la faculté de l'action[1]. » Nous, humains, ne venons pas au monde pour mourir, mais pour engendrer de nouvelles actions et de nouveaux êtres : nous sommes les fils de nos propres œuvres et aussi les pères de ceux qui parcourront avec elles, ou contre elles, des chemins nouveaux. Ce qu'il y a de plus stable et de plus vivifiant dans les religions célèbre le nouvel an, la nouvelle récolte, la bonne nouvelle que « parmi vous est né un enfant ». L'enseignement ambigu de la vie symboliquement transformée en esprit ne nie pas que nous procédons du chaos, ni que jusqu'à la fin nous devrons nous débattre contre lui, qui toujours prévaut : mais elle affirme aussi, naïve et triomphale, que notre mission est malgré tout de donner la vie.

1. *Ibid.*

Épilogue
Éloge des incrédules

> Mes favoris étaient les Neminiens,
> qui pratiquaient la religion du Personne
> (nemini) parce que personne n'a vu Dieu
> et qu'il n'est donné à personne
> d'échapper à la mort.
>
> Cyril Connolly, *Ennemis de la promesse*

Face à la plage de la Concha, à Saint-Sébastien, fermant à demi l'entrée de la baie, se trouve – verte et modeste – l'île de Santa Clara. Comme un jouet, avec son phare et sa minuscule jetée pour les barques. Le paysage de mon enfance, de ma vie entière, mon *imago mundi*. Aussi accessible que lorsque étant jeune, en dépit de mes capacités athlétiques inexistantes, j'y allais souvent à la nage. « Attention aux vedettes ! », me recommandait ma mère. Pour celui qui aime, tout est danger : et il a raison. Il y a des années – si je me rappelle bien – on cultivait à Santa Clara d'estimables piments rouges, capables d'entrer en compétition avec ceux, légendaires, d'Ibarra. Des pousse-pied qui s'accrochaient à ses rochers, qui étaient très prisés et dont j'ai souvent mangé, il ne doit pas rester un seul aujourd'hui. Ils ont un goût de larmes, comme l'a dit quelque snob bon teint. Enfin, cette île est aujourd'hui, et semble l'avoir toujours été, un coin de paradis *pocket size*, comme le reste de ma ville. C'est du moins ce que je croyais. Mais cet été, en lisant des anecdotes et d'anciennes histoires sur Saint-Sébastien, je suis tombé sur cette information : il y a des siècles, c'est à Santa Clara qu'on enterrait les blasphémateurs, les sacrilèges, les hérétiques, les suicidés et autre racaille. Les braves gens de la ville, cette horrible multitude, leur refusaient de reposer au cimetière pour les exiler sur notre petit Alcatraz local. Je suppose qu'auparavant ils s'étaient logiquement employés à leur rendre la vie impossible. On emportait le cadavre du réprouvé sur une barque, sans cérémonie, et la meute restait sur la rive pour le voir s'éloigner vers sa destination finale, tandis qu'elle grognait (à ce que dit le chroniqueur et dont je ne doute pas) : Celui-là, c'est sûr, il va droit en enfer ! »

Vous le savez aussi bien que moi : voilà le traitement qui, durant des centaines d'années, a été le lot de ceux qui n'étaient pas d'accord avec les dogmes ou les préjugés du plus grand nombre. Cela continue bien entendu de se passer ainsi en beaucoup d'endroits, et pas seulement en ce qui concerne le mépris des morts mais aussi – et surtout – pour la persécution des vivants. Les comportements qui vous attirent d'abord les soupçons puis la condamnation peuvent varier : lire trop de livres, tenir des conversations scabreuses, scruter le mouvement des étoiles, disséquer des cadavres, consommer des substances interdites, ne pas assister aux cérémonies religieuses établies, goûter les plaisirs de la chair sans autre sacrement que le désir, etc. Mais, en fin de compte, le délit est toujours le même, qu'on l'appelle d'une manière ou d'une autre : il s'agit du scepticisme militant envers ce que croit la majorité, l'absence de foi démontrée par la pratique. La foi… mais qu'est-ce que c'est que la foi ? La meilleure réponse à cette question est peut-être celle qu'a donnée cet élève qui, d'après Mark Twain, a répondu à son maître : « La foi, c'est croire en ce que nous savons ne pas exister. » Bien, mon petit, il se peut que cela n'existe pas, mais si tu ne crois pas ou ne feins pas de croire tu finiras dans les cachots de l'Inquisition puis tu seras enterré sur l'île de Santa Clara. Ah, vous me dites que ce n'est plus comme cela, qu'une telle intransigeance est l'affaire du passé ! C'est cela ? En êtes-vous bien sûrs ? Considérez que la foi change de nom ou d'objet, mais que ceux qui l'imposent continuent d'être également redoutables dans leur intransigeance.

L'une des meilleures descriptions de ce que le grand Octavio Paz aurait appelé « les pièges de la foi », est peut-être celle qu'en a proposé Jean-Marie Guyau dès 1885. Cela vaut la peine de la citer *in extenso* : « On a assez longtemps accusé le doute d'immoralité, mais on pourrait aussi affirmer l'immoralité de la foi dogmatique. Croire c'est *affirmer* comme réel pour moi ce que je conçois simplement comme possible en soi, parfois même comme impossible ; c'est donc vouloir fonder une vérité artificielle, une vérité d'apparence, c'est en même temps se fermer à la vérité objective qu'on repousse d'avance sans la connaître. La plus grande ennemie du progrès humain, c'est la *question préalable*. Rejeter non pas les solutions plus ou moins douteuses que chacun peut apporter, mais les problèmes mêmes, c'est arrêter net le mouvement en avant ; la foi, de ce point de vue, devient une paresse d'esprit. L'indifférence même est parfois supérieure à la foi dogmatique. L'indifférent dit : je ne tiens pas à savoir, mais il ajoute : je ne veux pas croire ; le croyant, lui, veut croire sans savoir. Le premier au moins reste parfaitement sincère envers lui-même, tandis que l'autre essaie de se leurrer. Sur quelque question que ce soit, le doute est toujours meilleur que l'affirmation sans retour, le renoncement à toute initiative personnelle qu'on appelle la foi. Cette sorte de suicide intellectuel est inexcusable, et ce qui est encore plus étrange, c'est de prétendre le justifier, comme on le fait d'habitude, en invoquant des raisons morales[1]. »

1. Jean-Marie Guyau, *Esquisse d'une morale sans obligation ni sanction*, Paris, Félix Alcan, 1921, p. 72-73.

À mon sens cependant, il existe quelque chose de pire que la foi, et c'est la *crédulité*. Orwell a insisté avec perspicacité pour séparer les deux termes. Même en tombant d'accord avec les objections présentées par Guyau, nous pouvons, en certaines occasions, reconnaître à la foi une certaine grandeur stimulante. Nos connaissances vérifiables sont presque toujours tellement déficientes que celui qui se sent poussé à de grandes actions et à des initiatives particulièrement risquées ou généreuses a besoin d'au moins un gramme de foi pour se lancer dans l'aventure. C'est la seule manière de pouvoir aller au-delà de ce que nous savons ou de nous lancer avant de le savoir tout à fait. L'excès de foi peut mener au suicide intellectuel… ou au crime, quand la foi implique que l'on persécute ceux qui ne la partagent pas ; mais l'absence totale de toute trace de foi nous paralyse dans un prudent marasme. Il me semble en revanche impossible de trouver le moindre aspect positif à la crédulité. Le crédule est toujours disposé à gober ce qui est invraisemblable, étrange, choquant… ou ce qui lui semble le plus convenable pour flatter sa vanité ou conserver ses privilèges. En tout cas, les crédules préfèrent accepter ce qui est merveilleux ou effrayant que ce qui exige un effort de vérification et confirme des aspects peu voyants de la réalité. Ils se croient d'habitude dotés d'une grande imagination alors qu'ils n'alimentent en réalité que leurs caprices et manquent de l'imagination authentique qui consiste à explorer tous les recoins du possible, mais sans jamais s'en échapper. Par malheur, les moyens de communication – sans parler des innombrables pages Internet – regorgent d'aliments-déchets pour l'insatiable crédulité de certains : miracles, conspirations, fantasmagories, manipulations de l'histoire, sectes secrètes omnipotentes, extraterrestres de pacotille, pouvoirs paranormaux et apparitions diaboliques. Quand il ne s'agit pas de propagande travestie en science pour conforter les sinistres manœuvres de politiciens ou d'exploiteurs de la misère des autres : ainsi de l'établissement de hiérarchies raciales ou sexistes, ainsi des délires généalogiques du nationalisme, ainsi des supposées « armes de destruction massive » qui ont servi de prétexte à la guerre en Irak. Ce qui caractérise la crédulité est son caractère *acritique* et son fond toujours intéressé, bien qu'à long terme elle ait fréquemment des conséquences néfastes, même pour ses propres adeptes. Si quelque chose devait être implacablement combattu par l'éducation ce ne serait pas tant la foi que la crédulité.

Bien entendu, le champ des religions englobe toutes les dérives imaginables entre l'une et l'autre : c'est le prix à payer pour la recherche d'explications ultimes et absolues non pas tant du fonctionnement biologique et social des êtres humains que du sens de leur expérience de la vie. Mais à la crédulité par excès s'oppose une autre crédulité, par défaut cette fois : celle du scientisme réducteur qui évacue comme superstitions dépourvues de sens non seulement les solutions religieuses mais les inquiétudes humaines même dont elles proviennent. Actuellement, avec un appel volontariste à la théorie de l'évolution et quelques pincées de génétique, certains candides croient s'être éveillés pour toujours des ténèbres qui ont obnubilé le progrès. Il est bien entendu légitime de se débarrasser ainsi de ce qu'il y a de pseudo-scientifique dans le créationnisme (y compris dans ce créationnisme d'école primaire qu'est la doctrine du dessein intelligent) et dans d'autres incursions similaires d'esprits cléricaux dans des domaines comme l'astronomie, la psychologie, etc. Mais le reste des questions qui se rapportent par exemple aux règles morales, ou au caractère symbolique des principales réussites culturelles des hommes se laisse plus difficilement éclaircir au moyen d'équations et d'observations de laboratoire. Ce qui fait que des auteurs par ailleurs aussi suggestifs que Steven Pinker deviennent sérieusement inconsistants quand ils traitent de sujets tels que l'éducation dont l'importance est minimisée parce qu'elle est interpersonnelle et non génétique[1].

Excusez-moi de recourir à une parabole rebattue pour expliquer mon point de vue : supposons que nous nous installions, avec ce qu'il faut de ravissement et d'admiration, face à un tableau de Velázquez ou de Rembrandt. Devant la perfection formelle et la délicate richesse des suggestions que nous transmet le tableau, nous voilà pris d'un étonnement émerveillé. Un spectateur exalté susurre alors à notre oreille droite : « Cette œuvre est un authentique miracle, aucun homme ordinaire ne peut l'avoir ni conçue ni exécutée. Elle ne peut s'expliquer que par une inspiration venue du ciel, par un généreux et énigmatique cadeau de l'Être suprême qui – au travers de cet artiste – nous fait parvenir un message sublime pour nous aider à mieux supporter notre mortelle petitesse… et nous faire concevoir l'espoir de l'éternité. » Mais une autre voix, sévère et sardonique, susurre à notre oreille gauche : « Ça n'est pas mal, ça n'est pas mal ! Encore qu'il ne s'agit en fin de compte que de la superposition de divers pigments d'origine végétale et minérale, disposés avec adresse sur une toile, de sorte qu'à une certaine distance on devine diverses formes assimilables à des objets ou à des personnes. On a vérifié que l'érosion des roches ou la forme capricieuse et changeante des nuages par-

1. Le grand maître de l'incrédulité par antonomase, Michel de Montaigne, a écrit : « Les savants, moi, je les aime bien mais je ne les adore pas. » De nos jours, nombre de personnes pratiquantes ont remplacé les neuvaines et la lecture des psaumes par la vénération aveugle de la psychologie évolutive. On prétend expliquer tous les comportements humains importants par de rocambolesques stratégies tout droit venues du paléolithique. Après des décennies passées à dénoncer les explications théologiques ou finalistes des théologiens, d'autres croyants prétendent maintenant établir une espèce de finalisme *à rebours*, non moins arbitraire et improbable que l'autre. Et cela alors que la seule chose à peu près claire dans la théorie de l'évolution est que tout ne se trouve pas dans les gènes… ni même *presque* tout. Pour commencer à s'éveiller de ces nouveaux rêves dogmatiques, je recommande la lecture du savoureux petit livre de John Dupré, *Darwin's Legacy*, Oxford, Oxford University Press, 2006.

vient parfois à des effets assez similaires. » Ou plutôt : la première voix dit “ce n’est rien de moins que…”, et la seconde “ce n’est pas plus que…”. Dans les deux cas, l’incrédule sent qu’on lui cache quelque chose d’essentiel, une énigme rationnelle qui n’admet pas de solution simplificatrice, quelque chose qui est *en deçà* des dieux et *au-delà* du niveau physicochimique de la causalité. Une relation de sens entre les seuls êtres capables de comprendre des signifiés, qui est loin de pouvoir être expliquée de manière convaincante par quelque « présence réelle » divine (et ici je me permets d’abuser de George Steiner) ou par le simple enchaînement de réactions à l’échelle de l’atome.

Pour revenir à la prose philosophique, disons cela avec les mots savants de Habermas : « Il est indiscutable que toutes les opérations de l’esprit humain dépendent entièrement de substrats organiques. La controverse réside plutôt sur la manière correcte de “naturaliser” l’esprit. Car une adéquate compréhension naturaliste de l’évolution culturelle doit rendre compte de la constitution intersubjective de l’esprit, ainsi que du caractère normatif de ses opérations régies par des règles[1]. » C’est-à-dire : l’esprit humain, ce reflet symbolique de la vie que nous avons tenté de décrire sommairement au chapitre précédent, constitue une évidence irréfutable pour n’importe quel être pensant. Alors quoi ? La foi religieuse – dans la majorité des cas – convertit de façon surnaturelle l’esprit en une entité *séparable* du corps, et, pour ce qui est des mérites ou des responsabilités, en une entité indépendante de lui. Ce qui, pour être bref, est peu convaincant face au plus bienveillant des examens rationalistes. Dans le coin opposé du *ring*, le scientisme – c’est-à-dire la science transformée en idéologie et pour ainsi dire *dénaturée* – convertit ce qu’on appelle « esprit » en une espèce de légende idéaliste qui magnifie les adaptations

1. Jürgen Habermas, *Zwischen Naturalismus und Religion*, *op. cit.*

évolutives et les réactions physiologiques : une fable, allons donc, l'édifiante historiette racontée par un idiot qui se pavane sur la scène du monde, et qui en fin de compte ne signifie rien... Les deux manières de poser le problème me semblent clairement insatisfaisantes, parce qu'aucune d'elles ne se situe au plan proprement humain, mais sur des niveaux délibérément situés au-dessus ou au-dessous de ce plan. Mais « l'esprit – dit Santayana – n'est pas un romancier qui disposerait d'un monde fictif à substituer aux humbles circonstances de cette vie, il est seulement la capacité – qui permet de se désenchanter et de se réenchanter – de voir ce monde dans sa simple vérité[1] ». Simple mais pas simplifiée, ni réduite à la mode Jivaro.

Pour rendre compte avec exactitude de ce qui est humain, la recherche de la vérité ne peut bien entendu se passer de l'objectivité qui dispense d'enjolivements surnaturels, mais elle ne peut pas non plus se passer de la subjectivité qui, au-delà de la constatation des faits, raconte les expériences vues de l'intérieur : il n'est permis ni de se réfugier dans les cieux, ni de s'enterrer dans l'impersonnalité sous-jacente à la relation symbolique qui nous caractérise. Les protestations face à cette position strictement humaniste qui ne renonce pas à décrire et à narrer, à observer, ni non plus à exprimer, suscitent des condamnations venues des deux extrémités de cette crédulité bipolaire. Les avocats du divin dénoncent le fait que l'homme s'abaisse en perdant ses liens avec le Très-Haut, les scientistes croient que l'animal humain se dresse trop haut et qu'il renie ses attaches matérielles. Les uns et les autres ratent le plus remarquable de l'étrange prodige que nous sommes, à savoir des personnes qui proviennent sans miracle de l'impersonnel. En réalité nous ne sommes ni humiliés par la perte de nos

1. George Santayana, *Platonism and the Spiritual Life*, New York, Charles Scribner's Sons, 1927.

parentés célestes, ni condamnés au trivial parce que nous provenons de la combinaison d'acides aminés : « Qu'importerait-il à l'esprit si la métaphysique moraliste cessait d'envahir le champ de la philosophie naturelle, où elle ose faire des conjectures qui flattent la vanité humaine ? Que se passerait-il si les choses les plus réelles de l'univers – c'est-à-dire, je suppose, les plus fondamentales et les plus dynamiques – étaient complètement inhumaines ? Le spirituel cesserait-il pour autant d'être spirituel, d'observer et de juger à la lumière de l'esprit tout monde qui parviendrait à exister[1] ? » Il y a beaucoup de gens crédules qui se trompent, mais peut-être les plus crédules parmi les crédules seraient-ils ceux qui, au sortir de la classe de sciences, croiraient déjà avoir perdu toutes leurs illusions.

Considérons – avant qu'on n'aille les enterrer sur l'île de Santa Clara – les athées plus ou moins conscients de l'être, ceux dont on dit d'habitude qu'« ils ont perdu la foi » (tenant ainsi pour acquis que la foi est quelque chose de transitoire dont tout le monde est atteint dans son enfance ou son adolescence, comme des dents de lait ou de l'acné, ce qui n'est pas en faire grand cas). J'ai toujours été surpris par le fait que ceux qui sont dépourvus de foi religieuse se plaignent d'une telle carence comme de la perte de quelque chose de précieux. Bien plus, beaucoup d'athées illustres considèrent que le premier et le plus clair des arguments contre la foi est qu'elle répond avec une franchise directe à nos plus intimes désirs. C'est ce qu'a dit en son temps Feuerbach ; Nietzsche y est revenu dans *L'Antéchrist* (« La foi sauve, donc elle ment »), Freud dans *L'Avenir d'une illusion* et, très récemment, André Comte-Sponville l'a de nouveau confirmé dans *L'Esprit de l'athéisme*[2]. L'existence de Dieu est aussi désirable que difficilement vérifiable… Ce serait trop beau ! Daniel Dennett indique qu'outre

1. *Ibid.*
2. André Comte-Sponville, *L'Esprit de l'athéisme*, Paris, Albin Michel, 2006.

la foi primaire et directe, on rencontre la « foi en la foi », la croyance en l'incroyable fait de croire, quelque chose de tellement magnifique que cela pousse certaines personnes sophistiquées à douter de ce que la foi soit véritable, mais qui aussi rend indiscutable la chance qu'ont les croyants avec leurs dogmes. Bon, sans doute l'immortalité (récupérer nos amours perdues, éviter notre perte) répond-elle à un désir non seulement humain mais aussi « humanisant » : savoir que nous sommes mortels nous transforme en hommes, refuser de l'admettre confirme que nous le sommes. Mais au-delà de ce premier mouvement sentimental presque instinctif (l'instinct de survie prolongé par d'autres moyens), il est pour moi difficile d'accepter qu'une personne capable de raisonnements élaborés et dotée d'une mentalité non soumise à l'absolutisme du pouvoir, pour paternel qu'il soit, voie dans l'existence d'un Dieu omnipotent, dont nous participerions du caprice créateur, une perspective cosmique enviable. Je suis un démocrate trop orgueilleux pour pouvoir apprécier un despote surnaturel dont personne ne pourrait discuter les « bontés ». De sorte que j'ai ressenti un soulagement et une connivence véritables en lisant ce paragraphe du toujours honoré Thomas Nagel sur ce qu'il appelle une authentique « peur de la religion », non pour ses évidents effets pervers mais en tant que vision explicative universelle : « Je parle par expérience, car je souffre moi-même fortement de cette crainte (de la religion, *N.d.A.*). J'aimerais que l'athéisme soit véritable et cela me dérange que certaines des personnes les plus intelligentes et les mieux informées que je connaisse soient des croyants. Ce n'est pas seulement que je ne crois pas en Dieu et que, naturellement, j'espère être dans le vrai en cela. C'est que je souhaite qu'il n'existe aucun Dieu ! Je ne veux pas qu'un Dieu existe ; je ne veux pas que le monde soit fait ainsi[1]. » Je

1. Thomas Nagel, *The Last Word,* New York, Oxford, Oxford University Press, 1997.

connais assez bien cette aspiration : si devait nous faire douter de nos croyances le fait qu'elles comblent trop explicitement certain de nos désirs, dans mon cas – comme dans celui de Thomas Nagel – cet argument jouerait contre l'athéisme, pas en sa faveur.

Ceux qui ont confiance dans la nécessité de la foi religieuse et dans la consolation qu'elle procure, qu'ils soient croyants ou non, invoquent d'habitude les préceptes moraux comme le domaine dans lequel la religion est indubitablement la plus nécessaire. Ils nous assurent que dans une société comme celle d'aujourd'hui, avec des valeurs oubliées ou dépréciées, la foi religieuse est un insurpassable soutien de la formation éthique. Après avoir consacré presque toute ma vie d'adulte à étudier professionnellement la question, leur critère ne me paraît pas très convaincant. Pour commencer, aucun aspect de la divinité n'est aussi discutable et contradictoire que l'aspect moral. C'est-à-dire qu'il est difficile qu'une personne dotée de sens moral puisse considérer, de manière convaincante, que Dieu est moral. Bertrand Russell l'a déjà dit : « Logique mise à part, il existe à mes yeux quelque chose d'un peu étrange dans l'échelle des valeurs morales de ceux qui croient qu'une divinité toute-puissante, omnisciente et bienfaisante, après avoir préparé le terrain demeuré pendant des millions d'années à l'état de nébuleuses privées de toute vie, se considérerait parfaitement récompensée par l'apparition finale de Hitler, de Staline et de la bombe H.[1] » Nous avons déjà eu l'occasion de parler plus haut de l'ambiguïté morale des textes religieux qui préconisent tout à la fois comportements solidaires, renoncement et intransigeantes atrocités. Comme il n'existe aucun critère *interne* à la religion qui permette de discerner de façon probante la supériorité morale des hommes ou des confessions, il est nécessaire de se situer hors de la foi et de décider

1. Bertrand Russell, *Pourquoi je ne suis pas chrétien*, *op. cit.*, p. 206.

au moyen de la raison. Mais il existe un point important qu'a souligné à bon escient Spinoza : le propre de la religion est de susciter l'*obéissance*, pas une morale autonome fondée sur le raisonnement ou sur les sentiments. Et le seul mobile qui retire à un comportement toute sa charge morale est d'agir par pure obéissance... surtout s'il est conforté par la peur du châtiment divin ou par l'espoir de récompenses célestes. Soumission, intimidation ou subornation... curieux chemin pour arriver à la perfection morale ! C'est ainsi que l'on parvient à remettre les gens dans le droit chemin, pas à les rendre meilleurs... ni éthiquement mûrs. Si l'on considère l'autorité religieuse la plus connue en Europe qu'est l'Église catholique, elle a traditionnellement condamné l'idée que l'autonomie morale résiderait dans la personne – la liberté de conscience – au nom précisément de l'obéissance nécessaire. Le pape Grégoire XVI, dans l'encyclique *Mirari vos* (1832), fulmine déjà contre cette « maxime fausse et absurde, ou plutôt ce délire : que l'on doive procurer et garantir à chacun la liberté de conscience ». Les papes successifs, béatifiés pour certains d'entre eux (par exemple Pie XI, en l'an 2000), confirment ce critère dogmatique qui ne sera pas mis en question avant le concile Vatican II (pour développer ce point, voir dans les annexes l'article « La laïcité expliquée aux enfants »). De la même façon que sans liberté de conscience il y a inquisition totalitaire mais pas d'éthique digne de ce nom, il est choquant que l'institution sacrée qui a tant tardé à découvrir cette liberté prétende avoir aujourd'hui, par préséance, le droit d'éduquer les enfants pour qu'ils en fassent l'usage le plus adéquat. Quelle sainte effronterie !

Non seulement il n'est pas certain que la religion puisse être d'un grand secours pour l'éthique, mais à la vérité c'est plutôt le contraire. Ce sont précisément les propositions de l'éthique humaniste et laïque en vigueur dans nos sociétés grâce au combat intrépide de tant de libres penseurs qui, adaptées à la va-vite, rendent les doctrines religieuses à peu près compatibles avec la société où nous vivons. Les Églises à qui vont le plus de respect et d'audience sont celles qui ajustent le mieux leur règles traditionnelles – en général misogynes, antihédonistes, hiérarchiques, ennemies de la liberté de pensée et d'investigation, etc. – à la sauce morale des sociétés démocratiques. Ceux qui essaient de les défendre soutiennent qu'en réalité leur message authentique a toujours été éthiquement « moderne »... même lorsqu'elles brûlaient les défenseurs de ce qu'aujourd'hui nous appelons modernité ! En revanche, les religions qui par arriération historique ou cohérence inamovible s'entêtent à être fidèles à ce qu'elles ont toujours été (l'égalité entre hommes et femmes est d'habitude leur point faible le plus évident) paraissent maintenant intégristes, fanatiques... en résumé, immorales. C'est la religion qui recherche le soutien de l'éthique, pas le contraire. Il serait donc important que l'éthique humaniste affirme sans complexes ses réflexions et ses appréciations sur des questions actuelles très controversées (par exemple la bioéthique, la procréation assistée, etc.) sans craindre de se trouver à l'occasion en accord avec les positions ecclésiastiques sur le rejet des sottises faussement « progressistes » que la crédulité scientiste (la morale ne peut pas imposer de restrictions au développement technique, il est licite de faire tout ce qui peut être réalisé, etc.) prétend institutionnaliser sans opposition raisonnable, comme hier l'Église le faisait avec ses dogmes inacceptables. Même si le jugement éthique – toujours ouvert au débat – et le préjugé religieux – dogmatique et dicté sans appel en chaire – peuvent parfois rejeter ou préférer la même chose, les voies par lesquelles ils parviennent à cette conclusion sont suffisamment différentes pour que l'on n'ait pas à abandonner le terrain axiologique de crainte d'être confondu avec un curé.

Et si ce n'est pas le cas pour les questions éthiques, la religion est-elle indispensable pour nous orienter sur le terrain de la politique ? Je ne crois pas qu'une telle perspective compte aujourd'hui beaucoup de partisans sensés, au vu des événements préoccupants des dernières années. Je suppose plutôt que la majorité donnerait raison à Arthur Schlesinger Jr., l'ancien conseiller de Kennedy : « Le fanatisme religieux est le bouillon de culture de la pire des menaces actuelles qui pèsent sur la civilisation, à savoir le terrorisme. La plupart des massacres qui se commettent dans le monde – que ce soit en Irlande, au Kosovo, en Israël, en Palestine, au Cachemire, au Sri Lanka, en Indonésie, aux Philippines, au Tibet… – sont la conséquence de désaccords religieux. Il n'y a pas de personnes plus dangereuses sur la terre que celles qui croient qu'elles exécutent la volonté du Tout-Puissant. C'est cette conviction qui pousse les terroristes à assassiner l'infidèle[1]. » Mais le terrorisme n'est pas le seul dommage collatéral terrifiant – tant pis pour la redondance – des croyances religieuses exacerbées appliquées au champ politique. Les légendes pieuses peuvent aussi causer des ravages parmi les citoyens ordinaires : « Si l'on en croit une enquête faite pour *Time*, cinquante-trois pour cent des Nord-Américains adultes attendent le retour imminent de Jésus-Christ, accompagné par l'accomplissement des prophéties bibliques concernant la destruction dans un cataclysme de tout ce qui est mauvais[2]. » J'ai la nette impression que cette opinion, majoritaire parmi les électeurs, ne peut pas produire de bons résultats au moment de choisir le président de la plus grande puissance militaire de ce monde. À cette liste des inconvénients liés à l'engagement de la religion en politique, nous pourrions ajouter les discordes, parfois sanguinaires elles aussi, entre communautés religieuses opposées à l'intérieur des démocraties européennes, et qui

1. Cité par Richard J. Bernstein dans *The Abuse of Evil*, New York, John Wiley and Sons, 2005.

2. *Ibid.*

compromettent jusqu'à des extrêmes alarmants le concept nécessairement laïc de citoyenneté.

Non, si la foi religieuse rend service à ceux qui croient en la modernité, ce ne sera ni en tant qu'épouvantail moral, ni en tant que guide politique des indécis. Elle peut en revanche avoir son utilité pour tenir lieu d'armature symbolique à la vision du monde de ceux qui aspirent à quelque chose de plus que la rapine économique et la consommation compulsive, et qui n'ont ni la patience ni la préparation nécessaires pour s'approprier une philosophie rationnellement plus sophistiquée. Nietzsche a dit avec mépris que le christianisme était « un platonisme pour le peuple » et peut-être a-t-il raison en tout sauf dans son mépris, parce que ce n'est pas rien d'élever le nombre de platoniciens dans des sociétés apparemment planifiées pour et par les cyniques. Cette fonction du christianisme – la religion majoritaire dans nos sociétés occidentales – n'est sûrement pas une raison pour l'adopter si la foi vous fait défaut, mais cela peut en être une pour regretter son absence dans certaines circonstances personnelles, comme l'expose Roger Scruton : « Je soutiens que le déclin du christianisme implique, pour beaucoup de gens, non pas la libération du besoin de religion mais la perte des concepts qui l'allègent et qui, en la rendant supportable, ouvrent leur connaissance et leur volonté à la réalité humaine. Pour ceux-là, la perte de la religion est une perte épistémologique - une perte de connaissances. Perdre de telles connaissances n'est pas une libération mais une chute[1]. » L'argument me paraît fondamentalement recevable dans certains cas, et il devrait du moins suffire pour ne pas grossir le nombre de ceux qui prêchent avec zèle la bonne nouvelle athée, à tout instant et devant tout public. Autant le courage me paraît recommandable pour affronter la mafia cléricale dans des pays qui ont trop longtemps pâti de ses excès

1. Roger Scruton, *Gentle Regrets*, Londres, Continuum, 2005, p. 227.

(l'Espagne, sans chercher plus loin), autant je rejette l'acharnement de ceux qui s'entêtent à démolir à tout prix les croyances de gens qui trouvent en elles une consolation, un stimulant pour la solidarité et une voie de compréhension dans le *puzzle* chaotique des savoirs de notre siècle. Comme en d'autres occasions, il est opportun de se rappeler l'opinion de Madame du Deffand : « Il faut ouvrir les yeux aux gens, pas les leur arracher. »

Et au fond, que nous le voulions ou non, la mort est là. La « vaste, vague et nécessaire mort », pour dire la chose avec les mots précieux et précis de Borges. C'est la certitude de la mort qui nous fait penser et nous transforme en philosophes ; c'est le désir de l'immortalité qui nous fait rêver et nous pousse vers la foi religieuse. Si la psychanalyse a raison sur son point fondamental, les rêves sont l'accomplissement de désirs. Je dirais qu'ils accomplissent avant tout notre désir fondamental : l'immortalité, c'est-à-dire nous trouver au-delà de la mort, y survivre encore et encore, retrouver des relations avec les êtres chers qu'officiellement nous avons perdus pour toujours. Récupérer ce qui est perdu et nous sauver de la perdition : en rêve cela est possible et la religion prolonge par ses rites cette rêverie gratifiante, parfois aussi agitée de cauchemars (enfer, horreurs de spectres échappés de la tombe, etc.). La véritable divinité, origine de toutes les autres, est ce qui dans le tréfonds dernier de notre psychisme refuse de mourir : comme l'a signalé ironiquement Jacques Lacan, la formule authentique de l'athéisme contemporain n'est pas « Dieu n'existe pas » mais « Dieu est inconscient ». L'aspiration à l'immortalité provient-elle d'un amour démesuré pour la vie ou plutôt d'un amour insuffisant, d'une acceptation sous conditions de notre existence, qui ne tolère pas la finitude comme une de ses parties intégrantes ? Nous savons que Nietzsche a vigoureusement dénoncé cette prétention comme un inacceptable sabotage de la vie réelle et de ses valeurs effectives : « Le grand mensonge de l'immortalité personnelle détruit tout ce qui, dans l'instinct, est nature et raison. – Tout ce qui, dans les instincts, est bienfaisant, propice à la vie, promesse et garant d'avenir, éveille alors la méfiance. Vivre *de telle sorte* qu'il n'y ait plus de *sens* à vivre, *voilà* ce qui devient alors le "sens" de la vie[1]. » Autrement dit, selon Nietzsche, chercher le sens de la vie dans ce qui est immortel dérobe à la vie présente tout son sens instinctif et spontané, qui est de lutter contre l'imminence de la mort. Si la véritable vie n'est pas celle-ci, transitoire et besogneuse, mais une autre, impérissable… tout ce que nous entreprenons ou défendons en ce monde – en luttant contre la fin de ce que nous sommes et aimons ici et maintenant – manque d'authentique importance. Et pourtant… Peut-être en fin de compte William Butler Yeats a-t-il raison – poétique raison – dans son poème intitulé précisément *La Mort* :

> Ni effroi ni espoir
> Pour l'animal qui meurt.
> Mais l'homme attend sa fin
> Craignant, espérant tout.
> Que de fois est-il mort
> Puis se relève !
> Le grand homme, lui, seul
> Devant ses meurtriers,
> A cet orgueil qui jette
> Dérision sur le simple
> Détrônement du souffle.
> Il sait la mort à fond,
> L'homme a créé la mort[2].

De toute façon, en finissant cette brève revue réfléchie de la foi religieuse et de ses conséquences, je voudrais dédier un

1. Nietzsche, *L'Antéchrist*, trad. de l'allemand par Jean-Claude Hémery, Paris, Gallimard, « Folio », 1990, § 43.
2. In *Quarante-cinq poèmes*, suivis de *La Résurrection*, trad. de l'anglais par Yves Bonnefoy, Paris, Gallimard, 1993.

dernier hommage à ceux qui, au péril de leur vie, ont affronté les fanatiques qui au fond ne savent rien mais qui sont prêts à tuer pour cacher le secret de leur ignorance et de leur angoisse, que par ailleurs nous partageons tous. Une rose donc pour Hypatie, qui exposait la pensée des philosophes grecs et que les premiers moines chrétiens traînèrent et bastonnèrent dans les rues d'Alexandrie, en l'an 415 après Jésus-Christ. Et aussi des fleurs de gratitude pour Étienne Dolet, supplicié sur la place Maubert à Paris, ou pour Giordano Bruno, qu'on brûla sur le campo dei Fiori à Rome. Et tant et tant d'autres[1]. Qu'il soit clair que si finalement il faut choisir son camp, je suis de leur côté et non pas de celui des détenteurs de l'autorité divine. Quand viendra mon heure, qu'on m'emporte à côté des réprouvés de Santa Clara : puisque je n'aurai pas de paradis, que du moins m'accompagne de près, de très près, la baie de la Concha.

1. On peut consulter *Heroes and Heretics. A Political History of Western Thought* (New York, Alfred A. Knopf, 1964), de Barrow Dunham. C'est une histoire de l'hétérodoxie à travers les siècles, depuis Socrate et Jésus jusqu'à Freud ou Einstein, en passant par toutes sortes de dissidents aux croyances établies. Voir aussi *Ateos clandestinos*, de Agustín Izquierdo, Madrid, Valdemar, 2003.

Annexes

Quelques perplexités à propos du divin et du social

Ta peur est puissante
métaphysique
la mienne est une jeune employée
avec un cartable

avec un classeur
et un questionnaire
quand suis-je né
quels moyens d'existence
que n'ai-je pas fait
en quoi ne crois-je pas

que fais-je ici
quand cesserai-je de simuler
où irai-je
plus tard.

Tadeusz Rózewicz, *Peur*

Chercher la vérité

> Non pas ta vérité : la vérité.
> Et viens avec moi la chercher.
> La tienne, garde-la pour toi.
>
> Antonio Machado

Permettez-moi de rappeler quelque chose de peu mémorable : la première leçon publique que j'ai prononcée dans ma vie, devant un auditoire logiquement clairsemé mais plus attentif ou plus courtois que l'on aurait pu l'attendre. Je l'appelle « leçon » avec ironie, c'était en réalité une simple causerie, une occasion de me montrer pédant en cherchant à être savant (à l'époque je n'étais rien de plus qu'un étudiant de dernière année, et peu appliqué) face à d'autres élèves des niveaux inférieurs ou à des camarades du mien, résignés. Cet infime événement a eu lieu à la Faculté de Droit de l'Université Complutense, juste en face du bâtiment où j'étudiais, lors d'un cycle culturel organisé par un ancien camarade de lycée qui, par un sens pervers ou erroné de l'amitié, s'était senti obligé de m'inviter. Le thème de ma dissertation était « Le Positivisme logique », question absconse dont j'étais à l'époque plus ignorant encore qu'aujourd'hui, si impossible que cela paraisse. Je ne me rappelle rien de ce que j'ai dit, sinon que j'ai fini par une citation du poète catalan Salvador Espriu, que je répétais alors en toute tranquillité, extraite et traduite de *La Peau de taureau*[1] :

> Les mots nous ont plongés
> dans le noir puits de l'effroi.
> D'autres mots nous élèveront
> à une nouvelle clarté.

Pourtant, considérée avec le recul des années, qui gomme et met en lumière les circonstances en fonction de ce critère trompeur mais indispensable que nos ancêtres appelaient « destin », cette première manifestation publique préfigurait de manière convenable ce qui allait constituer ma trajectoire intellectuelle ultérieure. Jamais les détours techniques de l'école philosophique de Moritz Schlick et de Rudolf Carnap ne m'ont été très familiers, ni même très sympathiques ou accessibles. Mais j'avais choisi de parler de ce sujet parce qu'il me semblait contenir une tentative de critique – et partant d'un rationalisme exigeant – des brumeuses propositions de la métaphysique dogmatique et ancestrale qui constituaient quatre-vingt pour cent de ce que nous transmettaient à titre de pensée autorisée nos maîtres les plus connus de l'université franquiste. Probablement étais-je injuste dans mon radicalisme, encore que – comme l'a signalé Jean Cocteau – tel est le privilège et le devoir de la jeunesse. En tout cas, l'essentiel du message que je prétendais transmettre se trouvait précisément dans les vers finaux d'Espriu, et non dans les laborieux raisonnements scolaires empruntés à Alfred Julius Ayer et à quelques-uns de ses coreligionnaires. Le paradoxe fondamental de ma vie de théoricien a été d'être un courageux rationaliste, amoureux de la méthode scientifique dont j'ignorais presque tout, mais de trouver invariablement dans les oraisons

1. Salvador Espriu, *La Peau de taureau* [*La pell de brau*], Toulouse, Ombres, 1990.

des poètes l'expression la plus juste de la rigoureuse conception du monde dont il me semblait avoir besoin… C'est aussi ce qui se passe à présent puisque l'on trouve dans cette strophe du poète catalan les termes qui ont depuis été énoncés, de façon concentrée, dans ma modeste démarche : « mots », « effroi », et « clarté ».

Ou plutôt les mots entre l'effroi et la clarté : nous nous enfonçons dans l'un, nous nous élevons vers l'autre pour nous sauver. Les mots ont été dès le début les protagonistes de ma tâche, les outils que j'ai tenté d'affiner et de manier, les bornes significatives (parfois lances où était piquée une tête ennemie, en d'autres occasions haie vive fleurie et parfumée) qui délimitent le territoire dans lequel il m'a échu de circuler. Je les ai cultivés pour m'exprimer ou me défendre, j'ai tenté de les enseigner à d'autres pour qu'ils leur servent de loupe ou de bêche, jamais d'instruments de torture. Toujours coulant et tournant, les mots, entre le puits noir de l'effroi et la clarté libératrice. Mais ne pourrait-il pas exister des mots clairs et effrayants, clairement effrayants ? En un certain sens il semble que la réponse doive être affirmative : certaines des choses dont l'énonciation est pour nous la plus nette sont précisément celles qui nous terrifient (surtout la Chose par antonomase, l'Innommable que tout désigne, directement ou indirectement). Comme l'assure le beau vers de Paul Celan, « Celui qui parle l'ombre parle vrai[1] ». La lucidité et la connaissance représentent trop souvent tout sauf une consolation : au contraire, elles inquiètent et dérangent. Déjà dans l'*Ecclésiaste* il est affirmé que celui qui augmente le savoir de l'homme augmente aussi sa douleur. Après tout, la seule chose que nous connaissions avec une totale certitude est le chemin défraîchi vers notre

1. « Wahr spricht, wer Schatten spricht » (« Sprich auch du », *Von Schwelle zu Schwelle* [1955] ; édition française : *De seuil en seuil*, trad. de l'allemand par Valérie Briet, Paris, Bourgois, 1991).

finitude et son terme. Comme le dit le poète navarrais Ramón Eder dans un aphorisme qui est un chef-d'œuvre de l'humour noir : « La fin justifie les peurs. » Il n'y a donc rien de bien étonnant à ce que beaucoup rejettent une clairvoyance si accablante et préfèrent se mettre à l'abri de la plus espagnole et donquichottesque des opinions : « On vit aussi d'illusion. »

Et pourtant, même si à l'occasion ils apportent commotions et sursauts, j'ai toujours préféré les mots clairs et distincts – pour reprendre la formule du rationalisme cartésien – c'est-à-dire ceux qui tendent à la vérité et qui ont la prétention de détromper, aussi cruel que cela puisse être dans certaines occasions. Ce n'est pas l'intrépidité qui me guide vers ce choix, mais au contraire une peur plus intense que n'importe quel frisson pouvant provenir de la connaissance. Pour le dire une fois pour toutes, rien ne me cause plus de crainte que le mensonge. Je suis tout à fait d'accord avec l'affirmation passionnée prononcée par Marlow, le narrateur de l'inoubliable *Au cœur des ténèbres* de Joseph Conrad, face à son auditoire silencieux. « Or vous savez que je hais, que j'abhorre le mensonge ; non parce que je suis plus loyal que mes semblables, mais simplement parce qu'il me fait horreur. Dans tout mensonge il y a un goût de cendre, une saveur de mortalité, qui est précisément ce que je déteste sur terre ; ce que je veux oublier. Cela me rend malheureux et me donne des nausées, comme si je mordais dans un aliment avarié. Question de tempérament, je suppose[1]. » Pour ma part, je crois qu'il y a dans ce rejet quelque chose de plus qu'une question de tempérament. En réalité, le mensonge, c'est-à-dire l'erreur volontairement assumée et propagée, a une nécessaire parenté avec la mort : ou, ce qui revient au même, qu'il provient d'elle et nous en approche. Il provient de la mort parce que nous mentons aux autres et à nous-mêmes

1. Joseph Conrad, *Au cœur des ténèbres*, trad. de l'anglais par Odette Lamolle, Paris, Autrement, 1997, p. 46.

par mortelle faiblesse, par pusillanimité et par crainte face à des personnes ou à des circonstances que nous nous considérons comme incapables d'affronter ; mais le mensonge nous rapproche plus tôt que tard de la mort que nous tentons d'esquiver, parce qu'il falsifie les précaires recours que nous pourrions chercher contre les périls qui nous harcèlent. Je me rappelle le dialogue entre Audrey Hepburn et Cary Grant dans *Charade*, une délicieuse comédie noire de Stanley Donen. Audrey Hepburn dit que tout le monde ment et se demande, mécontente, pourquoi on ment tellement. Expert dans l'administration de la duplicité, Cary Grant lui répond : « Parce qu'on désire quelque chose et qu'on craint de ne pas l'obtenir en disant la vérité. » Il oublie d'ajouter qu'en dernière instance, celle qui compte, on a encore moins de chances de l'obtenir en mentant. Même si assurément il n'est de salut définitif ni d'un côté, ni de l'autre, ce n'est que dans la vérité qu'il est possible de trouver de temps en temps des saluts partiels, provisoires, qui soulagent et illuminent notre inquiète existence. On vit aussi d'illusions, en effet, mais pour peu de temps : pourtant les mensonges sont toujours, et plutôt tôt que tard, le sceau mortel de notre destruction.

La recherche des mots qui aspirent à la véritable clarté nous sauve du puits noir et effrayant du mensonge où nous précipite la mort, qui de l'intérieur mine grandement notre condition. Je sais bien que cette manière de poser le problème paraît démodée dans le panorama philosophique actuel, où prévaut ce que Claudio Magris caractérise ainsi, peut-être avec une indignation excessive : « ce "postmodernisme" gélatineux dans lequel tout est interchangeable avec son contraire, et où le bric-à-brac des messes noires est mis sur le même plan que la pensée de saint Augustin[1]. » Cette doctrine installe le crépuscule de la

1. Claudio Magris, *Microcosmes*, trad. de l'italien par Jean et Marie-Noëlle Pastureau, Paris, Gallimard, « Folio », 2000, p. 161.

conception classique de la vérité en tant que correspondance entre ce que nous pensons, ce que nous disons et ce qui existe dans l'univers indépendamment de nos goûts et de nos caprices. Ce qui validait autrefois la véracité ou la fausseté d'une assertion était sa concordance avec les faits, inamovibles dans leur présence têtue. Mais à partir de Nietzsche – comme nous en informent les postmodernes – nous devons nous résigner à admettre qu'il n'existe pas des faits mais seulement des interprétations (ce qui en vérité n'est pas aussi loin que Nietzsche l'a cru lui-même de ce qu'avait déjà expliqué Kant en son temps). Et même le fait que n'existent pas des faits mais des interprétations ne laisse pas de devenir une interprétation de plus, ajoutée aux précédentes... Ce qui s'établit alors en tant que vérité, selon ce critère (ou plutôt en son absence), est l'accord toujours provisoire entre des interprétations concurrentes, regroupées en des traditions culturelles ou herméneutiques. Je refuse évidemment cette manière de poser le problème, ou, si l'on préfère, cette interprétation de la réalité.

Dans certains de mes livres, comme *Les Questions de la vie*, et surtout dans le chapitre « Choisir la vérité » de *La Valeur du choix*, j'ai proposé une réflexion qui s'éloigne, sur des points substantiels, de l'opinion postmoderne. J'y suppose qu'il existe divers champs de vérité selon les différentes façons de considérer le réel – le champ des sciences expérimentales, celui des études historiques, celui de la littérature, celui de la mythologie, celui du jeu, etc. – et que l'erreur la plus dangereuse consiste à essayer de soutenir la vérité qui correspond à l'un de ces champs tout en étant sur le terrain d'un autre. Ce qui n'empêche pas que la vérité objective sur le plan adéquat soit non seulement quelque chose de possible mais d'intellectuellement indispensable pour un esprit sain. Les postmodernes proposent l'accord le plus large possible comme unique forme utilisable de la vérité, mais il me semble qu'ils butent contre le cœur même du langage que nous partageons, comme l'a signalé Hans Albert : « Il pourrait être très difficile, dans le cadre d'une langue qui – comme la langue humaine – a une fonction représentative, de renoncer à l'idée d'une représentation adéquate, une idée qui serait totalement indépendante d'un possible consensus[1]. » Une des meilleures paraboles à propos de la vérité est peut-être le conte de Hans Christian Andersen intitulé *Les Habits neufs du roi*. Là aussi se révèle ce qui est indispensable pour que la vérité puisse être découverte. Dans cette histoire, le roi se ment à lui-même par vanité, les tailleurs malhonnêtes mentent par goût du profit, les courtisans par flatterie routinière ou peut-être par malice, espérant tirer profit de toute faiblesse du puissant. Tous sont d'accord et s'y retrouvent pour différentes raisons : selon la doctrine postmoderne, leur consensus est préférable à la vérité et plus solide qu'elle… Mais seul l'enfant est capable d'être *objectif* parce qu'il n'a aucun intérêt dans l'affaire et ne cherche à avoir prise sur personne : par conséquent il voit et dit la vérité : que le roi est nu. Impossible de confondre sa révélation avec aucun autre consensus « culturellement » établi ! Seul l'enfant se met en accord avec la réalité et avec son expérience, c'est-à-dire avec ce qu'il découvre au moyen du rapport qu'il entretient avec ce qui existe. Son unique intérêt est de savoir, il ne prétend pas le faire au travers de ses intérêts comme tous les autres… Une belle et très significative parabole dont la morale est que pour connaître la vérité nous devons être comme des enfants et non comme des postmodernes.

Je crois fermement par ailleurs que nos vérités (et nos connaissances) nous ressemblent toujours, non pas pour des raisons culturelles ou herméneutiques mais pour des raisons évolutives. Nos sens, affûtés par le processus biologique mais aussi historique que nous appelons l'évolution, sont la meilleure preuve qu'il existe un monde de réalités et que sa connaissance

1. Hans Albert, *Traktat über kritische Vernunft*, *op. cit.*

adéquate est pour nous d'un intérêt vital. L'adéquation de telles indications sensorielles comporte évidemment des éléments fondamentaux qui ne dépendent en rien de la tradition ou de la culture à laquelle appartient le sujet (de fait, les sens de beaucoup d'autres animaux fonctionnent comme les nôtres, et pour les mêmes raisons de survie). Pourtant, ce dont nos sens sont capables nous indique aussi que nous ne sommes pas faits pour connaître tout et n'importe quoi, mais seulement ce qui correspond à notre niveau ontologique. C'est pour cela que la multiplication de nos connaissances au moyen des prothèses technologiques est l'aventure la plus fascinante mais aussi la plus risquée de notre espèce. Si nous voulons aller plus loin, sortir de ce cadre évolutionniste, je me risquerais à confesser que la définition de la vérité qu'au fond je préfère est celle, authentiquement ontologique, de Manlio Sgalambro : « *Ho definito qualche volta la verità come il mondo senza l'uomo*[1]. »

Sur le terrain de la réalité physique, la méthode scientifique qui traite toujours de la même manière les événements semblables et qui les ordonne sous un paradigme d'explication unique est sans doute le chemin le plus approprié que les humains ont trouvé pour accumuler des vérités significatives. Son utilité est pourtant bien moindre quand les questions qui nous préoccupent sont morales. C'est là l'ennui : la méthode scientifique est utile pour mettre à plat des problèmes qui nous angoissent beaucoup moins que certains autres, inaccessibles à ses réponses bien fondées. Les grandes batailles entre les hommes n'ont pas pour cause des opinions opposées concernant la géologie ou la physique nucléaire : les mathématiciens ne commettent pas d'attentats contre ceux qui ne savent pas additionner. « Les thèmes qui réellement font bouger les gens, qui les amènent à participer à des piquets de grève, à s'occuper

1. « J'ai parfois défini la vérité comme le monde sans l'homme », *Dialogo teologico*, Milan, Adelphi, 1993, p. 21.

de politique et à lancer des bombes, sont précisément le type de questions dont jamais la science ne décidera. Et pourtant, ce sont les thèmes sur lesquels nous sommes les plus enclins à prendre position avec fermeté et à défendre ce que nous croyons vrai[1]. » En fin de compte, pour éviter le pire des fanatismes, nous avons aussi besoin dans ces domaines de réponses à peu près rationnelles, et là, le type de rationalité de la science ne nous est pas utile, ou du moins ne nous suffit pas. Au fil des siècles, de nombreuses doctrines religieuses ou mythologiques ont proposé des interprétations peu consistantes du monde extérieur, mais elles ont apporté des éclaircissements riches de sens sur le monde intérieur de nos désirs, de nos devoirs et de nos craintes. Comme le dit très bien Ernest Gellner, « les systèmes de croyance du passé étaient techniquement erronés et moralement consolateurs. La science est l'inverse[2] ». Je suppose que c'est la raison pour laquelle certains mouvements réactionnaires cherchent à s'abriter derrière des explications pseudo-scientifiques, comme ce que l'on appelle le « dessein intelligent », pour trouver une alternative à la démythification généralisée du réel menée à bien par la science. Peut-être réclamer à tout prix une consolation est-il intellectuellement puéril, mais sans doute la recherche d'une orientation vers la meilleure forme de coexistence ou vers un usage plus humain de la liberté ne l'est-elle pas, ces thèmes étant peu soumis aux règles scientifiques d'investigation.

En tout cas, la question importante est de savoir si nous pouvons aspirer sur le plan des valeurs et des idéaux à une forme quelconque de clarté contrastée, c'est-à-dire de vérité, comparable dans une certaine mesure à ce que propose la méthode scientifique sur son propre terrain. Le relativisme

1. Michael P. Lynch, *Truth in Context, op. cit.*

2. Ernest Gellner, *Postmodernism, Reason and Religion*, New York, Routledge, 1992.

– autre idéologie aujourd'hui très fréquente – assure que sur les questions morales il est impossible de parvenir à aucune forme d'objectivité pour ainsi dire indiscutable. Y parvenir est impensable parce que – à la différence des vérités scientifiques qui sont les mêmes pour tous si l'on pratique la méthode adéquate – on nous dit que les valeurs et les idéaux sont conditionnés sociologiquement et même anthropologiquement. Autrement dit, les vérités auxquelles parvient la science proviennent de la rationalité que nous partageons alors que les codes éthiques dépendent de notre adhésion à tel ou tel groupe social. De cette manière, le relativisme torpille sous la ligne de flottaison la perspective éthique elle-même, en court-circuitant son projet central qui est de parvenir à comprendre les hiérarchies de valeurs des autres, et de prétendre hisser les raisons de l'autre au niveau des raisons communes… ou du moins de signaler pourquoi elles doivent être écartées en tant que telles. Selon les relativistes les plus consciencieux, cette critique se réalise à partir de la volonté d'amplifier et de flexibiliser le pluralisme axiologique, mais à mon sens, en réalité, on fait ainsi échec à toute authentique possibilité de rencontre morale à l'échelle universelle, la seule qui puisse faire sens dans notre monde globalisé. Il est lamentable (pour ne pas dire révoltant), que l'on puisse globaliser les intérêts pécuniaires des spéculateurs, les cartes de crédit ou le trafic des armes… mais pas les manières de juger qui mesurent, célèbrent et condamnent les comportements humains, tant individuels que collectifs. Ce qui interdit bien entendu toute forme de législation internationale qui pourrait être acceptable par l'ensemble des citoyens du monde.

Reconnaissons qu'il n'existe rien d'analogue à la causalité physique de la science pour venir à notre aide dans le monde moral : nous partageons les événements du monde extérieur de manière nécessaire tandis que les processus d'évaluation correspondent à un domaine intérieur qui ne s'accorde qu'à celui que chacun choisit. Il y a longtemps que j'ai signalé la différence entre le rationnel – à savoir notre meilleure manière de nous mettre d'accord sur les questions objectives en rapport avec les faits et processus physiques – et le raisonnable, qui se réfère à la manière de traiter de sujets ou de causalités disons spirituels. Ce dernier processus s'énonce d'habitude à la première personne, comme l'a établi Bernard Williams, tandis que l'autre accepte la troisième : c'est la différence entre « comment dois-je vivre ? » et « que doit-on accepter pour vrai ? ». À mon avis, ce qui est sujet à raisonnement n'implique pourtant pas la pure subjectivité, mais admet aussi des paramètres soumis à la vérification intersubjective. Traiter avec des personnes oblige à écouter leurs motivations et à tenter d'incorporer la partie acceptable de leurs valeurs dans la raison commune que nous prétendons établir. Comme l'a dit William James, « dans l'échelle des biens, il faut donc attribuer le degré le plus élevé aux idéaux qui *triomphent au prix des moindres sacrifices*, ou dont la réalisation entraîne la destruction du plus petit nombre possible d'autres idéaux. Puisqu'il faut qu'il y ait une victoire et une défaite, le philosophe doit souhaiter la victoire du parti le plus compréhensif, de celui qui, même à l'heure du triomphe, tiendra compte des intérêts du vaincu[1] ». Sans doute s'agit-il de quelque chose de très difficile à apprécier et à argumenter, mais qui me paraît extrêmement important pour donner de la force à des citoyennetés qui cherchent à fuir tant le fanatisme que l'apathie relativiste.

Je reviens au début, à mon début. Mots, clarté, effroi... En dépit de toutes les insuffisances de ma trajectoire que je passe maintenant en revue et que je ne connais que trop bien, la recherche de la vérité et sa revendication continuent de me paraître dignes du plus civilisé des efforts. Je ne l'affirme pas

1. William James, *La Volonté de croire*, *op. cit.*, p. 207.

tant comme philosophe que comme éducateur… parce que la recherche, la défense, l'illustration, la diffusion et la mise en cause de la vérité est ce que j'assimile à la philosophie et à l'éducation. J'ose même dire que je doute sérieusement qu'aujourd'hui l'authentique philosophie puisse être autre chose que la réflexion sur les vérités de notre connaissance, réflexion qui doit précéder et servir de base indispensable à toute entreprise éducative. Sans vérité, bien entendu, il n'est pas d'authentique éducation ; mais peut-être cela vaudrait-il la peine que nous fassions des efforts pour qu'elle existe ?

Cinq thèses sur la laïcité

Le débat sur la relation entre la laïcité et la société démocratique actuelle (en Espagne et en Europe) s'avive ces derniers temps et trouvera probablement une nouvelle vigueur dans ceux qui s'annoncent : à l'intérieur de notre pays[1] à cause des décisions politiques qu'adoptera probablement l'actuel gouvernement dans divers domaines litigieux, et dans toute l'Europe en raison des accords qu'exige la future Constitution européenne et de la menace d'un terrorisme idéologiquement lié à une certaine confession religieuse. Sur des questions comme celle-là, où l'aveuglement passionnel en amène beaucoup à prendre pour une diabolique inimitié envers Dieu l'opposition à certains cléricaux et à trop d'inquisiteurs, il faut essayer de clarifier les arguments pour cerner avec précision le problème qui se pose. C'est à cela et à rien d'autre que je voudrais contribuer avec les cinq thèses suivantes, qui ne prétendent pas être révolutionnaires mais voudraient simplement aider à nc pas tomber dans les pires ornières.

1. Pendant des siècles, c'est la tradition religieuse – institutionnalisée dans l'Église officielle – qui a eu la charge de structurer les sociétés sur le plan moral. Mais les démocraties modernes fondent leurs accords axiologiques sur des lois et

1. Fernando Savater s'appuie ici sur l'exemple espagnol [*N.d.E.*].

des discours de légitimation qui ne sont pas directement confessionnels, qui sont donc des discours discutables et révocables, sujets en dernier recours à une acceptation volontaire et humainement concédée. Ce cadre institutionnel séculier n'exclut pas et persécute moins encore les croyances religieuses : au contraire, il les protège les unes des autres. Parce que la majorité des persécutions religieuses sont survenues dans l'histoire à cause de l'inimitié intolérante de certaines religions envers les autres, ou envers les hérétiques. Dans une société laïque, chaque religion doit traiter les autres comme elle désire elle-même être traitée, et non comme elle pense que les autres le méritent. Devenus croyances personnelles des citoyens, les dogmes perdent leur caractère d'obligation générale mais gagnent en revanche les garanties protectrices qu'apporte la constitution démocratique, égale pour tous.

2. Dans la société laïque, les croyances religieuses sont accueillies comme un *droit* de ceux qui y adhèrent, mais pas comme un *devoir* qui pourrait être imposé à quiconque. De sorte que devient nécessaire une orientation sécularisée et tolérante de la religion, incompatible avec la vision intégriste qui tend à transformer ses propres dogmes en obligations sociales pour d'autres ou pour tout un chacun. La même chose est valable pour les autres formes de culture communautaire, même si elles ne sont pas strictement religieuses ; comme le dit Tzvetan Todorov : « Appartenir à une communauté est certainement un droit de l'individu mais en aucune façon un devoir ; les communautés sont les bienvenues au sein de la démocratie, mais seulement à la condition qu'elles n'engendrent ni inégalités ni intolérances[1]. »

3. Les religions peuvent décréter, pour orienter leurs fidèles, quelles conduites sont des *péchés*, mais elles ne sont pas habi-

1. Tzvetan Todorov, *Mémoire du mal, tentation du bien. Enquête sur le siècle*, Paris, Laffont, 2000.

litées à établir ce qui doit être légalement considéré ou non comme un *délit*. C'est un homme des Lumières, Cesare Beccaria, qui a établi pour la première fois, au dix-huitième siècle, dans *Des délits et des peines*, cette distinction fondamentale pour le fonctionnement démocratique de l'État moderne. Réciproquement, une conduite qualifiée de délit par les lois en vigueur dans la société laïque ne peut être justifiée, célébrée ou promue par des arguments religieux d'aucune sorte, de même que la foi (bonne ou mauvaise) que professe le délinquant ne peut représenter pour lui une circonstance atténuante. De sorte que si quelqu'un bat sa femme pour se faire obéir ou lapide le sodomite (de même que s'il recommande publiquement de faire de telles choses), que les textes sacrés qu'il invoque afin de légitimer sa conduite soient authentiques ou apocryphes, qu'ils soient bien ou mal interprétés, etc., en toute circonstance il doit être pénalement sanctionné. La légalité établie dans la société laïque indique les limites socialement acceptables à l'intérieur desquelles tous les citoyens doivent se mouvoir, quelles que soient leurs croyances ou leurs incrédulités. Ce sont les religions qui doivent s'adapter aux lois, et non le contraire.

4. À l'école publique, seul peut être acceptable comme enseignement ce qui est *vérifiable* (c'est-à-dire ce qui trouve l'appui de la réalité scientifiquement reconnue à l'époque considérée), ainsi que ce qui est civilement établi comme valable pour tous (les droits fondamentaux de la personne, constitutionnellement protégés), mais non pas l'invérifiable qu'acceptent comme authentique certaines âmes pieuses, ou les obligations morales fondées sur un credo particulier. La formation catéchistique des citoyens n'a pas de raison d'être une obligation dans un État laïc, même si celui-ci doit naturellement respecter le droit de chaque confession à prêcher et à enseigner sa doctrine à ceux qui le désirent. Et cela hors des heures d'enseignement. Dans le cas contraire on devrait aussi prendre en compte

la demande formulée il y a quelques mois par un groupe d'agnostiques, mi-sérieux mi-blagueur : à savoir que dans chaque messe dominicale soient réservées dix minutes pour qu'un scientifique vienne expliquer aux fidèles la théorie de l'évolution, le big bang ou l'histoire de l'Inquisition, pour prendre quelques exemples.

5. On a beaucoup discuté l'opportunité d'inclure dans le préambule de la future Constitution européenne une mention des racines chrétiennes de notre culture. Si on laisse de côté l'évidente question que pourrait poser l'inclusion explicite des nombreuses autres racines et influences plus ou moins déterminantes, ladite référence installerait pourtant d'intéressants paradoxes. Parce que l'originalité du christianisme a précisément été de débarrasser le sacré du séculier (le christianisme en tant que religion de la sortie des religions, comme l'a expliqué Marcel Gauchet), en séparant Dieu de César et la foi de sa légitimation par l'État, c'est-à-dire en offrant précisément une voie vers la société laïque dans laquelle nous pouvons vivre aujourd'hui. De sorte que si l'on doit célébrer les racines chrétiennes de l'Europe actuelle, il faudrait rendre hommage aux anciens chrétiens qui ont répudié les idoles de l'Empire, mais aussi aux agnostiques et aux incroyants qui ont ensuite combattu le christianisme érigé en nouvelle idolâtrie étatique. Peut-être l'affaire est-elle trop complexe pour un simple préambule constitutionnel…

Coda : le combat pour la société laïque n'a pas seulement pour prétention d'éradiquer les penchants théocratiques de certaines religions, mais aussi les sectarismes identitaires d'ethnicistes, de nationalistes et de tous ceux qui prétendraient soumettre les droits de la citoyenneté abstraite et égalitaire à un déterminisme ségrégationniste. Ce n'est pas par hasard si, dans nos sociétés européennes insuffisamment laïques (où l'on trouve des pays pour exiger de leurs rois une foi religieuse déterminée ou pour privilégier les droits d'une Église par rapport à ceux des autres), la France possède l'État le plus conséquemment laïc et aussi le plus unitaire, tant dans sa conception des services publics que dans son administration territoriale. Par ailleurs, la meilleure conclusion théologique (ou athéologique) qui peut nous orienter sur ces sujets, nous la devons à Gonzalo Suárez : « Dieu n'existe pas, mais il nous rêve. Le Diable n'existe pas non plus, mais c'est nous qui le rêvons[1]. »

1. Cf. « Yo y el Diablo », *Acción/Ficción*, sur le site de Gonzalo Suárez : http://clubcultura.com/clubcine/clubcineastas/suarez/accion8.htm.

Religion et délinquance

La décision du gouvernement français d'interdire dans les établissements d'enseignement public le port de certains signes religieux comme le voile islamique, la kippa juive ou les grandes croix chrétiennes, a été précédée et sera sans doute suivie de polémiques acharnées. En Italie aussi s'est développé il y a peu un débat animé autour de la décision d'un juge ayant ordonné de retirer le crucifix dans une classe de collège à la demande du père d'un élève musulman. Nous n'avons pas actuellement en Espagne une telle polémique : on admet dans les classes les crucifix, les tchadors et les scapulaires de saint Tarcisius… On admet surtout la formation religieuse pendant les heures scolaires, administrée avec le *placet* de l'évêché, évaluée avec plus de poids dans les moyennes que celui d'autres disciplines, scientifiques, et payée sur des fonds publics. Il me semble difficile que demain on puisse refuser aux rabbins et aux imams le droit de dispenser leur propre catéchisme. Comparés à une telle propagande, les symboles extérieurs de la croyance religieuse sont bien peu de chose.

L'ennui, c'est qu'il y a très souvent des enseignements religieux (peut-être devrions-nous dire « cléricaux ») incompatibles avec la législation d'un pays démocratique du vingt et unième siècle. On trouve par exemple dans la Bible des arguments pour punir la sodomie par la peine de mort. Et l'actuel imam de Fuengirola, dans un livre intitulé *La Femme dans l'islam*, prêche que l'homme doit administrer des châtiments corporels raisonnables à la femme pour qu'il n'y ait pas de doute sur l'origine de l'autorité dans la famille. Une fois ce saint homme poursuivi – comme il est logique – devant les tribunaux, on s'est lancé dans une surprenante discussion juridique : le Coran recommande-t-il semblable barbarie ou l'interprétation de l'imam était-elle erronée ? De multiples éditions du Livre saint des musulmans ont été invoquées à l'occasion de ce débat, et plusieurs experts en doctrine islamique sont intervenus.

Une telle manière d'aborder la question nous laisse littéralement stupéfait. Que Mahomet ait dit une chose ou une autre n'a strictement aucune importance du point de vue légal, parce que la loi civile qui interdit ce type d'agressions doit être mise au-dessus de n'importe quelle considération religieuse. Quoi qu'en dise Mahomet, en Espagne les maris n'ont pas le droit de fouetter leur femme, pas plus que les ecclésiastiques ne peuvent inciter leur clientèle à commettre un tel délit ; de la même façon – quoi qu'en dise la Bible –, la peine de mort est bannie de notre ordre juridique, et la réclamer pour châtier l'homosexualité serait une aberration qui ne devrait pas rester impunie. Les croyances et les pratiques religieuses sont protégées par la liberté de penser reconnue par la Constitution, mais pour autant qu'elles ne vont pas à l'encontre des lois du pays, qui placent notre culture démocratique laïque au-dessus de toute autre considération ecclésiastique ou fidéiste. Aussi pieux ou animé de saintes motivations que soit un délinquant, il reste un délinquant et doit être traité comme tel par les tribunaux. Les juges ont heureusement condamné le peu sympathique imam de Fuengirola pour ses « pieuses » recommandations.

Le problème, ce ne sont pas les voiles et les croix, mais les dogmes religieux qui blessent la légalité et incitent à des conduites nuisibles ou à des affrontements avec les droits fondamentaux qui régissent nos démocraties européennes. Chacun peut avoir les croyances qu'il préfère ou qu'on lui a inculquées, et il peut les extérioriser par sa façon de se vêtir comme bon lui semble, mais en sachant que ce n'est pas pour cela qu'il cesse d'être soumis à des normes communes dont l'assise n'est pas religieuse mais laïque et qui se fondent sur des arguments basés sur la raison humaine et non sur la foi en Dieu. La tolérance pluraliste est incompatible avec des concessions à la théocratie, quel qu'en soit le culte. La religion est un droit pour chacun, mais elle n'est un devoir pour personne… Plus encore, elle ne peut nullement rendre acceptable et louable ce qui transgresse la légalité.

Interdire les signes extérieurs religieux en milieu scolaire signifie en fin de compte reconnaître que les croyances sont *inapprivoisables* et qu'elles conservent toujours une agressivité latente à l'encontre de ceux qui ne les partagent pas. Cela oblige donc à les prendre très au sérieux. La véritable éducation face aux religions devrait être d'introduire une pointe d'ironie dans toute foi : l'objectif serait de former des croyants capables de sourire quand ils s'identifient comme tels. Mais bien évidemment cela est impossible parce que, comme nous en a avertis Cioran, « les religions, comme les idéologies qui en ont hérité les vices, se réduisent à des croisades contre l'humour[1] ».

1. Emil Michel Cioran, *Aveux et Anathèmes*, Paris, Gallimard, « Arcades », 1986.

Nos racines chrétiennes

La polémique autour du rôle joué par les « racines chrétiennes » de notre culture, racines que l'on devrait ou non mentionner nommément dans la nouvelle Constitution européenne, peut susciter diverses considérations de nature politique, historique et même philosophique : la plus mélancolique de toutes tient sans doute dans la constatation du niveau d'ignorance général sur ce que sont ces racines… surtout chez ceux qui les défendent avec le plus d'enthousiasme. C'est pourquoi l'attitude la plus prudente et bienveillante est de recommander qu'on ne se mette pas dans des situations absurdes, de faire appel à ce qui nous unit et non à ce qui nous divise, de conseiller qu'on ne fasse pas du préambule à un ensemble de lois, déjà controversé pour d'autres raisons, un champ de confrontations théologiques ; et, enfin, de laisser courir. L'Europe ne doit pas se lancer demain dans de nouvelles guerres de religion mais se guérir une fois pour toutes de la religion et de la guerre, chosc ccrtainement difficile. Cela dit, la question théorique de fond est réellement intéressante et peut-être n'est-il pas inconvenant, au-delà de l'urgence de la conjoncture actuelle, d'y consacrer une réflexion sérieuse. D'autant plus que cela a beaucoup à voir avec le supposé « choc des civilisations » dont on nous parle et qui consiste plutôt en un affrontement entre des idéologies théocratiques opposées, affrontement dans lequel l'Europe – précisément en raison de ses fameuses

« racines chrétiennes » – devrait pouvoir faire entendre une voix particulière et éclairante.

Si je ne me trompe pas complètement, ce à quoi prétendent les partisans de la mention explicite du christianisme dans la Constitution européenne est de renforcer le poids *politique* des Églises originairement chrétiennes (principalement l'Église catholique) dans l'assise de nos institutions et dans les valeurs consacrées par nos lois et par notre éducation. Sans doute les raisons historiques pour cela ne manquent-elles pas, mais je me demande si une telle imprégnation dogmatique et cléricale des pouvoirs publics est la seule ou peut-être la plus importante conséquence de la révolution religieuse introduite par le christianisme primitif sur notre continent puis dans le monde entier. Ne serait-ce pas plutôt le contraire ? La dénonciation antihiérarchique et anticléricale de la religion établie comme culte légitimant le pouvoir terrestre n'est-elle pas ce qu'il y a de spécifique dans l'origine du christianisme, ce qui a progressivement donné lieu – après avoir perdu sa virulence première – à une séparation entre le gouvernement civil des citoyens et la foi en la rédemption que chacun d'eux pouvait atteindre en son for intérieur ? Cette dissociation fait presque universellement défaut hors du monde européen. En poussant les choses encore un peu plus loin, la sécularisation et même l'incrédulité de l'époque moderne (tellement vilipendées par nos conservateurs) n'ont-elles pas une racine proprement chrétienne ?

Les païens ont persécuté les chrétiens pour des motifs religieux : ils les accusaient d'athéisme, ni plus ni moins. Ils ressentaient de l'irritation et du désarroi face à cette secte irrévérencieuse qui ne se contentait pas de proclamer son Dieu mais qui déniait la validité de tous les autres, renversant avec impiété leurs autels qui étaient précisément ceux où se célébraient les cultes officiels de la cité. Bien entendu, les chrétiens n'étaient ni religieusement ni politiquement corrects : le multiculturalisme païen leur était étranger et leur semblait même peccamineux. Et voilà que les chrétiens introduisent en Europe la passion terrible et exclusive pour la *vérité*. Seule la vérité est digne de croyance, de foi : une nouveauté magnifique et farouche. L'affaire des païens n'était pas de « croire » en leurs divinités à la manière exhaustive inaugurée ensuite par les chrétiens (Paul Veyne a écrit un livre très intéressant sur la question, *Les Grecs ont-ils cru à leurs mythes*[1] ?), ils les considéraient plutôt comme de vénérables émanations des lieux et des activités dans lesquels se déroulait leur vie. L'ardeur chrétienne à ériger l'illusion en vérité a dépeuplé l'espace social des illusions théologiques moins efficaces. Grâce à Constantin et à la papauté, l'Église officielle a résisté et a en partie assimilé ce coup de vent subversif, mais elle ne s'en est jamais complètement remise. La passion démystificatrice pour la vérité a continué de se faire un chemin, passant des cathédrales aux universités, des cellules des moines aux laboratoires. Le Dieu qui était la Vérité est venu à bout des autres dieux, et ensuite la vérité s'est mortellement retournée contre lui.

Ce n'est que dans le monde chrétien que le concept de sécularisation se comprend comme l'aboutissement éclairé de ce monde. Comme le signale John Gray dans *Straw Dogs* : « Le sécularisme est comme la chasteté, une condition qui se définit par ce qu'elle refuse. » Seule la civilisation chrétienne, préalablement purgée de divinités et de cultes locaux, peut se séculariser. Et Gray conclut : « La conséquence longtemps différée de la foi chrétienne a été une idolâtrie de la vérité qui a trouvé sa plus complète expression dans l'athéisme. Si nous vivons dans un monde sans dieux, c'est à la chrétienté que nous devons en être reconnaissants. » Les racines chrétiennes de l'Europe trouvent aujourd'hui leur plus claire expression dans la science

1. Paul Veyne, *Les Grecs ont-ils cru à leurs mythes ? Essai sur l'imagination constituante*, Paris, Seuil, « Points Essais », 1992.

qui anéantit les pieuses légendes, dans la séparation tranchée du pouvoir séculier (et de la morale civile) d'avec les ingérences cléricales, dans la proclamation de droits de l'homme étrangers à toute sanction divine (ce pour quoi ils furent à l'origine condamnés par la papauté), dans l'éducation générale obligatoire qui se refuse à officialiser les croyances religieuses en tant que matières scientifiques et récuse l'autorité des évêques dans la désignation des professeurs. Comme tous ces avatars se révèlent un peu polémiques et assez difficiles à condenser dans le préambule d'une loi, Giscard et compagnie semblent avoir agi avec prudence en ne les incluant pas dans la Constitution européenne qu'ils proposent.

Il me semble maintenant entendre quelque voix indignée qui me demande : « Que devrait-on alors mettre selon vous dans le préambule de la Constitution pour transcender les Européens qui vont se rassembler sous elle ? » Eh bien rien qui regarde vers le passé mais bien plutôt quelque chose qui soit tourné – malgré une invraisemblance certaine – vers le futur que nous pouvons partager. Ce que propose par exemple James Joyce dans la bouche d'un des personnages de son *Ulysse* : « Fini le patriotisme de bar et d'imposteurs hydropiques. Argent libre, loyer libre, amour libre et une Église laïque libre dans un État libre et laïc[1]. » Tout cela bien entendu avec de bonnes racines chrétiennes, selon mes modestes critères.

1. James Joyce, *Ulysse*, trad. de l'anglais par Jacques Aubert (dir.), Paris, Gallimard, 2004.

La laïcité expliquée aux enfants

En 1791, en réponse à la Déclaration des droits de l'homme en France par la Convention, le pape Pie VI rendait publique son encyclique *Quod aliquantum* dans laquelle il affirmait « qu'on ne peut imaginer sottise plus grande que de tenir tous les hommes pour égaux et libres ». En 1832, Grégoire XVI réaffirmait cette condamnation en jugeant dans son encyclique *Mirari vos* que la revendication d'une chose comme la « liberté de conscience » était une erreur « empoisonnée ». En 1864 parut le *Syllabus* dans lequel Pie IX condamnait les principales erreurs de la modernité démocratique, et parmi elles, tout particulièrement – frappons fort –, la liberté de conscience. Désireux de ne pas s'exclure de la méfiance inquisitoriale, Léon XIII établissait en 1888 dans son encyclique *Libertas* que les maux du libéralisme et du socialisme sont les épigones indésirables des néfastes Lumières, signalant qu'« il n'est absolument pas licite d'invoquer, de défendre, de concevoir une hybride liberté de pensée, de presse, de parole, d'enseignement ou de culte, comme si elles étaient autant de droits que la Nature a octroyés à l'homme. Si de fait la Nature les avait véritablement concédés, il serait licite de récuser l'autorité de Dieu, et la liberté humaine ne pourrait être limitée par une quelconque loi ». Puis ce fut au tour de Pie X de fulminer contre la loi française de séparation de l'Église et de l'État dans son encyclique *Vehementer* de 1906, où l'on peut lire :

« Qu'il soit nécessaire de séparer la raison de l'État de celle de l'Église est une opinion assurément fausse et plus dangereuse que jamais. Parce qu'elle limite l'action de l'État à la seule félicité terrestre, laquelle constitue comme objectif principal de la société civile et néglige ouvertement, comme une chose étrangère à l'État, l'objectif principal des citoyens, qui est la béatitude éternelle préétablie pour les hommes au-delà des fins de cette brève vie. » Il a fallu attendre le concile Vatican II et le décret *Dignitatis humanae personae*, voulu par Paul VI, pour que soit finalement reconnue la liberté de conscience comme une dimension de la personne contre laquelle ne valent ni la raison d'État ni la raison de l'Église. « C'est une authentique révolution ! », s'exclama celui qui était alors le cardinal Woytila[1].

Qu'est-ce que la laïcité ? C'est la reconnaissance de l'autonomie du politique et du civil par rapport au religieux, c'est la séparation entre le domaine terrestre d'apprentissages, de normes et de garanties que nous devons tous partager, d'avec le domaine intime (même s'il peut être publiquement exprimé à titre personnel) des croyances de chacun. La libération est réciproque parce que la politique se débarrasse de la tentation théocratique, mais aussi parce que les Églises et les fidèles cessent d'être manipulés par des gouvernants qui tentent de les mettre à leur service (chose qui depuis Napoléon et son Concordat avec le Saint-Siège n'a cessé ponctuellement d'arriver), de même qu'ils cessent de craindre des persécutions contre leur culte, vivantes dans les mémoires pour beaucoup de pays totalitaires. C'est pour cela que sont sans fondement les craintes de certain prélat espagnol qui mettait en garde il y a peu de temps contre la menace, dans notre pays, d'un « État athée ». Qu'il puisse exister quelque part un État athée serait aussi

1. J'extrais la majorité de ces données de l'essai « Le radici illuministiche della libertà religiosa » de Vincenzo Ferrone, *Le ragioni dei laici*, *op. cit.*

étrange que de voir apparaître un État géomètre, ou un État mélancolique : mais si ce que craint Monseigneur est de voir apparaître des gouvernants qui s'immisceraient dans des questions qui relèvent strictement des religions pour les interdire ou pour harceler les croyants, il ferait bien d'appuyer avec enthousiasme la laïcité de nos institutions, qui exclut précisément de tels comportements tout autant que la subordination des lois aux décisions de la conférence épiscopale. Il ne serait pas le premier croyant et pratiquant d'une religion à être partisan de la laïcité, car ils sont aujourd'hui nombreux, comme ils l'ont été hier : souvenons-nous par exemple de Ferdinand Buisson, collaborateur de Jules Ferry et promoteur de l'école laïque (le prix Nobel de la paix lui a été décerné en 1927), qui était un protestant fervent.

En Espagne, certains ont de l'aversion pour le terme « laïcité » (ou, pire encore, pour celui de « laïcisme ») et soutiennent que notre pays est constitutionnellement « aconfessionnel » – cela peut passer – mais pas laïc. Comme il arrive avec d'autres disputes sémantiques (celle qui tourne autour du mot « nation », par exemple), ce qui est important c'est ce que chacun espère obtenir au moyen d'un mot ou de l'autre. Comme l'interprètent certains, un État non confessionnel est un État qui n'a pas de dévotion religieuse unique, mais qui en a beaucoup, toutes celles que l'on sollicite de lui. Il est multiconfessionnel, partisan d'une espèce de théocratie polythéiste qui appuie et favorise les croyances statistiquement les mieux représentées dans sa population, ou celles qui sont le plus combatives dans la rue. De sorte qu'il soutiendra à l'école publique tous les types de catéchisme et célébrera institutionnellement les fêtes religieuses de tout un assortiment d'Églises. Voilà une interprétation pour le moins abusive, surtout en ce qui concerne l'enseignement. Comme en a prévenu Claudio Magris[1], « au nom

1. Cf. « Laicità e religione », *Le ragioni dei laici, op. cit.*

du désir qu'ont les parents de faire étudier leurs enfants dans une école qui se réclame de leurs principes – religieux, politiques et moraux – vont surgir des écoles inspirées par les différentes charlataneries occultistes qui se répandent de jour en jour, par des sectes capricieuses et idéologiques de toute espèce. Il y aura peut-être des parents racistes, nazis ou staliniens qui prétendront éduquer leurs enfants – à nos frais – dans le culte de leur Moloch ou qui demanderont qu'on ne les asseye pas à côté d'étrangers… ». Cesare Beccaria, homme des Lumières, avait déjà mis en garde dans *Des délits et des peines* contre la tyrannie que peut exercer la famille sur l'individu, aussi terrible et aveugle que celle de l'État ou de l'Église. On doit se rappeler avant tout que l'enseignement n'est pas seulement une affaire concernant l'élève et sa famille, mais qu'il a des conséquences publiques, si privé que soit l'établissement où il est dispensé. L'instruction religieuse ou idéologique que chacun peut donner à ses rejetons, à condition qu'elle n'aille pas à l'encontre des lois et des principes constitutionnels est une chose, mais le contenu du programme scolaire dont l'État se doit d'assurer l'enseignement à ses frais à tous les enfants et adolescents, en est une autre. Si dans d'autres domaines, comme celui des fêtes, que nous avons déjà mentionné, il faut négocier avec souplesse entre la tradition, la culture et ce qui est légalement institué, il faut sur le terrain scolaire être précis en établissant les démarcations et en faisant la distinction entre les établissements scolaires (qui peuvent être publics, sous contrat ou privés) et l'enseignement même qui est proposé dans n'importe lequel d'entre eux, et dont le contenu d'intérêt public doit toujours être assuré et garanti pour tous. C'est en cela que consiste précisément la laïcité, rien de plus obscur ou de plus redoutable.

Certains partisans outranciers de la religion en tant que matière enseignée à l'école ont entrepris une croisade contre l'enseignement d'une morale civique ou une formation à la citoyenneté. À les entendre, il semble que les valeurs des parents – quelles qu'elles soient – doivent être considérées comme sacrées, tandis que celles de la société démocratique ne peuvent être expliquées sans un recours à une manipulation des esprits quasi totalitaire. Bien entendu, l'objection qu'éduquer en vue de la citoyenneté mène à un endoctrinement néo-franquiste est aussi peu sérieuse et digne d'étude que celle de ceux qui assurent que l'éducation sexuelle débouche sur la corruption des mineurs. Comme ces deux critiques proviennent en outre d'habitude des mêmes personnes, nous sommes à même de mieux les comprendre. Dans chacun de ces cas, l'attitude laïque rejette toute manière de poser le problème qui refuserait que les valeurs politiques et sociales puissent être un sujet de débat : Condorcet, homme des Lumières, en est venu à dire que même les droits de l'homme ne peuvent être enseignés comme s'ils étaient tombés du ciel gravés sur des tablettes. Mais il est important que de l'école publique ne soit pas absente une clarification suivie d'un débat sur les normes et les objectifs fondamentaux poursuivis dans notre coexistence démocratique, précisément parce qu'ils sont fondés sur des légitimations rationnelles et doivent être soumis aux circonstances historiques. Les valeurs ne cessent pas d'être des valeurs, ni d'être respectables, parce qu'elles ne prétendent pas à un caractère absolu ni ne sont confortées par des châtiments ou des récompenses surnaturelles… Et il est indispensable de le faire comprendre.

Pourtant, le laïcismc fait plus que de proposer une certaine solution aux rapports entre l'Église (ou les Églises) et l'État. C'est une manière particulière de comprendre la politique démocratique mais aussi une doctrine de la liberté civile. Il consiste à affirmer l'égale condition de tous les membres de la société, exclusivement déterminés par leur égale capacité à prendre part à l'élaboration et à l'expression de la volonté générale, et dont les caractéristiques non politiques (religieuses, ethniques, sexuelles, généalogiques, etc.) ne doivent pas, par principe, être prises en considération par l'État. De sorte qu'il est clair que le laïcisme va de pair avec une vision républicaine du gouvernement : des républiques théocratiques peuvent exister, comme celle d'Iran, mais il n'existe pas de monarchies réellement laïques (même si elles ne font pas toutes du monarque le chef de l'Église nationale, comme en Angleterre). Et bien entendu la perspective laïque se heurte à la conception nationaliste parce que, de son point de vue, il n'existe pas de nation composée de nations, ni d'État composé de peuples, mais une nation composée de citoyens, égaux en droits et en obligations fondamentales, indépendamment de leur lieu de naissance ou de résidence. L'opposition justifiée aux nationalistes qui aspirent à désagréger l'Espagne ou, plus fréquemment, à y occuper une position de privilège asymétrique, se fonde – du point de vue laïc – non pas sur la menace qu'ils représentent pour l'unité du pays en tant qu'entité transcendante, mais sur le fait qu'ils impliquent une rupture de l'unité et de l'homogénéité de l'État de droit. Il ne manquerait plus qu'après être parvenus à abolir constitutionnellement les inégalités fondées sur le sexe ou sur l'ethnie il nous faille les rétablir en fonction du lieu de naissance, et qu'il devienne déterminant pour les droits des citoyens d'être nés à Murcie ou à Gérone. Disons-le une fois encore, même si répéter l'évidence peut prêter à rougir : ce n'est pas la même chose d'être culturellement différents que politiquement inégaux. Bon, entre nous, peut-être que pousser le laïcisme jusqu'à ses dernières conséquences, aussi théoriques soient-elles, est une affaire difficile : mais il ne laisse pas d'être choquant que pendant que les laïcs « monarchiques » acceptent de l'être par prudence conservatrice, les nationalistes qui se disent laïcs croient paradoxalement (et bien entendu de manière injustifiée) représenter un mouvement progressiste.

L'époque ne semble en tout cas pas favorable à la laïcité. Les romans à succès traitent d'évangiles apocryphes, de prophéties millénaristes, de suaires et de sépulcres miraculeux, de templiers – que de templiers ! –, de batailles d'anges contre les démons. Mon Dieu, excusez l'expression, quel ennui ! Et en ce qui concerne ce que l'on nomme (si mal) l'alliance des civilisations, dès que des experts se réunissent pour en faire le projet, on s'aperçoit qu'ils sont en majorité des curés de l'un ou de l'autre bord. Franchement, si ce ne sont pas les prêtres qui m'intéressent le plus dans ma propre culture, je ne vois pas pourquoi ils seraient ce qui me passionne le plus dans celle des autres. À moins bien sûr que, sur cette question aussi, nous soyons « asymétriques ». Il y a deux ans, dans un débat à Paris, j'ai rencontré l'ancien Secrétaire général de l'ONU Boutros Ghali. Il a soutenu, à mon grand étonnement, la grande importance de l'astrologie dans l'Égypte actuelle, astrologie à laquelle, nous Européens, n'accorderions pas assez d'importance. Je lui ai fait respectueusement remarquer que l'astrologie est partout aussi fantaisiste que pittoresque, que ce soit au Caire, à Stockholm ou à Caracas. Boutros Ghali m'informa que cette opinion constituait précisément un préjugé ethnocentrique. Je n'en ai pas moins ressenti de la compassion pour les Africains qui dépendent de l'astrologie tandis que d'autres continents parient sur les nanotechnologies ou sur la génétique. Peut-être le premier commandement de la laïcité consiste-t-il à briser l'idolâtrie culturaliste et à susciter l'esprit critique par rapport aux traditions, les nôtres comme celles des autres. Cela pourrait être formulé au moyen de quelques mots de Santayana : « Il n'y a pas de pire tyrannie que celle d'une conscience rétrograde ou fanatique qui opprime un monde qu'elle ne comprend pas au nom d'un autre monde qui est inexistant[1]. »

1. George Santayana, *Dialogues in Limbo* [1925].

Éducation civique : transversale ou biaisée ?

Comme tout un chacun apprend quand il le peut, et en général à ses dépens, j'ai été récemment émerveillé de découvrir, à l'occasion du rapport sur la réforme des moyens audiovisuels publics, comment se fabriquent certaines grandes nouvelles en Espagne. Dans ce cas, selon les gros titres qu'on a lus, on pourrait se dire que la conclusion la plus importante a été d'exiger de l'État qu'il paye la dette qu'il a accumulée envers la Télévision espagnole. Ceci n'est pas une petite affaire, bousculer l'administration pour lui faire lâcher plusieurs milliards ! Depuis le temps de mon enfance où je m'attribuais les hauts faits de Mickey Mouse, mon héros de prédilection dans ces magazines de bandes dessinées compensatoires, jamais je ne m'étais senti aussi puissant. Dommage que, comme il est logique, personne ne nous ait jamais demandé si l'État devait ou non payer les dettes qu'il avait contractées : cela aurait été une formidable occasion de déclarer que non, qu'il ne doit pas lâcher un douro, pour aussi engagé qu'il soit, et qu'ils aillent se faire v..., tant pis pour les attardés qui ont eu confiance en sa garantie. Mort à Samson et à tous les Philistins ! Comme d'habitude la réalité est moins héroïque et nos véritables recommandations dans ce rapport ne font au contraire que proposer des voies alternatives à la prolongation indéfinie de tels endettements.

Personnellement échaudé par cette expérience, non moins que par l'absence de grandes mesures, je m'étonne aussi aujourd'hui de voir des sujets importants passés sous silence ou mentionnés seulement en petits caractères et comme au passage. Prenons comme cas d'étude exemplaire le rapport récemment publié par le Conseil de l'État pour l'Enseignement. Je m'empresse de confesser que je ne connais de ce document que les informations qu'ont publiées une demi-douzaine de journaux, ce qui fait que mon inquiétude – dont je vais parler plus loin – pourrait être due à une connaissance insuffisante de ce qu'il propose. Du rapport en question, non pas contraignant mais d'une importance évidente concernant l'état d'esprit des législateurs à propos de l'enseignement, on a surtout retenu la recommandation qui concerne l'enseignement de la religion, à laquelle on est parvenu après un vote très serré où seule la voix prépondérante ès qualités du président de ce Conseil a départagé les deux camps. D'après ses conclusions, le Conseil demande au Gouvernement que l'enseignement de la religion soit exclu du cursus scolaire, qu'il n'entre pas dans le calcul des moyennes et que, par conséquent, il ne lui soit pas proposé d'alternative pendant les heures de classe. De plus, cet organisme consultatif, le plus haut de la communauté éducative non universitaire, a approuvé un amendement demandant (si certaines circonstances étaient réunies) la rupture de l'accord de 1979 entre l'État espagnol et le Saint-Siège, qui est le fondement du maintien de l'enseignement de la religion focalisé sur un culte en particulier dans nos programmes d'enseignement primaire et secondaire.

Cette recommandation du Conseil pour l'Enseignement est à mon sens parfaitement raisonnable, et la seule chose remarquable est qu'elle ait été adoptée face à une telle opposition et avec une majorité aussi étroite. Ce n'est pas le droit qu'ont les parents qui le désirent de donner à leurs enfants une instruction religieuse qui est mis en question, mais le bien-fondé de la transformation de l'endoctrinement confessionnel en une matière parmi les autres de la préparation académique des élèves. Et aussi – c'est moi qui insiste – le fait qu'une telle activité de catéchisme soit financée par l'État mais gérée par les autorités religieuses correspondantes. Le plus choquant dans tout cela est que, dans le cas de la religion catholique, l'inscription dans le cursus d'une variante de catéchisme habillée de façon plus ou moins scientifique, soit une obligation résultant du concordat avec le Saint-Siège, dont l'origine franquiste est sans équivoque. Pourquoi un État moderne devrait-il organiser certains aspects de son enseignement en fonction de traités signés avec un autre État ? Ne serait-il pas pittoresque, par exemple, qu'un accord signé avec Cuba nous oblige à redéfinir notre fonctionnement syndical ? Il s'agit là d'une question de principe qui affecte le sens même de l'enseignement public et qui par conséquent n'a rien à voir avec le nécessaire respect des croyances de chacun, garanti par la Constitution. Cela ne dépend pas non plus du nombre de signatures recueillies en faveur de l'endoctrinement confessionnel, pas plus que des millions de signatures contre la liberté religieuse ne seraient démocratiquement acceptables pour abolir celle-ci.

Faire comprendre de tels principes devrait précisément être une des tâches de l'indispensable éducation civique de nos écoliers. Et c'est précisément ce point qui est concerné par la recommandation la plus inquiétante adoptée par le Conseil pour l'Enseignement, qui n'a elle obtenu ni les gros titres voyants ni les commentaires éditoriaux acerbes de la proposition concernant l'enseignement de la religion. Selon les informations données par la presse – en quelques cas seulement et comme en passant – le Conseil a approuvé un amendement selon lequel il prend position contre l'existence d'un espace spécifique d'éducation civique (comme le propose le ministère de l'Éducation) et établit que le traitement des « valeurs » doit intervenir de manière transversale à tous les niveaux et à chaque étape du projet éducatif. À mon sens, cette proposition – approuvée par une majorité plus large – est d'une importance beaucoup plus grande que celle dont j'ai parlé plus haut, et elle mérite bien entendu un débat plus approfondi. Pourtant, sauf erreur de ma part, elle est passée sans provoquer de polémique dans les médias, eux qui y sont si volontairement et méritoirement portés.

Qu'est-ce qu'une éducation civique « transversale » dont les thèmes ne sont pas spécifiquement réfléchis et argumentés ? Pardonnez-moi d'être direct, mais ceci est une histoire à dormir debout. Je crains que cette décision ne suppose de fragmenter cette dimension essentielle de la formation démocratique en bribes sans consistance, en comportements censés donner l'exemple saupoudrés au sein de la pratique scolaire, au hasard de l'indiscutable bonne volonté de professeurs qui ne sont pas particulièrement préparés à cette tâche et dont la principale préoccupation est d'arriver à bout du programme qui leur est imparti dans d'autres matières. Bien sûr, le fait qu'à l'école règne un climat général de respect et d'approfondissement des valeurs constitutionnelles est quelque chose d'important pour l'éducation (et de logique, non ?), mais qui ne remplace en aucune façon la transmission concrète de leurs fondements, de leur développement historique et de leurs implications actuelles. L'éducation civique ne consiste pas à afficher des comportements sociaux convenables – quelque chose comme un « Manuel d'urbanité pour démocrates » – mais à les expliquer et à débattre des raisons pour lesquelles ils doivent précisément être ceux-là.

Établir le programme d'une discipline d'éducation civique ou d'une aire du cursus scolaire où elle serait développée est une tâche difficile et contraire aux habitudes d'une paresse qui est suicidaire (« toutes les opinions sont également respectables »), aux préjugés qui conspirent contre tout dessein unitaire du pays que nous partageons, et à la panique qui surgit au moment d'établir des critères opposés au « chacun pour soi », qui est en ce moment l'unique formule acceptée contre la vision totalitaire et intégriste de la société. Sur les éducateurs plane l'ombre de l'ignominieuse « Formation de l'Esprit national » franquiste, aussi abhorrée que sont respectées les formations d'esprit national que l'on enseigne dans de nombreuses régions autonomes. Pourtant, ce n'est que par une éducation civique que l'on peut justifier, par exemple, l'exclusion de l'enseignement confessionnel de la religion du cursus scolaire, exclusion qui n'a rien à voir avec une hostilité envers les croyances, mais avec le rôle que jouent ces dernières dans une communauté démocratique. Parce que dans celle-ci la religion n'est pas simplement une chose intime et secrète, et qu'elle peut être manifestée et revendiquée dans l'espace public ; et parce que ces croyances s'inscrivent néanmoins dans cet espace public à titre privé, acceptant leur pluralisme et leur séparation d'avec l'organisation politique laïque. Cette éducation civique peut aussi servir à justifier rationnellement le fait que soutenir les médias publics n'est pas un manque de respect envers le contribuable mais une occasion qu'on lui donne de devenir propriétaire, conjointement avec les autres, de chaînes de télévision ou de radio comme celles que seuls des ploutocrates peuvent posséder dans le domaine privé. C'est en de telles choses que consiste la démocratie contemporaine.

On passe sa vie à entendre des diatribes pas très bien argumentées contre « l'individualisme » nocif de la jeunesse. Les théologiens et les idéologues qui les répandent sont à l'évidence opposés à la recherche, dans l'école, de remèdes qui feraient le départ entre l'autonomie morale des personnes et le manque de solidarité ou l'indifférence au lien social. Comme le disait il y a longtemps Marcel Gauchet, « aveuglément, nos modes d'éducation et de scolarisation fabriquent des individus de plus en plus indifférents au collectif, et donc au politique. [...] La réalité de la pédagogie aujourd'hui est qu'elle tend à fabriquer des citoyens inciviques ». Je ne pense pas qu'une telle perspective préoccupe profondément ceux-là mêmes qui d'habitude déplorent bruyamment ses effets quotidiens.

Fanatiques sans frontières

Nous n'avons pas eu de chance avec les réactions qu'a provoquées le conflit de l'intolérance et de la permissivité, suscité par les caricatures de Mahomet publiées dans un journal danois[1]. Nos mentors idéologiques étaient un peu ensommeillés et le fracas brutal qui les a réveillés était tellement subit qu'il ne leur a pas laissé le temps de s'éclaircir les idées. Jean Daniel nous informait dans le même journal que lui acceptait le blasphème à condition qu'il soit de bon goût et qu'il ait une certaine dignité artistique : il est de ceux qui

1. L'histoire s'est passée ainsi : en 2005, l'écrivain danois Kåre Blutigen, auteur d'un livre pour enfants intitulé *Le Coran et la vie du prophète Mahomet*, confia à un journaliste du *Jyllands-Posten* (le journal le plus lu au Danemark) ses difficultés pour trouver un dessinateur qui illustre son œuvre (par peur de représailles, étant donnée l'interdiction religieuse de représenter le Prophète, en vigueur dans certaines branches de l'islam). Le journal invita plus de vingt dessinateurs à envoyer leurs travaux sur ce thème et, en septembre 2005, il en publia douze. Une des caricatures représentait un barbu (supposément Mahomet dont nous ne connaissons pas le visage) avec une bombe cachée dans son turban. Immédiatement, certains leaders musulmans danois se mobilisèrent pour diverses actions de protestation et quelques menaces. Comme ils n'étaient pas écoutés par les autorités qui défendirent le droit à la liberté d'expression du journal et des caricaturistes, on passa à une plainte officielle de divers diplomates qui représentaient au Danemark des nations islamiques, ainsi qu'à des appels au boycott des produits en provenance de ce pays dans leurs États respectifs. En février 2006 il y eut de nombreuses manifestations de protestation dans des pays européens et islamiques, on brûla des drapeaux danois, on détruisit des ambassades, il y eut de nombreux troubles et même des morts. Les autorités danoises et celles de l'Union européenne s'excusèrent, etc.

n'apprécient le strip-tease que réalisé sur une musique de Mozart, puisqu'on le fête cette année. Sami Naïr s'entête à dire qu'il s'agit d'une provocation de l'extrême droite, explication qui souffre du double défaut de ne rimer à rien (l'extrême droite devrait-elle, par hasard, être privée de liberté d'expression ?) et d'être fausse (mieux informé, le correspondant d'*El País*, Antonio Caño, précise – le 6 février 2006 – que le *Jyllands-Posten* est « une publication de centre droit, sérieuse et respectée »). Le président Zapatero, associé au Premier ministre turc Erdogan, communique au monde entier sa réprobation envers les insultantes caricatures (bien entendu, mais entendrons-nous notre mandataire commenter dans quelques mois la sortie de prison du *serial killer* Henri Parot en disant « qu'elle peut être parfaitement légale, mais qu'elle n'est pas indifférente, et qu'elle doit être rejetée des points de vue moral et politique » ?). Le flamboyant prix Cervantès, Sergio Pitol, déclare que les injures faites à Mahomet sont extrêmement irrespectueuses et agressives, ce qui me rappelle que John Le Carré considérait la *fatwa* contre Salman Rushdie comme la conséquence de l'arrogance irresponsable de cet écrivain (quand j'entends les opinions de certains écrivains engagés sur des problèmes concrets, je deviens partisan de l'art pour l'art). Bien entendu, divers théologiens, un certain cardinal et un grand rabbin ont clamé leur solidarité corporatiste avec les pieux et féroces offensés : toutes les Églises considèrent avec une envieuse nostalgie les confessions qui disposent encore de fanatiques comme gardes du corps, parce qu'elles ne se résignent à inspirer le respect que lorsqu'elles ne peuvent plus inspirer la peur… Ah, le bon temps ! Etc., etc.

Bien évidemment, nous en avons beaucoup entendu défendre la sacro-sainte liberté d'expression. Et parler du fait qu'il ne faut pas l'utiliser pour manquer au respect qu'on doit à son prochain. Pourquoi appellent-ils cela « respect » alors qu'ils veulent dire « peur » ? On respecte beaucoup plus l'autre quand on le chahute et qu'on le critique, même avec mauvais goût, parce qu'on le considère comme un être civilisé qui ne vous assassinera pas pour autant... que lorsqu'on garde un pieux silence et qu'on baisse les yeux face à celui qu'on considère comme un fou furieux, capable de vous fendre la tête à coups de hache. Mais je ne vois pas non plus clairement où réside le manque de respect de ces caricatures. Je sais – Cioran l'a déjà dit – que toutes les religions sont des croisades contre le sens de l'humour, mais je refuse de croire qu'un milliard cinq cents millions de musulmans doivent forcément se sentir offensés par elles : ce serait les prendre tous pour des imbéciles, ce qui me paraît suprêmement injuste. Si j'étais musulman, hypothèse aujourd'hui improbable, mais sait-on jamais, je considérerais le dessin de Mahomet avec une bombe cachée dans son turban comme une satire contre ceux qui utilisent sa doctrine de manière barbare pour justifier des attentats d'inspiration politique. Et je me demanderais, comme l'a fait l'hebdomadaire jordanien *Shihane*, « qui cause le plus de tort à l'islam, ces caricatures ou bien un preneur d'otage qui égorge sa victime face à une caméra ». Malheureusement nous n'aurons ni réponse ni débat parce que l'hebdomadaire a été immédiatement interdit et son directeur congédié. Pourtant, comme l'écrit dans *Charlie Hebdo* Tewfik Allal, porte-parole de l'association du Manifeste des libertés (créée en 2004 par des Français de culture musulmane), « il y a certainement beaucoup de gens qui pensent ainsi dans les terres d'islam, mais ils n'ont pas le droit de le dire : c'est à eux que fait le plus gravement défaut la liberté d'expression ». Peut-être que ces caricatures n'offensent ni tous les musulmans ni ceux qui, vivant dans des théocraties, ne partagent pas cette religion mais doivent le dissimuler ; peut-être expriment-elles au contraire la pensée la plus secrète et sincère de tant de gens qui réfrènent par peur l'envie de se soulager les intestins sur les mahomets de pacotille qui les oppriment…

Mais ce qui m'étonne, la chose que je n'ai ni lue ni entendue de la part de quiconque bien qu'elle soit implicite dans pas mal de commentaires, c'est que ce qui est menacé dans nos démocraties n'est pas seulement, et selon moi pas principalement, la liberté d'expression. Non, ce qui est en jeu est précisément *la liberté religieuse*. Et cela par deux voies distinctes. En premier lieu, parce que la liberté religieuse dans les pays démocratiques est fondée sur le principe que la religion est un droit de chacun, mais pas un devoir des autres citoyens ni de la société dans son ensemble. Chacun peut croire et révérer à sa manière, mais sans prétendre à ce que cela oblige quiconque d'autre. Comme l'a si bien expliqué José Antonio Marina dans son récent *Pourquoi je suis chrétien*, chacun peut cultiver sa « vérité privée » religieuse, mais en étant disposé le cas échéant à céder devant la « vérité publique », scientifique ou légale, que nous devons partager. La religion est quelque chose d'intime qui peut s'exprimer publiquement mais à titre privé : et comme tout ce qui s'affiche dans l'espace public, elle s'expose à la critique, au commentaire et même à l'irrévérence. Il y en a qui se montrent très courtois envers les croyances et d'autres qui éclatent de rire au passage des processions : question de caractère, affaire de pluralisme.

En second lieu, il y a des personnes dont la conviction sur le terrain religieux n'est pas la foi en quelque chose de surnaturel, mais en un naturalisme rationaliste qui dénonce comme néfaste pour l'humanité les superstitions et les légendes converties en dogmes. Ils ont comme les autres le droit de pratiquer leur vocation religieuse et ils sont aussi pratiquants que quiconque… à leur manière. Voltaire et Freud ne font ni plus ni moins partie de notre histoire de la religion que Thomas d'Aquin. Avec la valeur ajoutée que leurs croyances rationalistes ont contribué à la fondation de la démocratie moderne, à celle de la science et au développement des droits de l'homme dans une plus grande mesure que les articles de foi d'aucune autre Église. Le vacarme des foules dans les théocraties islamiques est sans doute préfabriqué par leurs dirigeants, comme l'étaient les manifestations pour un Gibraltar espagnol qu'organisait régulièrement le régime de Franco. Mais ce à quoi prétendent l'imam Abu Laban au Danemark ou les paroissiens de la mosquée de Regent Park à Londres, qui manifestent avec des pancartes où l'on peut lire « Préparez-vous à un *véritable* holocauste » ou « *Liberalism go to hell !* », c'est à en finir avec la liberté religieuse des démocraties pour la remplacer par une espèce de polythéocratie dans laquelle devraient être « respectés » (comprenez « craints ») les intégristes intouchables de chacune des doctrines, et où n'auraient pas droit de cité ceux qui sont opposés à toutes ces doctrines pour des raisons d'honnêteté intellectuelle. De cela, les signes inquiétants ne manquent pas, y compris dans les réclamations intransigeantes des autres confessions.

Nous qui avons dû coexister avec des fanatiques aux tendances criminelles (admettez le pléonasme) nationalistes, nous savons par expérience qu'il n'y a pas de pire politique que de leur donner à moitié raison. Bien entendu, cela n'empêche pas que l'on doive recommander la prudence et la délicatesse dans nos relations avec les autres : il n'est pas recommandable de blesser nos voisins, ni de rire de la perruque du chef quand on va lui demander une augmentation. Pour les cas litigieux, il existe des lois et les tribunaux auxquels quiconque peut recourir lorsqu'il considère que l'outrage subi dépasse le tolérable. Mais, d'une manière générale, rien n'est plus imprudent que de suivre, terrorisé, les règles d'une prudence purement tremblante. De sorte que, tant que je le peux, je m'en tiens plutôt au credo proposé par l'ancien situationniste Raoul Vaneigem : « Rien n'est sacré. Chacun a le droit de critiquer, de ridiculiser toutes les croyances, tous les systèmes conceptuels, toutes les pensées. Il a le droit de conchier dans leur totalité les dieux, les messies, les prophètes, les papes, les popes, les rabbins, les imams, les bonzes, les pasteurs, les gourous, tout autant que les chefs d'État, les rois, les caudillos de tous genres[1]. » *Amen.*

1. Raoul Vaneigem, *Le Mouvement du Libre-Esprit*, Nyons, L'Or des fous, 2005, p. 13.

La globalisation de Dieu

J'ai appris la mort de mon premier pape un après-midi, en arrivant au collège. Quel âge avais-je ? Onze ans, à peu près. Le professeur nous fit asseoir à nos pupitres, sans nous laisser enlever nos manteaux, et il proclama : « Sa Sainteté Pie XII est mort. Aujourd'hui vous n'aurez pas classe, en signe de deuil. » Bien sûr, à onze ans, un deuil sans école est toujours bon à prendre : je ne me rappelle aucune angoisse particulière, mais plutôt une sensation de joie inattendue, gratuite, et que je rentrai chez moi absolument ravi (je me demande ce que doivent avoir ressenti ces derniers jours mes contemporains de onze ans. Et surtout je voudrais savoir quels souvenirs ils garderont de toute cette agonie et de ces funérailles papales dans… quarante-cinq ans, par exemple). Des semaines plus tard, dans un magazine auquel ma mère était fidèle et dans lequel j'ai appris pas mal de français – *Paris Match* – parurent des photographies scandaleuses, impitoyables, de l'agonie atroce de celui qui, dans le siècle, avait été Eugenio Pacelli, photographies prises par un médecin félon. Une nouvelle ère commençait, dans laquelle le plus saint serait le plus spectaculaire et où plus rien ne serait obscène, à part les choses dont personne ne voudrait acheter l'image.

Bien des années plus tard, à Varsovie, après une conférence à l'*Instituto Cervantès*, un journaliste local me demanda ce que je pensais du fait que Jean-Paul II prenne la défense des droits de l'homme. Pensant lui être agréable, je lui dis que j'approuvais beaucoup ce changement d'attitude de l'Église, étant donné qu'au dix-huitième siècle – quand la Convention les avait proclamés pour la première fois en France – le pape les avait condamnés de la manière la plus abrupte. Cette observation historique déchaîna une certaine confusion dans quelques têtes mitrées : l'archevêque de Lublin, rien de moins, prit la peine de me déclarer anathème, ce qui fut célébré par une certaine presse bigote et contesté par d'autres journalistes, de sorte que pendant plusieurs jours m'arrivèrent en Espagne des coupures de presse qui me faisaient plus que jamais regretter de ne pas connaître la langue polonaise. J'arrivai à la conclusion que parmi les droits de l'homme enfin reconnus par l'Église, un de ceux qui étaient assumés avec le moins d'enthousiasme était celui de rappeler que certaines conquêtes de la dignité humaine s'étaient faites en bataillant contre le Ciel, ou du moins contre ses représentants les plus distingués.

Bien sûr, je ne vais pas commettre l'impertinence de juger Jean-Paul II en sa qualité de pape. Il me semble douloureusement évident que si quelque jour le trône du Vatican était occupé par un pape de mon goût, de deux choses l'une : ou bien serait venu le temps de l'Antéchrist, ou bien j'aurais fini par rentrer au bercail. Je ne veux pas commettre la même ingénuité que certains gauchistes et athées qui, il y a des années, protestaient sur le plan théologique contre la béatification de Monseigneur Escrivá, comme si les autres saints l'étaient à leur entière satisfaction. Il ne me paraît pas plus opportun d'insister à nouveau sur le déferlement médiatique qui a entouré l'agonie et les funérailles du pape, ni sur le contraste entre le gigantesque culte de la personnalité célébré pour le pontife disparu et l'évident manque d'influence de la doctrine catholique sur la conduite effective de nos concitoyens, même dans des pays aussi ostentatoirement catholiques que le nôtre. Il me reste de tout cela une note esthétique que m'a fait remarquer un ami, parce qu'elle démontre à quel point Oscar Wilde avait raison quand il disait que la nature imite l'art : dans la série de variations qu'a peintes Francis Bacon sur le portrait d'Innocent II par Velázquez, il y en a une qui le représente distordu et la bouche ouverte (je crois qu'elle s'intitule « Pape hurlant », ou quelque chose comme cela) et qui ressemble de manière saisissante aux dernières photographies de Jean-Paul II à la fenêtre de ses appartements, essayant de parler à la foule réunie sur la place Saint-Pierre.

Mais il y une chose qui, elle, me semble devoir être remarquée. De toutes parts nous entendons parler jusqu'à la nausée de crise des valeurs, et d'aucuns ont prétendu voir dans les foules rassemblées les jours derniers à Rome (surtout dans les nombreux chefs d'État et représentants de la société venus du monde entier) quelque chose qui ressemblerait au commencement d'une régénération spirituelle de l'humanité si attendue. Pour le peu qu'il vaut, je dois témoigner de mon insignifiant désaccord. Et je dis cela après avoir lu divers textes théoriques écrits par Woytila, tant son encyclique sur les relations entre la raison et la foi que certaines de ses réflexions à vocation philosophique. Tout ce qu'il peut y avoir de charismatique et d'irrésistible dans la personnalité du pape disparu brille donc par son absence dans ce qu'il a rendu public de sa pensée : il s'agit de spéculations doctrinales scolairement rétrogrades, ouvertement opposées non seulement aux Lumières voltairiennes mais à toute la modernité intellectuelle depuis Descartes. Un retour, sans complexes bien entendu, mais aussi sans beaucoup de lumières, au thomisme médiéval le moins souple… au point que nous soupçonnons que si saint Thomas d'Aquin lui-même – qui dans son siècle fut passablement en rupture – revenait à la Sorbonne, il serait immédiatement disqualifié pour trop s'aligner sur la *via modernorum*. Je sais pertinemment que le pape n'est en rien obligé d'être un essayiste à la mode, mais si les valeurs intéressent tant aujourd'hui, peuvent-elles être soutenues et justifiées par une argumentation qui ignore le déroulement historique de la pensée et les transformations radicales de la société ? Est-il admissible qu'il suffise de posséder un physique attrayant et fort pour que tous les raisonnements se trouvent balayés comme insignifiants ou pervers ?

En effet ce pape voyageur, vers lequel tant d'hommes sont venus pour un dernier adieu, a sans doute contribué à la globalisation de Dieu, en tant que désir épidermique et spectaculaire d'une référence d'harmonie universelle qui n'entre pas dans les détails et n'analyse pas la cause des affrontements, quand il ne soutient pas les attitudes les plus dogmatiques qui bloquent les avancées effectives possibles vers cette harmonie. Je ne mets pas sa bonne foi en question, ni celle de ceux qui lui rendent hommage : mais je ne laisse pas de croire – chacun a ses croyances, même les plus incrédules – que ce n'est pas de bonne foi mais de bonne raison dont nous avons vraiment besoin aujourd'hui.

Le pouvoir du Vatican

Les chroniques nous rapportent – mais seul Allah est véritablement sage et miséricordieux – que le porte-parole du Vatican, Joaquín Navarro Valls, a laissé paraître face aux journalistes un certain malaise devant le fait que le président Rodríguez Zapatero n'assisterait pas à la messe populaire que le pape allait célébrer pendant sa visite à Valence. Il leur aurait aussi fait remarquer que tant le sandiniste Daniel Ortega que le polonais Jaruzelski et jusqu'à Fidel Castro lui-même n'avaient pas manqué d'être présents à cette cérémonie lorsque le pape précédent avait visité leurs pays respectifs durant leur mandat. Un journaliste lui répondit qu'en revanche ni le Français Chirac ni le président des États-Unis n'avaient assisté aux célébrations religieuses dans des circonstances similaires, épisodes dont monsieur Navarro Valls confessa noblement ne pas se rappeler (seul Allah enregistre chaque feuille qui tombe et chaque soupir échappé d'une poitrine humainc). Pour ma part, je me permets d'ajouter ceci : il est sûrement significatif que les moins pieux des autocrates ne manquent pas cette espèce de rendez-vous confessionnel si c'est leur intérêt, tandis que des gouvernants croyants s'excusent de leur absence ès qualités, même si personnellement ils auraient souhaité y assister. Il n'est pas ici question de la croyance de chacun ni de la courtoisie envers l'illustre visiteur vatican, mais du respect de la liberté de conscience des citoyens que les dirigeants démocratiques représentent, à la différence des autres.

Le pape a passé un jour et demi à Valence, accompagné d'une information hagiographique surabondante dans la presse, à la radio et à la télévision, que certains indifférents comme moi ont considérée comme écœurante (mais seul Allah mérite la véritable gloire et la plus grande louange). Nous avons tous été traités, *volens nolens*, comme des paroissiens forcés. Il n'aurait plus manqué que le président du Gouvernement, qu'il en ait eu envie ou non, eût été obligé d'assister à la messe papale en tant que représentant des électeurs espagnols dont quatre-vingt pour cent, au moins, ne mettent pas les pieds à l'Église, même le dimanche. Et en plus, ils se fâchent ! Benoît XVI a sûrement dit des choses très intéressantes dans ses pieuses harangues à la foule attentive et fervente, même si les médias n'ont su nous transmettre de ces précieuses archives que des lieux communs et son insistance réitérée à dire que le mariage est l'union indissoluble d'un homme et d'une femme (pour ce qui est du nombre des femmes, Allah a des critères plus larges, que Son Nom soit béni). Ce dont il s'agissait à l'évidence, et par voie négative, était d'interdire les unions entre homosexuels, sujet sur lequel il revient aux autorités civiles de légiférer, et non aux prêtres. Il s'agit selon ces derniers d'une question de morale, et il y a peu, le représentant de la Conférence épiscopale a affirmé que le Parlement n'était pas une autorité morale. Bien sûr que non, c'est une autorité politique : mais le pape et les évêques sont des autorités religieuses et non morales, ce qui n'est pas la même chose. De sorte qu'il revient à l'un de dire ce qui est légal et aux autres ce qui est péché, et seul Allah est véritablement grand.

Pour souligner les obligations qui sont celles des gouvernants envers le pape, on nous rappelle de temps en temps qu'outre son rang spirituel, il n'est rien de moins qu'un chef d'État. Et cela est vrai, le Vatican ayant officiellement le rang d'État. Devons-nous prendre cela au sérieux ? Si cela était nous devrions faire remarquer qu'il s'agit du seul État théocratique en Europe et qu'ouvertement il ne respecte pas les droits fondamentaux de la personne humaine, comme la non-discrimination fondée sur la religion ou sur le sexe. Le président Zapatero aurait-il dû reprocher au souverain pontife ces usages antidémocratiques, comme on lui demande d'habitude de le faire quand il traite avec les mandataires d'autres autocraties ? Parce que si l'on est porté à donner des leçons civiques et éthiques, le mariage des homosexuels n'est pas la pire chose que l'on puisse voir de par le monde. De sorte qu'il serait préférable à partir de maintenant que chacun s'occupe de ses affaires, et Allah de celles de nous tous, comme on dit.

Le pincement au cœur

Ceci m'a été raconté il y a quelques années par des amis italiens, qui étaient venus visiter Saint-Sébastien. Après une journée de plage et diverses promenades agréables, ils dînèrent excellemment dans une rôtisserie du vieux quartier. Très satisfaits, dans le doux ravissement du bon repas bien arrosé, suivi de quelques verres pour couronner le tout, ils sortirent dans la tiède fraternité de la nuit, le long de rues étroites et accueillantes. Ils se sentaient non pas exactement glorieux, mais assez près de l'être. C'est alors que survint la gloire en personne. Soudain, de manière inattendue, ils commencèrent d'entendre un chœur qui leur fit l'impression d'être céleste : il entonnait rien de moins que le « *Va pensiero* » de l'opéra *Nabucco*, la déploration par les prisonniers de leur liberté perdue, la nostalgie de leur patrie. Là, dans ces ruelles écartées de la petite capitale basque ! C'étaient des voix merveilleuses, bouleversantes, magiques, rien à voir avec des braiements d'ivrognes aux petites heures du matin. Mes amis, plus italiens alors que jamais, se crurent possédés par quelque ensorcellement digne de l'Arioste. Et ils sentirent que tout était possible, que l'infini est toujours proche, autour de nous…

Je ne prétends pas éradiquer ce modeste miracle en en expliquant brièvement ses circonstances : un autre dîner, dans un restaurant voisin, celui des membres de l'admirable *Orfeón Donostiarra*, qui célébraient – eux aussi avec un bon repas et pas mal de verres – l'un de leurs innombrables succès. Une fois dans la rue, plusieurs d'entre eux entonnèrent le chœur de *Nabucco* qui leur avait valu tant d'applaudissements sur scène. Le reste, c'est l'histoire que je viens de vous raconter. L'important de l'anecdote est que, de temps en temps, le merveilleux peut surgir dans notre vie : par hasard, à travers l'art, par une de ces coïncidences qui ensorcelaient Jung ; parfois, parce que nous avons bu ou fumé quelque chose d'extraordinaire, s'ouvrent les portes qui nous séparent du fond des choses et nous nous *connectons*. Pour un instant, chaque chose semble être telle qu'elle devrait toujours être, pleine, intense, gravement joyeuse : cela s'évanouit ensuite peu à peu, mais il nous reste la rafale tonifiante de ce que nous avons ressenti pendant cet instant-là. Et cela aide à vivre, et comment que cela aide.

Les amateurs de taureaux parlent du « *pellizco* », le pincement au cœur, un je-ne-sais-quoi de plus que l'habileté ou l'art que mettent certains toreros dans les séquences de la corrida, qui transmet aux spectateurs le coup de fouet qu'attend toujours l'âme pour se lancer dans l'arène de la vie. Voici comment le décrit Hemingway dans *L'Été dangereux* en regardant une *véronique* d'Antonio Ordóñez : « Ce n'est pas l'impression qui vous fait pleurer... mais celle qui fait que le cou et la poitrine se tendent et que les yeux s'embuent, en découvrant que quelque chose que l'on croyait mort et achevé revient à la vie en notre présence. » Mais ceux qui ne sont pas amateurs de corrida ne doivent pas se faire de soucis, parce que ce pincement peut survenir de bien d'autres manières. Il surgit avec un vers, avec un sourire ou une caresse, quand on entend quelqu'un dire « oui » ou « non » juste comme il faut et quand il faut... C'est un cadeau précieux mais protéiforme, et peut-être pas aussi rare qu'on le croit d'habitude. Si je ne me trompe, les émotions qu'on appelle « religieuses » appartiennent elles aussi très précisément à cette espèce : celle des choses que nous tenions pour mortes mais qui ne le sont pas et qui reviennent pour nous apporter plus de vie.

Ce pincement, c'est la rédemption momentanée, c'est ce qui nous rachète. Dans un de ses moments majestueusement inspirés, Victor Hugo dit que le tigre « porte marquée sur sa peau l'ombre de la cage éternelle ». Nous sommes tous enfermés dans cette cage éternelle, bêtes et humains. De temps en temps survient ce pincement pour nous faire comprendre pour un instant que les barreaux ne sont que des ombres et que notre destin est ouvert, comme lorsque l'éclat du soleil s'étend sur tout.

Paléologues

Je reconnais m'être un peu étonné que des personnalités qui avaient condamné sans nuances la « provocation » des caricatures dites de Mahomet parues dans un journal danois (comme c'est le cas du président Zapatero) se soient récemment empressées de défendre le pape dans la tempête qu'a soulevée son homélie de Ratisbonne. Après tout, les caricatures étaient clairement dirigées contre ceux qui utilisent l'islam pour justifier le terrorisme, tandis que la citation de l'empereur Manuel II Paléologue faite par Benoît XVI a tout l'air d'une critique générale des méthodes prosélytes de cette religion (comme le hiérarque byzantin n'est pas une référence habituelle dans les discours du vingt et unième siècle, il semble que l'on prenne les gens pour des imbéciles en essayant de les convaincre que le pape ne l'a cité que comme exemple, tout en étant radicalement en désaccord avec lui). Sans doute le souverain pontife a-t-il le droit démocratique – il est vrai non reconnu aux autres publicistes dans les médias du Vatican – d'avoir l'opinion qui lui semble opportune en ces obscures matières. Et les réactions démesurées de certains musulmans radicaux sont la preuve déplorable de leur incapacité à respecter non pas tant la liberté d'expression que la liberté religieuse des autres. C'est sans doute dommage. Ce n'est pas pour autant que la doctrine exprimée par le Saint-Père devrait se transformer en lumière et guide de l'Occident, comme tentent de nous le faire croire certains des talibans catholiques ou assimilés que nous subissons ces derniers temps.

On me dit que Ratzinger est un des sommets de la théologie et même de la philosophie contemporaine et moi, bien entendu, je ne mets pas cela en doute. Pourtant j'ai l'impression que l'homme a ses bons et ses mauvais jours, comme tout le monde. Je ne sais comment il était avant de se voir éclairé par l'Esprit Saint, puisque je ne connais pas ses œuvres antérieures, mais ce qui nous parvient récemment de son inspiration pontificale laisse plutôt à désirer : à Ratisbonne, sans aller plus loin, il a été aussi profond qu'un cendrier et aussi subtil qu'un coup de massue. Je me réfère au résultat, bien entendu, parce que ses intentions étaient sûrement bonnes. Lors de ce forum universitaire, le pape a insisté sur la convergence dans le christianisme de la foi biblique et de la philosophie grecque, convergence d'où surgit ce que nous appelons Europe. Pour compléter l'image, il faudrait ajouter la jurisprudence romaine, mais, même ainsi, l'affaire comporte beaucoup de nuances que, de manière intéressante, on passe sous silence.

Les Grecs, par exemple, n'ont jamais appliqué les critères de « vrai » et de « faux » au domaine religieux : cela a été un trait caractéristique du raisonnement monothéiste que les chrétiens ont introduit dans leur bataille idéologique contre le paganisme. Leur premier résultat a été d'en finir avec le pluralisme tolérant du polythéisme, avant de subir des siècles plus tard sur leur propre doctrine les conséquences de cette exigence de vérité appliquée à la théologie : les scientifiques positivistes qui nient les dogmes religieux au nom de la raison sont précisément les héritiers directs des chrétiens intransigeants qui ont renversé les autels des dieux de l'Olympe. Ce qui est dangereux avec la raison, c'est qu'une fois lâchée, on ne peut la restreindre à la célébration du sain « ordre naturel » comme le voudraient les âmes pieuses. Elle ne fait pas de prisonniers, elle ne respecte ni les tutelles théologiques ni celles d'aucune autre sorte. Par exemple, le pape reproche à la théorie de l'évolution d'être « irrationnelle » parce qu'elle n'admet pas l'hypothèse d'un Créateur divin, faisant en cela l'amalgame entre le rationnel au sens de « compréhensible par la raison » et le rationnel compris comme « dirigé par une Raison », qui est l'acception qui l'intéresse par prurit professionnel. Benoît XVI proteste contre la raison moderne qui exclut le divin de ses prémices, considérant qu'elle attaque gravement les sociétés religieuses et qu'elle est incapable d'aborder le dialogue entre les cultures. Il arrive un peu tard, car ce mouvement subversif n'admet pas de marche arrière. Il nous sera cependant plus facile à long terme, à nous autres humains, de nous comprendre à partir de la raison qu'à partir de la foi parce que chacun peut avoir sa propre croyance, alors que la raison est commune (c'est pour cela qu'à chaque moment il n'existe qu'une seule civilisation dominante tandis que s'opposent diverses cultures avec d'égales prétentions à la validité).

À ce qu'il semble, le discours de Ratzinger et sa défense de la raison en tant qu'*ancilla theologiae* a eu pour principal objectif de marquer sa différence avec la conception musulmane de la divinité : Allah est absolument transcendant, il n'est pas « domesticable » par des organisations rationnelles. De là pourrait découler que cette ligne culturelle – représentée dans ses effets pratiques immédiats par la Turquie – serait inassimilable dans le contexte de l'Europe unie. Comme je ne suis pas non plus expert de l'islam, j'ignore jusqu'à quel point il en est ainsi, encore qu'Avicenne, Averroès et le nihiliste Omar Khayam (bien entendu pas excessivement croyants) aient à mon sens utilisé les mécanismes logiques et leur capacité à raisonner au moins aussi convenablement que n'importe quel cardinal. Ce que je sais en revanche de première main, parce que cela est cautionné par les penseurs religieux qui m'intéressent le plus (pour assumer les systèmes d'Aristote et de Hegel je n'ai besoin d'aucune divinité), c'est qu'il existe dans le christianisme une conception de Dieu aussi transcendante que possible : un Dieu pour qui la nécessité n'existe pas et pour qui tout est possible, qui ne se sent pas tenu par la contrainte du « deux plus deux égalent quatre » par les conventions morales les plus convenables (il ordonne à Abraham de sacrifier son fils Isaac !), ni même par l'irréversibilité du temps qui rend le passé irrévocable. C'est sans doute le Dieu de Luther, de Pascal, de Kierkegaard et de Dostoïevski, ou celui de Léon Chestov. C'est précisément Chestov – un penseur *extraordinaire* au sens littéral du terme – qui a placé dans le titre même de son œuvre principale l'affrontement entre Athènes et Jérusalem, bien avant que Leo Strauss ne reprenne à New York ce dilemme dans une conférence fameuse. De sorte que nous devons nous souvenir que dans le christianisme, outre Rome et Byzance, existent aussi Worms, Paris, Copenhague, Kiev, etc.

Mais naturellement je ne prétends pas ici discuter de théologie, Dieu m'en garde. Ce que j'essaie de signaler, c'est que la conception de la raison qu'utilise Benoît XVI est vieille et dépassée ; comme dirait Bachelard, elle a l'âge de ses préjugés. Le pape lui aussi est un paléologue, au sens étymologique du terme. Bien sûr, les islamistes qui organisent du vacarme et commettent des excès pour protester contre ses paroles ne sont en aucune manière plus raisonnables que lui, et ne comptent pas de meilleurs arguments à leur actif. Il semble qu'aujourd'hui l'un et les autres fassent des efforts pour arrondir les angles, ce qui est une bonne nouvelle pour nous qui croyons que les humains sont faits pour se comprendre, et ce non pour des raisons altruistes mais par prudence. Mais il est évident aussi, comme l'a signalé Carlo Augusto Viano, qu'« en général, dans le monde contemporain, les religions se configurent comme des menaces importantes contre la possibilité de trouver des formes de coexistence entre des groupes qui ont des histoires différentes, et qui appartiennent à des ethnies et à des cultures différentes[1] ». Comme beaucoup d'entre nous, croyants ou non, Viano regrette l'acceptation globale du point de vue belliqueusement religieux et le défaut d'instruments intellectuels de la société européenne pour combattre les prétentions dogmatiques opposées des Églises. Lesquelles ne semblent se retrouver, bien entendu, que dans leur abhorration commune de la laïcité démocratique, c'est-à-dire de l'ensemble des mesures institutionnelles (surtout éducatives) contre l'imposition des mesures cléricales dans le domaine de ce qui est public et commun.

En attendant que se nouent d'autres alliances planétaires plus ambitieuses, ne serait-il pas bon de défendre un « pacte laïc », selon l'expression qu'a inventée Jean Baubérot il y a plus de quinze ans ? À savoir créer un domaine national et surtout international, tant pour les catholiques que pour les protestants, les musulmans, les juifs ou les bouddhistes, et pour les athées de toute espèce, dans lequel on respecterait des normes communes de coexistence, sans aucun vernis religieux, fondées sur les principes fondamentaux qui servent de base aux démocraties de tous les continents. Pour cela, c'est évident, il serait nécessaire de retrouver le sens politique de nos valeurs civiques de vie en commun, parce que, comme l'a très bien dit Régis Debray, « il n'y a pas d'exemple, avec ou sans démocratie, d'un effacement de la morale dans le temporel qui ne se soit pas traduit par une repolitisation du spirituel ».

1. Cf. *Laici in ginocchio*, *op. cit.*

Don Quichotte et la mort

> Mais vivre est toujours l'aventure
> à quoi l'autre nous pousse,
> un risque impuni où parier avec envie
> sur un destin plus favorable que la mort…
>
> Jenaro Talens, *L'Épaisseur du monde*

Chaque œuvre littéraire possède en plus de son sens évident un autre sens, implicite, parfois voulu par son auteur, et parfois non perçu par celui-ci, même s'il n'échappe pas à la perspicacité d'un lecteur critique. Dans certains cas, c'est le lecteur en question qui projette témérairement un sens supplémentaire sur l'œuvre, en partant de sa propre expérience historique, de ses aspirations ou de ses préjugés. Certains livres se prêtent plus que d'autres à cette superposition de découvertes et semblent provoquer l'inventive réflexion affabulatrice de ceux qui les fréquentent au cours des années. En général, cependant, ce processus trouve sa limite et, à moment donné, le consensus des usagers culturels tient pour achevée l'*affaire** de l'interprétation de la pièce littéraire en question. Sauf en ce qui concerne les œuvres dites « classiques ». Désigner ainsi un livre signifie qu'il doit demeurer inépuisablement significatif et ouvert à tous les regards possibles, pour toujours. Il pourra – au moins virtuellement – représenter tout pour tous et quelque chose de différent pour chacun, ce à quoi a aspiré saint Paul confronté à sa difficile paroisse. En un mot, appeler « classique » un livre implique que son cas ne sera jamais clos et que son sens sera toujours mis en question, de manière renouvelée.

La chronique cervantine de Don Quichotte est notre classique par antonomase, ainsi que l'un des moins discutables de la littérature universelle. Son nom figure dans toutes les combinaisons d'excellence ou, comme disent les turfistes à propos des chevaux favoris avant une course, jamais nous ne laissons de le trouver sur la *short list*. De sorte que proposer pour interpréter l'œuvre une clé – qui sera toujours une clé de plus, dans la majorité des cas une répétition plus ou moins travestie de quelque chose qui a déjà été dit et, quoi qu'il en soit, une brique ajoutée à la construction sans fin d'une tour de Babel privée d'un Dieu qui la foudroie – semble une entreprise oiseuse, narcissique, mais en même temps presque inéluctable. Cela ressemble avant tout à cette signature suivie de nos fonctions et adresse que nous ajoutons après celles qui ont déjà été inscrites et avant celles, innombrables, qui la suivront immanquablement, sur un de ces livres d'or que l'on propose aux visiteurs à l'entrée de certains monuments touristiques ou des musées de renom. Un geste compulsif et insignifiant, qui obscurément satisfait celui qui l'accomplit, et de peu d'importance pour le reste de l'univers. Permettez-moi maintenant de le commettre, avec l'impunité probable que m'offre cette occasion.

À ce que je crois, le sens central du grand roman de Cervantès tient dans les quelques mots prononcés à la fin du livre par Sancho, affligé, à côté du lit où agonise celui qui a été durant si longtemps, et avec une fortune si contraire, le maître de sa fantaisie : « Ne mourez pas, monsieur, suivez plutôt mon conseil et vivez encore longtemps. Parce que la plus grande folie que puisse faire un homme dans cette vie, c'est de se laisser mourir, tout bêtement, sans que personne le tue, et sans que d’autres mains que celles de la mélancolie l’achèvent[1]. » Telle est la clé et le message du livre entier : le moment où Sancho finit par comprendre la mission apparemment absurde du chevalier errant, révélation qui lui vient précisément quand Don Quichotte abandonne cette mission et se résigne à mourir. Sancho comprend que toute l’entreprise donquichottesque a consisté en une longue bataille contre la mortelle nécessité qui accable l’homme : ne pas se laisser mourir, résister à la paralysie de ce qui est routinier, réaliste, et qui peu à peu anéantit. Toute cette aventure de Don Quichotte était un caprice, mais un caprice indomptable ; pure démence si nous admettons que la raison consiste à reconnaître et à respecter la nécessité, mais une démence qui sauve notre humanité, notre catégorie d’êtres actifs, symboliques et porteurs de sens – du moins à nos yeux. Don Quichotte est le saint patron et le martyr de l’invention par les hommes de buts pour leur vie.

Si nous sommes insignifiants, si ce qui nous caractérise est la liberté et ce qui nous condamne la nécessité, la véritable folie consiste à descendre de cheval et à se coucher pour mourir. Que chacun périsse à cause de quelque chose d’extérieur, de la mauvaise rencontre que nous faisons finalement tous tôt ou tard, comme en avertit Spinoza, de la conspiration inopportune de ce que nous ne sommes pas et de ce qui s’oppose à nous ; mais n’acceptons jamais de mourir de la simple renonciation à vivre comme des hommes, victimes de la maladie du « il n’y a rien à faire » et tenus dans la main de la mortelle mélancolie, parce qu’une telle démission est la véritable folie, la folie sans remède ni pardon, la folie dont la vérité ne ment pas mais qui nous dément et nous anéantit. De là l’enthousiaste hymne avec lequel don Miguel de Unamuno, qui pourrait partager avec Elias Canetti l’honorable qualificatif d’« ennemi de

1. Miguel de Cervantès, *Don Quichotte*, trad. de l’espagnol par Aline Schulman, Paris, Seuil, 2001, vol. 2, p. 534.

la mort » que ce dernier s'est décerné, célèbre le moment d'illumination finale de l'écuyer, le *satori* de Sancho Pança : « Oh, héroïque Sancho, combien peu s'aperçoivent que tu as atteint le sommet de la folie quand ton maître s'enfonçait dans l'abîme du bon sens, et que sur son lit de mort c'est ta foi qui rayonnait ; ta foi, Sancho, ta foi à toi qui n'es pas mort ni ne mourras ! Don Quichotte a perdu sa foi en mourant : toi tu l'as acquise et tu vis ; il fallait qu'il meure désillusionné pour que tu vives dans une vivifiante illusion[1]. »

Pour nous refuser à la mort, il faut choisir une entreprise, une croisade, un projet qui se veuille invulnérable et qui nous fasse déambuler à la surface de la terre – nous qui nous savons mortels et dont la seule et irrémédiable certitude est notre irrévocable condition de mortels – comme si nous étions inaccessibles à la mort. Selon Kant, le projet moral de l'homme ne consiste pas à devenir heureux mais à nous rendre dignes du bonheur ; mais Cervantès lit la même page en comprenant que le projet moral de l'homme ne consiste pas à nous rendre immortels mais à vivre comme si nous méritions l'immortalité, comme si rien en nous n'établissait de complicité avec la mort ou ne lui rendait hommage. La salutaire folie de Don Quichotte choisit l'errance du chevalier, mais beaucoup d'autres vies et d'autres délires sont imaginables, et non moins efficaces... tant que le mortel désenchantement ne nous en réveille pas. La plupart peuvent être éthiques (c'est-à-dire qu'ils consisteront en une quelconque formulation de l'éternel devoir de batailler contre le mal), et tous ceux qui le seront, ce qui vaut pour l'un valant pour l'autre, seront intrinsèquement agréables. Gilbert Keith Chesterton, autre héritier de Don Quichotte, l'a très bien formulé en écrivant dans un de ses romans : « Combattre le mal est l'origine de tout plaisir et

1. Miguel de Unamuno, *Vie de Don Quichotte et de Sancho*, trad. de l'espagnol par Jean Babelon, Paris, Tallone, 1949, 2e partie, chap. LXXIV.

même de tout divertissement[1]. » Identifier le mal et rompre contre lui des lances, que l'on appelle cela appétit insatiable ou sorcellerie, injustice ou excès de puissance, pénurie, ennui ou esclavage : c'est en cela que consiste le véritable contentement de l'hédoniste insoumis et créateur. Et aussi son divertissement, bien entendu ; un jour, quelqu'un a signalé ceci : avec tous ses échecs et ses frustrations, Don Quichotte, le fou, ne donne-t-il pas toujours au lecteur l'impression de s'amuser prodigieusement en accomplissant ses pauvres exploits ? C'est précisément pour cela que ce grand roman nous amuse, nous ses lecteurs.

Reste, bien entendu, que Sancho qualifie de criminelle la mélancolie de son maître : c'est ce qui nous tue de l'intérieur, sans la moindre collaboration de quoi que ce soit d'extérieur, quand nous devenons fous à force de raison. Je crois qu'il n'y a pas pire lecture de *Don Quichotte* que celle, d'abord romantique puis contemporaine, qui en fait un livre mélancolique. Non, il n'est pas cela : en vérité le but de l'histoire – non pas le but de Don Quichotte ni celui de Sancho Pança, mais celui de Cervantès – est de dénoncer et de combattre la mélancolie. Parce que la mélancolie est la maladie mortelle qui nous « gêne », au sens que donne Racine à ce mot : la maladie qui est le propre de ceux qui se savent mortels et qui, partant du réalisme de la nécessité, comprennent l'inutilité de tous les efforts humains. Quoi que nous fassions, ce sera toujours insuffisant et il restera toujours trop à faire : l'injuste conspiration de l'univers finira toujours par nous accabler, de sorte qu'il ne vaut pas la peine de se donner tant de peine. Ce n'est pas que le mélancolique n'ait pas, comme il le désirerait, les pieds sur terre, mais qu'il les a enfoncés en terre, plantés et emprisonnés jusqu'à l'immobilité : le mélancolique nous oblige à vivre un

1. Gilbert Keith Chesterton, *L'Auberge volante*, trad. de l'anglais par Pierre Boutang, Lausanne, L'Âge d'homme, 1990.

pied dans la tombe. L'humour de Cervantès défie la mélancolie et nous propose un personnage délirant et courageux qui s'y affronte, essayant d'amender le monde, de conquérir l'amour parfait, de dénoncer la conspiration ensorcelée qui nous soumet au poids écrasant des choses, et de pratiquer avec élégance la plus haute forme de l'amitié.

La blague de la parabole est qu'elle réside dans le fait de n'être pas la chronique d'un échec, mais d'un succès palpable et tenace : Alonso Quijano se transforme en Don Quichotte pour échapper à la mortelle mélancolie, au *démon de midi** qui le menace en son âge mûr, et il y parvient. Tant qu'il reste donquichottesque, il vit et fait vivre son entourage avec intensité, même si ses entreprises échouent... parce que ce qu'il raconte est le courage qui l'anime et non ses résultats qui toujours, tôt ou tard, se retournent contre nous. Le projet éthique n'échoue pas lorsqu'il ne peut vaincre le mal – comme le désirent les indigestes gestionnaires de la vertu – vu qu'il y aura toujours des maux anciens et nouveaux auxquels s'affronter... Dieu merci. Le véritable, l'unique échec de l'éthique est de ne pas pouvoir vaincre la paresse paralysante, et notre hidalgo est tout sauf paresseux. Don Quichotte ne meurt pas d'être donquichottesque mais de renoncer finalement à l'être et de redevenir Alonso Quijano, le mélancolique. Et, de la sorte, l'extravagant chevalier qu'il a été, et que la nostalgie de Sancho réclame, se transforme en un parangon de l'effort humain, mais pas en sa dénonciation, ni en sa ridiculisation. Cervantès n'écrit pas son roman pour se moquer de Don Quichotte mais pour se moquer de ceux qui se moquent de lui.

Voilà pourquoi la subtilité de cette moquerie échappe aussi bien à ceux qui dramatisent lugubrement son funeste destin de bon chevalier et qui maudissent le monde d'être si totalement mauvais, qu'à ceux qui ne sont capables que de rire aux éclats des mésaventures grotesques dans lesquelles est pris l'ingénieux et ingénu chevalier. C'est souvent ainsi que beaucoup réagissent au roman et, bien que préférables à ceux qui font du roman une lecture contemporaine mélancolique et indignée, j'estime qu'ils laissent échapper une bonne part de leur plaisir. Je n'ai rien contre le rire, bien entendu, parce qu'il atteint l'essentiel : *Don Quichotte* est une œuvre festive et non une déploration funèbre de la condition humaine. Dans le premier volume de sa superbe autobiographie, Bertrand Russell rapporte que dans son enfance il entendait, émerveillé, les grandes crises de rire de son grand-père lord John Russell, solennel ministre de la reine Victoria, quand à ses moments de loisir il lisait le roman de Cervantès. Cette saine hilarité honore le digne homme, mais pas sa perspicacité. Une réaction humoristique qui tiendrait le mieux compte de la condition de Don Quichotte devrait être plus légère dans sa manifestation et plus profonde dans sa portée. De la même façon, lorsque sur une plage un petit enfant nous dit qu'il élève une muraille de sable pour contenir la mer puis qu'il constate, désolé, la ruine de sa construction, nous ne nous mettons pas à rire aux éclats, et encore moins à pleurer : nous savons qu'il souffre de la destruction de Jérusalem mais aussi qu'il réinvente les avenues rayonnantes de Paris ou les fiers gratte-ciel de New York. Face à sa glorieuse entreprise, face à son non moins glorieux échec, nous sourions. Cet enfant sera toujours Don Quichotte et nous sommes déjà Sancho Pança à la fin du roman : nous comprenons son désarroi et son découragement passager mais nous voulons de toutes nos forces qu'il continue. C'est pour cela que nous sourions, pour l'encourager et nous encourager. C'est un pari sur le long terme et aussi sur la valeur de l'immédiat, de davantage de profondeur que le rire simple et benêt, et que la déploration prétentieuse.

De la même manière notre meilleur hommage à la pérennité du génie de Cervantès doit être souriant. Parce que, comme l'a signalé Nicolás Gómez Dávila : « En littérature le rire meurt vite, mais le sourire est immortel. »

Pour prendre congé

Me voici auprès de ta sépulture,
Hermengarde,
pour pleurer la pauvre et pure chair
que personne d'entre nous n'a vu se corrompre.

D'autres seraient venus lucides et endeuillés,
moi pourtant je suis venu ivre,
Hermengarde, je suis venu ivre.
Et si demain on trouve la croix
de ta tombe renversée à terre,
ce n'était pas la nuit, Hermengarde,
ce n'était pas le vent,
c'était moi.

J'ai voulu soutenir mon ivresse après ta croix
et j'ai roulé sur la terre où tu reposes
couverte de marguerites, triste encore.

Me voici auprès de ta tombe,
Hermengarde,
pour pleurer notre amour de toujours.
Ce n'est pas la nuit, Hermengarde,
ni ce n'est le vent,
c'est moi.

Lêdo Ivo, *Valse funèbre pour Hermengarde*

Table

RÉALISATION : NORD-COMPO À VILLENEUVE-D'ASCQ
IMPRESSION : CPI FIRMIN DIDOT AU MESNIL-SUR-L'ESTRÉE
DÉPÔT LÉGAL : FÉVRIER 2009. N° 96757 (93474)
Imprimé en France